MANUEL

DES

AMATEURS DE L'ART.

Tome VIII.

MANUEL

DES

CURIEUX ET DES AMATEURS DE L'ART

contenant

une notice abrégée des principaux Graveurs, et un Catalogue raisonné de leurs meilleurs ouvrages; depuis le commencement de la Gravure jusques à nos jours:

Les Artistes rangés par ordre chronologique, et divisés par Ecole.

Par M. HUBER et C. C. H. ROST.

TOME HUITIEME.

renfermant l'Ecole de France.

A ZURIC,

CHEZ ORELL, FUSLI ET COMPAGNIE.

1804.

ÉCOLE DE FRANCE.

SECONDE PARTIE.

1. PIERRE DREVET, le père, graveur au burin, né à Lyon en 1664, et mort à Paris en 1739. Il avoit reçu dans sa ville natale des leçons de *Germain Audran*, et il étoit venu se perfectionner à Paris. Il se consacra presqu'entièrement à la gravure du portrait. *Drevet* le père, dit Watelet, seroit l'homme qui auroit gravé, non avec le plus de caractère, de vie et de fierté, mais de la manière la plus fine et la plus agréable, s'il n'avoit pas été surpassé par son fils.

Portraits de Drevet, le père.

1. Olivier Cromwel, avec des attributs; d'après *van der Werff*. in-fol.
2. André Félibien; d'après *le Brun*. in-4to.
3. Nicolas Boileau Despréaux; d'après *de Piles*, 1704. petit in-fol.
4. Le même; d'après *H. Rigaud*, 1706. gr. in-fol.
5. Hyacinthe Rigaud, peint par lui-même. gr. in-fol.
6. Marie de Serre, mère de Rigaud; peinte par *son fils*. gr. in-fol.
7. Jean Forest; d'après *N. de Largillières*. gr. in-fol.
8. Nicolas Lambert; d'après *le même*. gr. in-fol.
9. Marie de Laubespine, femme de N. Lambert; d'après *le même*. gr. in-fol.

P. Drevet, le père.

10. Hélène Lambert, femme de M. de Motteville; par *le même*. gr. in-fol.
11. Christine-Caroline, Margrave de Brandebourg, Duchesse de Wartenberg. gr. in-fol.
12. Fréderic-Auguste, Roi de Pologne; d'après *Fr. de Troy*. gr. in-fol.
13. Ernest-Auguste, Duc de Brunsvic-Lunebourg, dans une bordure allégorique. gr. in-fol.
14. Louis-Alexandre de Bourbon, Comte de Toulouse, la main nue, d'après *Rigaud*. gr. in-fol.
15. Le même Portrait, par *le même*, avec la main gantée.
16. Philippe V. Roi d'Espagne; d'après *le même*. gr. in-fol.
17. René-François de Beauveau, Archevêque de Narbonne; d'après *le même*. gr. in-fol.
18. André Hercule, Cardinal de Fleury; d'après *le même*. gr. in-fol.
19. Marie Souveraine de Neufchatel, Duchesse de Némours, gravée en 1707. d'après *le même*. gr. in-fol.
20. Louis-Antoine, Duc de Noailles; d'après *le même*. gr. in-fol.
21. Louis Hector, Duc de Villars; d'après *le même*. gr. in-fol.
22. Louis Dauphin de France; d'après *le même*. gr. in-fol.
23. François-Louis de Bourbon, Prince de Conti, en pied; d'après *le même*. tr. gr. in-fol.
24. Louis XIV. en pied, dans ses habits royaux; d'après *le même*. tr. gr. in-fol.
25. Louis XV. assis sur le trône, dans ses habits royaux; d'après *le même*. tr. gr. in-fol.

Pièces de Dévotion.

1. L'Entrée du Sauveur dans Jérusalem, grande composition d'*Ant. Dieu*, chez *Drevet*. gr. in-fol. en t.

2. Le Christ attaché à la croix, et derrière lui la ville de Jérusalem. *P. Drevet exc.* tr. gr. pièce en 2 planches.

II. Pierre Drevet, le fils, graveur au burin, né à Paris en 1697, et mort dans la même ville en 1739. On a de lui une estampe qu'il a gravée à l'âge de treize ans et qui, dans bien des parties, peut faire le desespoir des graveurs consommés. On peut, sans doute, graver plus fierement, plus librement que lui; on peut, même dans le portrait, introduire des travaux plus pittoresques, et se distinguer par une touche plus hardie; mais peut-être ne sera-t-il jamais surpassé dans la gravure finie et précieuse. Il est impossible de revoir sans étonnement son fameux portrait de Bossuet qu'il fit à l'âge de vingt-six ans. On voit dans cette estampe des cheveux blancs, des chairs, de l'hermine, du linon, des dentelles, de la moëre, du velours, des franges d'or, du bois travaillé par l'art des ébénistes, des bronzes, du marbre, du papier etc. Chacun de ces objets est gravé d'un caractère différent, et ce caractère est celui qui lui est propre. Les curieux ne recherchent pas moins son portrait de *Samuel*

P. Drevet, le fils.

Bernard. Il falloit que cet artiste, pour traiter avec tant de perfection tout ce qui peut-être l'objet de la gravure, eût une grande pratique de la gravure; mais nulle part il n'affecte de montrer son habileté à manier cet instrument.

M. Watelet, de qui nous avons emprunté la notice précédente, ne parle pas de la gravure de ses sujets historiques dans lesquels il a suivi son génie. *M. Cochin* lui fait un reproche qui ne me paroît pas bien grave. "Les mor-
,,ceaux d'histoire", dit-il, "gravés par *P. Drevet*
,,le fils, sont admirables pour la finesse et la
,,beauté du travail, mais beaucoup trop finis
,,pour le caractère de l'histoire, ce qui a fait
,,dire aux gens de goût que c'est un fort beau
,,travail, mais très déplacé, et qui ne sert qu'à
,,faire paroître les figures comme si elles étoient
,,de bronze." — Ce reproche ne me paroît pas fondé et ne peut gueres tomber que sur quelques estampes gravées d'après *Ant. Coypel*; les figures de la plupart de ses autres sujets historiques ne sont pas moins moëlleuses que celles de ses portraits. Pour appuyer son dire, *Cochin* avance encore ceci: "On peut voir aussi la
,,famille de Darius, gravée d'après *le Brun* par

P. Drevet, le fils.

„*Edelinck*, dont la gravure, quoique parfaite
„pour le burin, est beaucoup moins conve-
„nable dans un pareil morceau que celle de
„*Gerard Audran.*" Ici *Cochin* ne se rappelle
pas qu'*Audran* conseilla lui-même à *le Brun* de
donner à graver ce sujet à *Edelinck*, comme
bien plus capable que lui-même à le traiter
dans sa vraie manière. Quant aux gens de
goût on sait bien qu'en penser. Cochin, Mariette et le Comte de Caylus, étoient de ce
nombre. Il auroient été très-capables de bien
juger des ouvrages de l'art, s'ils n'avoient pas
affecté le ton d'exclusion et le penchant pour
la dictature.

Portraits de Drevet, le fils.

1. François de Salignac de la Mothe Fenelon, Archevêque de Cambray; d'après *Jean Vivien*. in-fol.
2. François Paul de Neuville de Villeroy, Archevêque de Lyon; d'après *J. Santerre*. in-fol.
3. Claude le Blanc, Ministre de la guerre; d'après *Ad. le Prieur*. p. in-fol.
4. Louis, Duc d'Orléans; d'après *Ch. Coypel*. p. in-fol.
5. Adrienne le Couvreur, dans le rôle de Cornélie; d'après *le même*. gr. in-fol. Pièce distinguée.
6. Louis XV. dans sa jeunesse, conduit Minerve au temple de la gloire; d'après *Ant. Coypel*. gr. in-fol.
7. Dom Arnoul de Loo, Supérieur général de la Congrégation de St. Maur; d'après *Jouvenet*. in-fol.

8   P. Drevet, le fils.

8. Nicolas-Pierre Camus de Pontcarré, premier Président au Parlement de Rouen; d'après *Jouvenet*. gr. in-fol.
9. L'Epouse du Prétendant. *Davids pinx. Romæ.* gr. in-fol.
10. Isaac-Jacques de Vertamont, Evêque de Conférans; d'après *Fr. de Troy*. gr. in-fol.
11. Robert Cotte, premier Intendant des batimens, jardins, arts et manufactures du Roi etc. peint par *H. Rigaud*, et gravé par *P. Drevet* pour l'Académie. gr. in-fol.
12. René Pucelle, Abbé et Conseiller au Parlement; d'après *le même*. gr. in-fol.
13. Guillaume, Cardinal Dubois, Archevêque de Cambray, assis; d'après *le même*, gravé en 1724. gr. in-fol.
14. Samuel Bernard assis, d'après *le même*. gr. in-fol.
15. Jacques-Benigne Bossuet, Evêque de Meaux, figure en pied; d'après *le même*. gr. in-fol.

Sujets divers d'après différens maîtres.

1. L'Adoration des Bergers; d'après *Hyac. Rigaud*. in-fol.
2. Sainte Famille, avec le titre: *Le parfait modèle de toutes les familles chrétiennes:* d'après *Ant. Dieu*, in-fol.
3. St. Jean-Baptiste, reprochant à Hérode d'avoir épousé la femme de son frère; d'après *le même*, chez *Drevet*. gr. in-fol. en t.
4. L'Entrée de Jésus dans Jérusalem; d'après *le même*, chez *Drevet*. gr. in-fol. en t.
5. Le Père éternel parlant à Adam et Eve après leur transgression; d'après *Ant. Coypel*. gr. in-fol.
6. La même pièce, d'un plus petit format, gravé aussi par *Drevet*, avec une grande finesse.
7. Abraham prêt à sacrifier son fils Isaac; d'après *le même*, gravé en 1707. gr. in-fol.

CL. DREVET.

8. Le Serviteur d'Abraham auprès de Rébecca ; d'après *le même*. gr. in-fol.
9. L'Annonciation à la Vierge ; d'après le tableau de *Coypel* dans la chapelle de Meudon. gr. in-fol.
10. Le même pièce sous le même titre, d'un format plus petit. P. Drevet exc.
11. Un Christ en croix ; d'après *le même* ; pièce gr. in-fol.
12. Jésus-Christ au jardin des Olives, reconforté par des anges ; d'après *J. Restout*. gr. in-fol.
13. La Présentation de l'enfant Jésus au temple, d'après le tableau de *L. de Boullongne* du chœur de Notre-Dame de Paris. gr. in-fol. en t. Pièce capitale de *Drevet* le fils.
14. La Résurrection de Notre-Seigneur ; d'après frère *J. André*, gravé par *P. Drevet* à l'âge de 19 ans. gr. in-fol.

III. CLAUDE DREVET, cousin germain du précédent, né à Lyon en 1710, mort à Paris en 1768. Elève des *Drevet*, il s'est distingué dans la gravure par des portraits d'une exécution très-soignée.

1. Portrait de Madame le Bret en Cerès ; d'après *Rigaud*. gr. in-fol.
2. Henri Oswald, Cardinal d'Auvergne ; d'après *le même*. gr. in-fol.
3. Charles-Gaspar Guillaume de Vintimille, Archevêque de Paris ; d'après *le même*. gr. in-fol.
4. Philippe-Louis, Comte de Sinzendorf ; d'après *le même*. gr. in-fol.
5. Pierre Calvairac, Docteur en Théologie, Abbé de Pontignan ; d'après *Adrien le Prieur*. gr. in-fol.

Ant. Trouvain.

Antoine Trouvain, graveur au burin, né à Montdidier vers 1666, reçu membre à l'Académie de peinture en 1707. Il manioit son outil avec beaucoup de dextérité, et opéroit dans un style net et fort agréable. On ignore le nom de son maître; s'il n'est pas l'élève de *Bernard Picart*, du moins il paroit être son imitateur. Il a gravé avec succès le portrait et l'histoire.

Portraits

1. Le bienheureux Vincent de Paul. *Trouvain sc.* chez *Odieuvre.* petit in-8.
2. Le Père de la Chaise, Confesseur du Roi Louis XIV. *A. Trouvain sc. B. Picart exc.* gr. in-8.
3. Pierre-Daniel Huet, Evêque d'Avranches. *S. de Quoy pinx.* 1695. gr. in-8.
4. Alexis du Buc, Prêtre de la Congrégation des Clercs. *P. Simon pinx.* gravé en 1689. in-fol.
5. François le Bouthillier, Evêque de Troyes. *A. Trouvain sc.* gr. in-fol.
6. Claude-François Menétrier, de la Société de Jésus. *P. Simon pinx. A. Trouvain sc.* 1688. gr. in-fol.
7. Jean Pesne, peintre et graveur; peint par *lui-même*, gravé par *Trouvain* 1698.
8. René-Antoine Houasse, Peintre et Recteur de l'Académie; peint par *Tortebat*, gravé par *Trouvain*, pour sa réception à l'Académie en 1707. gr. in-fol.
9. Jean Jouvenet; peint par *lui-même*, gravé par *Antoine Trouvain*, pour sa réception à l'Académie. gr. in-fol. en t.

ANT. RIVALZ.

Divers Sujets d'après différens maîtres.

1. L'Annonciation de la Vierge; d'après *Carle Maratte*, gr. in-fol. en t.
2. L'Aveugle guéri par le Sauveur; d'après *Ant. Coypel*. Tableau des Chartreux. gr. in-fol. en t.
3. La Mariage de la Reine Marie de Médicis; d'après *Rubens*. gr. in-fol.
4. La Majorité de Louis XIII. d'après *le même*; pièces qui font partie du recueil de la galerie du Luxembourg. gr. in-fol.

I. ANTOINE RIVALZ, peintre et graveur à l'eau-forte, né à Toulouse en 1667, et mort dans la même ville en 1735. *Antoine* étoit fils de *Jean-Pierre Rivalz*, bon peintre et habile architecte; il reçut les premières leçons de son art dans la maison paternelle, conjointement avec le fameux *la Fage*. De-là il alla continuer ses études à Paris, puis il passa à Rome, où il concourut pour le prix à l'Académie de St. Luc, dont le sujet fut la chûte des anges rebelles. *Rivalz* sortit victorieux de cette lutte et fut couronné au Capitole par les mains du Cardinal Albani, ensuite Clément XI. Après un assez long séjour à Rome, il fut rappellé à Toulouse par son père qui mourut peu de tems après le retour de son fils. Il avoit de la correction dans le dessin, de la force dans la couleur, une composition ingénieuse et réfléchie, de la grace et du sentiment. On compare le caractère de son talent à celui du *Poussin*. Comme il a toujours demeuré en province, ses tableaux sont peu connus dans la capitale. *Rivalz* a beaucoup dessiné : ses dessins sont spirituels et légers, entièrement dans le goût de *la Fage*, son condisciple.

Cet Artiste a gravé avec le même esprit quelques-unes de ses compositions, comme quatre estampes allégoriques dans un Traité de peinture de Dupuy du Grez, imprimé à Toulouse en 1699. in-4to. Savoir :

1. La Muse de la peinture que Minerve place parmi les Dieux.
2. La même Muse instruit des enfans dans les trois arts.
3. La même Muse se montrant avec une palette et des crayons.
4. La même Muse paroît rêveuse, crayon à la main, pendant que Minerve lui parle à l'oreille.
5. Le Martyre de St. Symphorien, pièce in-fol. presque carrée.
6. La Vérité chassant les Vices, ennemis des Arts et des Sciences, Allégorie à la mémoire du *Poussin*; dédiée à *le Brun* (nommé ici par inadvertance *André Louis*) *A. Rivalz del. et incis.* in-fol. presque carré.

II. BARTHELEMI RIVALZ, dessinateur et graveur à l'eau-forte, né à Toulouse en 1724.

EDME JEAURAT.

Barthélemi, neveu et élève d'*Antoine*, grava à la pointe plusieurs sujets d'après son oncle et *Benoît Lutti*. Savoir :

1. La Chûte des Anges rébelles, dont le tableau est à Narbonne. in-fol.
2. Histoire d'Arrie et Poetus. in-fol.
3. Trait de l'histoire de Cléopâtre. in-fol.
4. Judith et Holopherne. in-fol.
5. Joseph et la femme de Potiphar. in-fol.
6. La Mort de Marie-Madeleine ; d'après *Benoît Lutti*. in-fol.

EDME JEAURAT, graveur à la pointe et au burin, né à Paris vers 1672, et mort en la même ville en 1738. Elève de *B. Picart*, il avoit une pointe agréable et adroite à saisir le goût des maîtres qu'il copioit. Voici comment *Dandré Bardon* trace le caractère de ce graveur. Il a mis toute la fierté *du Mole* dans la fuite en Egypte qu'il a gravée d'après ce maître, le pittoresque ragoûtant de *Paul Veronèse* dans son Moïse sauvé des eaux, l'esprit de *Vleughel* dans l'estampe d'Achille plongé dans les eaux du Styx, et les graces que lui a fourni le *Clerc* dans son tableau représentant Achille reconnu par Ulysse dans le palais de Lycomède.

Il ne faut pas confondre le graveur *Edme*

Jeaurat avec le peintre *Etienne Jeaurat*, comme il est arrivé à Joseph Strutt. D'un graveur il en fait deux. *Etienne*, selon lui, est un artiste assez médiocre, incorrect dans le dessin, et froid dans l'exécution, graveur qui n'a guères connu que le mécanisme de son art. *Edme*, au contraire, est un artiste supérieur. — *The plates engraved by this artist are superior in merit etc.* A l'égard d'*Etienne Jeaurat*, qui n'a rien gravé, il a ignoré qu'il étoit peintre d'histoire et de genre, et Professeur à l'Académie royale de peinture à Paris depuis 1743.

1. Nicolas Vleughel, peintre parisien; d'après *Ant. Pesné*, gravé par *Et. Jeaurat*, en 1726. gr. in-fol.

2. Pierre Pujet, le Michel-Ange de la France, peint par *Pujet fils*, et gravé par *Jeaurat*. in-fol.

3. Huit Fables de la Fontaine, gravées par *Edme Jeaurat*, en 1730 et 1736; d'après *Etienne Jeaurat*. Savoir: 1) L'Enfant et le Maître d'école. 2) L'Astrologue qui se laisse tomber dans un puit. 3) La Femme noyée. 4) La Montagne qui accouche. 5) La Fortune et le jeune Enfant. 6) L'Asne portant des reliques. 7) L'Huitre et les Plaideurs. 8) L'Amour et la Folie.

4. La Rencontre d'Abigaïl et de David; d'après *N. Vleughel*, gravé en 1720. gr. in-fol. en t.

5. La Résurrection du Sauveur; d'après *le même*, gravé en 1718. in-fol.

6. Thétis plonge Achille son fils dans les eaux du Styx; d'après *le même*. gr. in-fol. en t.

EDME JEAURAT.

7. Télémaque dans l'île de Calypso ; d'après *le même*, gravé en 1724. gr. in-fol. en t.
8. Trois jolies pièces, savoir : 1) Fille de Rome dotée pour être mariée ou religieuse. 2) Fille de Frescati proche de Rome. 3) Femme grecque en pélérinage à Rome ; d'après *le même*, gravées en 1734. in-4to.
9. Mardochée mené en triomphe ; d'après *Séb. le Clerc, fils*, gravé en 1737. gr. in-fol. en t.
10. L'enfant Jésus dans le temple parmi les Docteurs ; d'après *le même*. in-fol.
11. Achille reconnu par Ulysse, au milieu des filles de Lycomède ; d'après *le même*. gr. in-fol. en t.
12. Jupiter amoureux d'une Nymphe ; d'après *le même*. in-fol.
13. Jean-Baptiste baptisant les Juifs dans les eaux du Jourdain ; d'après *le Poussin*. in-fol.
14. Syrinx, poursuivie par le Dieu Pan, est reçue par le fleuve Alphée ; d'après *P. Mignard*. gr. in-fol.
15. Le corps de Jésus sur les genoux de la Vierge ; d'après *le Brun*, pièce ceintrée. gr. in-fol.
16. Trois morceaux, *du même*. gr. in-fol. des tapisseries du Roi de France, qui représentent : 1) Réduction de la ville de Marsal. 2) L'Entrevue dans l'île des Faisans. 3) Cérémonie du mariage de Louis XIV.

Les trois estampes suivantes, du recueil de Crozat, sont les pièces capitales de Jeaurat.

17. L'Entrevue de Jacob et de Rachel ; d'après le tableau de *P. Fr. Mola*, du cabinet de Crozat. tr. gr. in-fol. en t.
18. Repos dans la Fuite en Egypte ; d'après le tableau *du même*, dans le même cabinet. tr. gr. in-fol. en t.
19. Moïse sauvé des eaux ; d'après *Paul Véronèse*, tableau du cabinet du Roi de France. tr. gr. in-fol. en t.

Cl. Gillot.

Claude Gillot, peintre et graveur à l pointe, né à Langres en 1673, et mort à Pari en 1722. Son père, qui étoit peintre lui appri tout ce qu'il savoit, puis l'envoya à Paris sou. la conduite de *Jean Baptiste Corneille*. Mais soi génie n'étoit pas propre à se conformer aux règles sévères de son art; il se forma une manière à lui, et étudia la nature sur les traiteaux des farceurs italiens et des François. Les Faunes et les Satyres sont les sujets favoris de ses compositions. Sur quelques sujets d'un caractère plus sérieux, il fut reçu en 1715 à l'Académie de peinture. Il a eu la gloire de former le célèbre *Watteau*; mais au bout de quelque tems ils se séparerent. Le maître eut tant de dépit de se voir surpassé par son disciple qu'il quitta pour toujours la peinture et se livra entièrement à la gravure. Ses tableaux sont totalement oubliés, mais on recherche encore ses dessins et ses eaux-fortes, où l'on trouve beaucoup d'esprit et de facilité, qualités qui font passer sur leur incorrection. Ces ouvrages ont encore ce caractère particulier: que ses Sylvains ont tous l'air de loucher.

En fait de gravure Gillot a beaucoup travaillé:

Gersaint,

N. H. TARDIEU.

Gersaint, en comptant les Fables de la Mothe, fait monter ses estampes à 180 pièces.

1. Claude Gillot, Peintre ordinaire du Roi. *Cl. Gillot pinx. M. Aubert sc.* in-fol.
2. Fête de Diane, troublée par des Satyres. *Cl. Gillot fecit.* petit in-fol.
3. Fête de Bacchus, célébrée par des Satyres et des Bacchantes. *Id. fec.* Même grandeur.
4. Fête du Dieu Pan, célébrée par des Sylvains et des Nymphes. *Id. fec.* Même grandeur.
5. Fête de Faune, Dieu des Forêts. *Id. fec.* Même grandeur.
6. Les Sorciers et les Sorcieres au Sabbat; d'après *Gillot*, par *Caylus*. gr. in-fol. en t.

Le *Comte de Caylus* a gravé plusieurs autres sujets d'après ce maître.

I. NICOLAS-HENRI TARDIEU, dessinateur, graveur à la pointe et au burin, né à Paris en 1674, et mort dans la même ville en 1749. Il eut pour maître *Antoine le Pautre* et *Jean Audran*. Cet artiste, dit Dandré Bardon, ménageoit adroitement un mélange de hachures libres et de tailles régulieres pour rendre les divers caractères des objets. C'est par la variété et l'opposition des travaux de la pointe et du burin qu'il a mis du ragoût et de l'effet. *Tardieu* a travaillé aux meilleurs ouvrages de son tems, tels qu'au

VIII.   B

N. H. TARDIEU.

recueil de Crozat et à la collection de la galerie de Versailles, sur les dessins de *Massé* d'après *le Brun*. Reçu membre de l'Académie dès 1720, il a formé d'habiles élèves, tels que *Cars, B. Baron, le Bas* et *Tardieu*, son fils. Artiste laborieux, il a gravé une grande variété de sujets.

Portraits.

1. Nicolas-Henri Tardieu, graveur du Roi. *Vanloo pinx. Tardieu filius sc.* in-4to.
2. Jean Soanen, Evêque de Senez. *Nic. Tardieu ad vivum fecit*, 1756. in-4to.
3. Louis-Antoine de Pardaillon de Gondrin, Duc d'Antin, peint par *Rigaud* et gravé par *Tardieu*, pour sa réception à l'Académie en 1720. gr. in-fol.

Divers Sujets d'après différens maîtres.

1. Deux grandes Frises, représentant l'une la famille de Coriolan à ses genoux, l'autre la prise de Carthagènes par Scipion; d'après les tableaux de *Jules Romain*. Du recueil de Crozat.
2. Deux grandes Frises, représentant l'une la Continence de Scipion, l'autre Scipion recompensant ses soldats et reconnoissant les prisonniers de guerre faits à Carthagènes. *Id. ibid.*
3. Jupiter amoureux d'Alcmene, d'après le carton de *Jules Romain.* gr. in-fol. en t. Du Crozat.
4. L'Annonciation, d'après le tableau de *Carle Maratte* du cabinet de Crozat. gr. in-fol.
5. La sainte Famille, grande composition, où se voit la Vierge assise, tenant l'enfant Jésus à qui des anges apportent des fleurs et des fruits, tableau d'*André Luigi d'Assise*, du cabinet du Roi. gr. in-fol. Crozat.

... de leur transgression; d'après le ... du *Dominiquin*, du cabinet du Duc de Devon-... Une des belles estampes de Tardieu, gravée ... avec plus de précision que celle de *Baudet*.

... Flagellation du Christ; d'après *Ch. le Brun*. in-fol.

... Christ en croix, au bas la Madeleine, St. Jean et la ... d'après *le Brun*. in-fol.

... au Christ; composition de trois figures; ... *le même*. in-fol.

... Hollande, peinte par *le Brun*, au ceintre du Salon ... guerre, à Versailles.

... Conseil, le Secret, la Valeur et la Prudence, ... les quatre qualités principales d'un Ministre ... d'après *Eustache le Sueur*. in-fol. pièce rare.

... Jésus parlant à la Samaritaine; d'après *Nic. Bertin*. ... et t.

... Jésus apparoissant à la Madeleine en jardinier, ou le *noli me tangere*; d'après *le même*. in-fol. en t.

... Le Martyre de St. Pierre; d'après le tableau de Notre-Dame de *Seb. Bourdon*. gr. in-fol.

... Un Crucifiement; d'après *Joseph Parrocel*. gr. in-fol.

... Saint Charles Boromée; d'après *F. Dulin*. in-fol.

... La Conception de la Vierge, peinte au Dôme des ... Religieuses de l'Assomption, par *Ant. Coypel*. gr. in-fol. en t.

... Vulcain montrant à Vénus les armes qu'il a faites pour ... Enée.

19. Vénus, dans l'assemblée des Dieux, sollicite Jupiter en faveur d'Enée.

20. Junon sollicite Eole de susciter une tempête contre la Flotte d'Enée.

Ces trois morceaux font partie des douze grandes estampes gravées d'après les tableaux de l'histoire d'Enée peints au palais royal par *Ant. Coypel.*

21. Apollon et Daphné; d'après le tableau de *Coypel* peint pour le Roi. gr. in-fol. en t.
22. La Colère d'Achille, sujet de l'Iliade; d'après *Ant. Coypel.* tr. gr. in-fol. en t. Pièce capitale.
23. Les Adieux d'Hector et d'Andromaque, autre sujet de l'Iliade; d'après *le même.* Pendant.
24. Psiché épargne l'Amour, et l'Amour quitte Psiché; d'après deux tableaux peints pour Meudon par *Coypel.* in-fol.
25. La Proposition embarassante; d'après le tableau d'*Antoine Watteau*, de la galerie du Comte de Bruhl. gr. in-fol. en t.
26. Le Plaisir pastoral; d'après *le même*, du cabinet de Mariette. gr. in-fol. en t.
27. Les Champs Elisées; d'après *le même*, du cabinet de Jullienne. gr. in-fol. en t.
28. Le grand Embarquement pour Cythère; d'après *Watteau*, du même cabinet. tr. gr. pièce en t.

On a encore une suite intéressante de *Tardieu* le père: C'est l'histoire de Constantin, gravée en douze estampes d'après les tableaux de *Rubens* qui étoient chez le Duc d'Orléans.

Elisabeth-Claire Tournay, femme de *N. H. Tardieu*, s'est aussi distinguée dans la gravure par les morceaux suivans:

1. Le Concert; d'après *J. F. de Troy.* in-fol.
2. La Marchande de moutarde; d'après *Ch. Hutin.* in-fol.
3. La Dame de Charité, et le Prêtre du Catéchisme; d'après *P. Dumesnil, fils*, deux pièces gr. in-fol. en t.

4. La vieille Coquette; d'après *le même*. in-fol. en t.
5. Le doux Sommeil, ou l'aimable Repos; d'après *Et. Jeaurat*. in-fol.

II. JACQUES-NICOLAS TARDIEU, fils, dessinateur, graveur à la pointe et au burin, né à Paris en 1718, encore vivant en 1789. Etant élève de son père, il a travaillé conjointement avec lui à différens grands ouvrages du tems : Le fils en général, s'est beaucoup plus aidé du burin que de la pointe. De-là ses estampes ont plus de propreté que celle du père, mais moins de ces beautés pittoresques qui charment l'œil du connoisseur. Membre de l'Académie royale, il a travaillé en différens genres : il a traité le portrait et l'histoire. Sa femme, *Louise du Vivier*, fille du célèbre médailleur de ce nom, a pareillement gravé quelques morceaux.

Portraits.

1. Robert le Lorrain, Sculpteur ordinaire du Roi, peint par *Nonnotte*, gravé par *Jac. Nic. Tardieu*, pour sa réception à l'Académie en 1749. gr. in-fol.
2. Bon de Boullongne, Peintre ordinaire du Roi, peint par *Gilles Allou*, gravé par le même *Tardieu*, pour sa réception à l'Académie en 1749. gr. in-fol.
3. Le Roi de France, Louis XV.; d'après *Vanloo*. gr. in-fol.
4. La Reine de France, femme de Louis XV.; d'après *Nattier*. in-fol.

P. F. TARDIEU.

5. Marie-Henriette de France, sous l'emblême du Feu; d'après *le même.*
6. Dimitri, Prince de Gallitzin, Ambassadeur extraordinaire de la cour de Russie à celle de Vienne; d'après *Drouais le fils.* gr. in-fol.
7. Le portrait de l'Archevêque de Bourdeaux; d'après *Restout.* gr. in-fol.

Divers sujets, d'après différens maîtres.

1. L'Apparition de Jésus-Christ à la sainte Vierge; d'après *le Guide.* gr. in-fol. Galerie de Dresde.
2. La Madeleine pénitente, assise dans le désert; d'après *Paul Pagani.* gr. in-fol. en t. Galerie de Dresde.
3. Notre-Seigneur guérissant le Paralytique de la piscine; d'après *Restout.* gr. in-fol. en t.
4. Diane et Actéon; d'après *Fr. Boucher.* in-fol.
5. Monument à la mémoire d'Andesley Schovel; d'après *le même.* gr. in-fol.
6. Deux sujets faisant pendants; d'après *D. Teniers*; le Déjeûné flamand, et le Docteur alchymiste. in-fol. en t.
7. Les Misères de la guerre; d'après *le même.* gr. in-fol. en t.
8. Deux Paysages, portant pour titre: La Balayeuse et les Fruits de l'autômne; d'après *Cochin le fils.* in-fol.

Il a encore gravé, conjointement avec son père, plusieurs frontispices et vignettes d'après *le même.*

Tardieu le fils a aussi gravé plusieurs morceaux pour le Recueil de la galerie de Versailles, sur les dessins de *Massé*, d'après *le Brun.*

III. PIERRE-FRANÇOIS TARDIEU, graveur à la pointe et au burin, né à Paris vers 1720.

P. A. TARDIEU. CL. DUFLOS.

Cousin germain du précédent, il apprit la gravure chez les *Tardieu* et grava dans leur manière. Ce qu'il a fait de plus considérable, ce sont les deux morceaux suivans pour le Recueil de la galerie du Comte de Bruhl.

1. Le Jugement de Pâris ; d'après *Rubens*. gr. in-fol. en t. Sujet déjà gravé par *Lommelin*.
2. Persée et Andromède ; d'après *le même*. gr. in-fol.
3. Divers morceaux d'architecture ; d'après *Panini*.
4. Plusieurs morceaux pour la grande édition des Fables de la Fontaine ; d'après *Oudry*.
5. Plusieurs Planches d'animaux pour l'histoire naturelle de *Buffon*.

Marie-Anne Rousselet, femme de *P. F. Tardieu*, a aussi gravé différens sujets, entr'autres :

1. Saint Jean dans le désert ; d'après *Carle Vanloo*. in-fol. Sujet qui a été aussi gravé à Venise par *Wagner*.

IV. PIERRE-ALEXANDRE TARDIEU, graveur au burin, né à Paris en 1756. Il est élève de J. G. Wille et a déjà donné des preuves de son talent. Il a gravé divers portraits, dont un des principaux est celui de Henri IV, d'après *Porbus*, pour la suite de la galerie du palais royal.

CLAUDE DUFLOS, graveur au burin, né à Paris en 1678, et mort en la même ville en 1747. On ignore sous quel maître il a étudié son art, mais son goût de gravure tient de celui de *Fr. Poilly.* Habile buriniste, il s'aidoit pourtant quelquefois de la pointe. Nous avons de la main de cet artiste laborieux une grande variété de sujets gravés avec une extrême propreté. Je ne rapporterai de son œuvre, qui est très-considérable, que les morceaux les plus marquans.

Portraits.

1. Jean-François-Paul de Gondy, Cardinal de Retz. in-4to.
2. Nicolas Lyon, Procureur du Roi. *L. Herluyson pinx. Cl. Duflos sc.* 1705. in-fol.
3. Denis-François Bouthillier de Chavigny, Evêque de Troyes. *Rigaud pinx.* gr. in-fol.
4. Jean-Jacques Gaudart, Conseiller du Roi. *De Largilliere pinx.* gr. in-fol.
5. Philippe, Duc d'Orléans. *R. Tourniere pinx.* gr. in-fol.
6. Marc-Renée de Voyer ; d'après *Hyacinthe Rigaud.* gr. in-fol.

Divers sujets, d'après différens maîtres.

1. Le Christ mis au tombeau, d'après le tableau du *Perugin,* dans le cabinet du Duc d'Orléans. gr. in-fol. en t. Recueil de Crozat.
2. Le même sujet autrement traité, et peint par *Raphael* dans la même manière ; tableau du même cabinet. in-fol. en t. *Ibid.*
3. Saint Michel foulant au pied le dragon infernal, et entouré de figures fantastiques, d'après le tableau de *Raphael,* du cabinet du Roi. in-fol. *Ibid.*
4. Jésus à table entre les deux Disciples d'Emaüs, et entouré de cinq autres figures ; d'après le tableau de

CL. DUFLOS. 25

Paul Véronese, dans le cabinet du Duc d'Orléans. tr. gr. in-fol. Gravure vigoureuse où l'eau-forte a beaucoup travaillé. *Ibid.*

5. Jésus à table avec les Disciples d'Emaüs; d'après *le Titien*. p. in-fol. en t. La même composition qu'a gravée *Masson*.
6. Concert de Musique; d'après *le Dominiquin*. p. in-fol. en t. Du cabinet du Roi de France.
7. La Vierge en buste; d'après *le Guide*. gr. in-fol.
8. L'Annonciation ; d'après *l'Albane*. Chez la veuve *Chereau*. in-fol.
9. Jésus en Jardinier apparoissant à la Madeleine, où le *Noli me tangere*; d'après *le même*. Ovale in-fol. en t. Chez *B. Picart*.
10. Le mépris de l'Amour pour les richesses ; d'après *le même*. in-fol. en t.
11. Sainte Cécile chantant les louanges du vrai Dieu au son des instrumens ; d'après le tableau de *P. Mignard*, du cabinet du Roi de France. gr. in-fol. La même pièce aussi gravée par *Fr. Chéreau*.
12. La Présentation du Sauveur au temple ; d'après le tableau de *le Sueur*, au grand Séminaire de St. Sulpice. gr. in-fol. en t.
13. Descente de croix ; d'après le tableau de l'église de St. Gervais ; d'après *le même*. Pièce en ovale. gr. in-fol. en t.
14. La Femme adultère; d'après *Nic. Colombel*, pièce gravée en 1711. gr. in-fol. Le Repas chez le Pharisien, d'après *le même*, qui fait le pendant, est gravé par *Michel Dossier*.
15. Le Moine Zozime donnant la dernière Communion à Ste. Marie Egyptienne ; d'après *Lubin Baugin*. in-fol.
16. Le Massacre des Innocens ; d'après *Ch. le Brun*, pièce ceintrée. in-fol.

CL. DUFLOS.

17. Jésus-Christ sur la montagne des Olives, en tableau d'autel; d'après *le même*. in-fol.
18. Grand Crucifix; d'après *le même*, avec l'inscription: *Hélas! Est-ce amour etc.* gr. in-fol.
19. Le Crucifix aux Anges, copie de la belle estampe d'*Edelinck*; d'après *le même*. in-fol.
20. Corps du Christ étendu au pied de la croix, avec les trois Maries et St. Jean; d'après *le même*. Pièce dans un cadre d'autel. in-fol. en ceintre.
21. La Descente du St. Esprit sur les Apôtres; d'après *le même*; de même format.
22. L'Assomption de la Vierge; d'après *le même*. in-fol.
23. La Madeleine pénitente, avec quatre vers françois. in-fol.
24. La Dévotion du sacré cœur de Jésus, inspiré à la vénérable Sœur Marguerite Marie à Lacoque; d'après *le même*. jolie pièce. p. in-fol.
25. L'Annonciation, d'après *Ant. Coypel*; la même pièce en petit, que *Drevet* a gravée en grand.
26. La Madeleine au pied de la croix; d'après *le même*. gr. in-fol.
27. Le Triomphe de Galathée, le même sujet que *Coypel* et *Picart* avoit gravé. in-fol. en t.
28. L'Amour piqué par une Abeille; d'après *le même*. gr. in-fol. en ovale, ayant pour pendant Zéphire et Flore, par *B. Picart*.
29. La même pièce en petit et en rond.
30. L'Hymen de Bacchus et d'Ariane; d'après *le même*. gr. in-fol. en ovale.
31. Silène lié et barbouillé de jus de raisin; d'après *Ant. Coypel*. in-8.
32. Le Triomphe de Bacchus; d'après *Charles Natoire*. gr. in-fol. en t.
33. Le Triomphe d'Amphitrite; d'après *le même*. Pendant.

J. SARRABAT. AND. BOUYS.

JEAN SARRABAT, graveur en manière noire, né aux Andélis en 1680, et a travaillé à Paris au commencement de ce siècle. Il est du petit nombre des artistes françois qui ait gravé dans cette nouvelle manière. Il a fait des portraits et divers sujets d'après différens maîtres; mais ses productions ne sauroient entrer en parallelle avec celles des graveurs anglois. On cite comme ses meilleurs ouvrages les morceaux suivans :

1. Alexandre Bondan, Imprimeur du Roi pour les tailles douces; d'après Cl. Lefebure. gr. in-fol.
2. Etienne Gantrel, Graveur du Roi; d'après Nic. de Largilliere. in-fol.
3. Antoine Coypel, Peintre du Roi; d'après T. Netscher. in-fol.
4. Pierre de la Roche, Mousquetaire du Roi, à côté de lui le Peintre Tourniere. in-fol.
5. Jacques-Benigne Bossuet, Evêque de Meaux; d'après Rigaud. in-fol.
6. Les deux Confesseurs; d'après J. van Haften. 2 pièces in-4to. en t.
7. Héraclite pleurant, demi-figure; d'après M. Corneille. in-4to.

ANDRÉ BOUIS, ou BOUYS, peintre de portraits et graveur en manière noire, né en Provence vers 1680. Il travailloit à Paris, et apprit à peindre le portrait chez Fr. de Troy. Sarrabat, Bouys et Barras ont été contemporains et se sont appliqués tous trois à la gravure en manière noire. Ce que nous avons dit à l'égard du premier, est aussi applicable aux deux derniers.

1. Buste d'André Bouys et celui de sa femme, sans nom d'artiste. gr. in-fol.
2. François de Troy, Peintre du Roi, peint par lui même, avec attributs. gr. in-fol.
3. Claude Gros de Boze. *And. Bouys pinx. ad vivum, et sc.* 1708. in-fol.
4. François René, Marquis de Bellay. *Bouis pinx. et sc.* in-fol.
5. Jean-Baptiste Massillon, Evêque de Clermont. *Bouis fec.* in-fol.
6. Des Marais, fameux joueur de viole. *Id. fec.* in-fol.

Plusieurs artistes, comme Gérard et Nicolas Edelinck, ont gravé d'après lui.

PIERRE PICAULT, graveur au burin, né à Blois en 1680, et mort à Paris en 1711. Les Batailles d'Alexandre qu'il copia d'après celles de *G. Audran*, réduites à la moitié, firent concevoir de grandes espérances de ses talens lorsqu'il mourut à la fleur de son âge. Il a gravé le portrait et l'histoire. Il avoit coutume de marquer ses estampes: *P. Picault Blesensis sculp.*

La Visitation de Sainte Elisabeth; d'après *Carle Maratte.* in-fol.

P. P. A. ROBERT.

Paul-Ponce-Antoine Robert de Séry, peintre, graveur à l'eau-forte et en clair-obscur, né à Paris vers 1680, et mort en la même ville vers 1740. *Robert* fut élève de *P. Jac. Cazes*, et fit un séjour de plusieurs années à Rome. A son retour il peignit pour l'église des Capucins de la rue de St. Honoré à Paris le Martyre de St. Fidelis de Simaringua, morceau regardé comme son meilleur tableau, gravé en manière noire par *Marie-Madeleine Basseporte*. *Robert* fit aussi deux tableaux pour les Capucins du Marais.

Ses talens pittoresques le firent connoître, et lui valurent une pension du Cardinal de Rohan, avec le titre de peintre de son Eminence.

M. Crozat, après la publication du premier Tome de son cabinet, chargea Robert de la direction de cette entreprise, pour laquelle il continua de fournir les fonds. Le nouveau directeur augmenta le Recueil de Crozat de cent dix nouvelles estampes. Sa mort qui arriva peu de tems avant celle de l'entrepreneur, laissa l'ouvrage dans l'état où il est. *Robert*, comme artiste, a eu une part très-active à cet ouvrage; il a gravé à l'eau-forte plusieurs dessins, qui ont été exécutés en clair-obscur par *N. le Sueur*.

P. P. A. ROBERT.

1. Jésus-Christ donnant les clefs à Saint Pierre, d'après le dessin de Raphael, du cabinet du Duc d'Orléans, gravé à l'eau-forte par *Robert*, peintre du Cardinal de Rohan, et en bois sous sa conduite par *Nic. le Sueur*. Clair-obscur. in-fol. en t.

2. Etude pour le tableau de l'école d'Athènes, d'après le dessin de *Raphael*, du cabinet de Crozat, gravé à l'eau-forte par *le même*, et en bois sous sa conduite par *Nic. le Sueur*. Clair-obscur. gr. in-fol. en t.

3. Timoclée justifiée par Alexandre, d'après le dessin de *Perin del Vaga*, du cabinet de Crozat, gravé à l'eau-forte par *le C. de C.* et en bois sous la conduite de *P. P. A. Robert*, par *Nic. le Sueur*. in-fol. en t. lavé au bistre.

4. Saint Paul accompagné de deux Saintes, dessin de *Barthelemy Raminghi*, dit *Bagnacavallo*, du cabinet de Crozat, gravé à l'eau-forte par *P. P. A. Robert*, et en bois sous sa conduite par *Nic. le Sueur*. gr. in-fol. En camaïeu verdâtre.

5. Sacrifices d'Elie et des Prophètes de Baal, dessin de *Mathurin*, du cabinet de Crozat, gravé à l'eau-forte par *P. P. A. Robert*, peintre du Cardinal de Rohan, et en bois sous sa conduite par *Nic. le Sueur*. in-fol. en clair-obscur à la sanguine.

6. Sainte Prisque baptisée par St. Pierre, dessin du *Chevalier Jean Baglioni*, du cabinet de Crozat, gravé à l'eau-forte par *P. P. A. Robert*, et en bois sous sa conduite par *Nic. le Sueur*. gr. in-fol. En camaïeu verdâtre.

7. L'Assomption de la Sainte Vierge, dessin de *Joseph Passari*, du cabinet de Crozat, gravé à l'eau-forte par *P. P. A. Robert*, et en bois sous sa conduite par *Nic. le Sueur*. in-fol. en rond; beau clair-obscur.

Fr. Chereau.

I. François Chereau, dessinateur, graveur à la pointe et au burin, né à Blois en 1680, et mort à Paris avec le titre de graveur du cabinet du Roi en 1729. Il vint jeune en cette ville où il eut pour maître *G. Audran*, et où il forma un commerce considérable d'estampes. Il employoit fréquemment de jeunes graveurs, dont les pièces sont marquées: chez *François Chéreau*. François s'est singulièrement distingué dans son art par la beauté de son burin et par la correction de son dessin. Il a gravé le portrait et l'histoire: il a sur-tout excellé dans le premier genre. Aucun portrait, dit Watelet, ne l'emporte sur celui de Pecourt. Comme il étoit fort laborieux, son œuvre est considérable.

Les portraits suivans sont marqués de son seul nom.

1. Portrait de Raoux, Évêque de Montpellier. in-fol.
2. Charles Hiacynthe Danget du Bouillon, Procureur général. Ovale, gr. in-fol.
3. Jacques Saurin, fameux Prédicateur réformé. Ovale, in-4to.
4. Pierre Bayle, fameux Critique. in-4to.
5. Christine Renate Zorn, gravée en 1716. in-4to.

Portraits d'après différens peintres.

1. Louis de Boullongne, peint par *lui même*, gravé par F. Chéreau pour sa réception à l'Académie en 1715. gr. in-fol.

2. Nicolas de Largilliere, peint par *lui même*. gr. in-fol.
3. Charles-Nicolas Taffourreau de Fontaine, Evêque d'Embrun, peint par *Rigaud le jeune*. in-fol.
4. Jean-Baptiste-Louis Picon, Conseiller du Roi; d'après *Hiac. Rigaud*. gr. in-fol.
5. Nicolas de Launay, Directeur de la monnoie; d'après *le même*. gr. in-fol.
6. Claude-Bernard Rousseau, Conseiller du Roi; d'après *le même*. gr. in-fol.
7. Conrad-Detlew de Dehn, Ministre du Duc de Brunswic-Lunebourg; d'après *le même*. gr. in-fol.
8. André-Hercule, Cardinal de Fleury, premier Ministre; d'après *le même*. gr. in-fol.
9. Melchior, Cardinal de Polignac. gr. in-fol. Portrait capital.
10. Louis Pécour, Maître de ballet, peint par *Rob. Tournières*. gr. in-fol. Portrait capital.
11. Elisabeth-Sophie Chéron, femme de Jacques le Haye, peinte par *elle-même*. in-fol.
12. Philippe d'Orléans, petit fils de France, Régent du royaume; d'après *J. B. Santerre*. in-fol.
13. Eusèbe Renaudot, Abbé, et savant distingué du dernier siècle; d'après *Ranc*. in-fol.
14. Louise-Marie, Princesse de la Grande-Bretagne; d'après *A. S. Belle*. Ovale in-fol.

Divers sujets, d'après différens maîtres.

1. Saint Jean-Baptiste dans le désert; d'après le tableau de *Raphael*, du cabinet du Duc d'Orléans. gr. in-fol. Recueil de Crozat.
2. Le Crucifiement de Jésus-Christ; d'après *le Guide*. gr. in-fol.
3. Sainte Catherine de Sienne; d'après *Frère Jean André*. gr. in-fol. pièce cointrée.

4. Sainte Cécile, chantant les louanges du vrai Dieu au son des instrumens; d'après *P. Mignard*. in-fol.
5. Sainte Therese de Dieu, en contemplation. in-fol.
6. Saint Ignace, Fondateur des Jésuites. in-fol.

II. JACQUES CHEREAU, dit le jeune, dessinateur et graveur à la pointe et au burin, né à Blois en 1694, et mort à Paris en 1759. *Jacques*, frère et élève de *François*, n'a guères été inférieur à son aîné, il n'a manqué à sa célébrité que d'avoir fait un plus grand nombre d'ouvrages. Il passa en Angleterre avec Dubosc, mais n'y ayant pas trouvé son compte, il revint dans sa patrie. Après la mort de son frère, il quitta la gravure pour se livrer entièrement au commerce des estampes. A l'exemple de son frère il a gravé le portrait et l'histoire avec un égal succès. A sa mort il laissa une veuve et un fils, Jacques-François, qui ont continué le commerce.

Les portraits suivans ne sont marqués que de son seul nom.

1. Philippe d'Orléans, Régent du royaume. *Jac. Chereau fecit*. in-8.
2. George I. Roi d'Angleterre, vu de profil, gravé à Londres. in-4to. Rare.
3. Jean-Marie Vicenti, Chancelier de Venise, en rond. gr. in-4to.

JAC. CHEREAU.

4. Michel de Montagne, gravé en 1715, pièce en ovale, in-4to.
5. Jacques-Auguste de Thou. Ovale in-4to.
6. Jean-Baptiste-Joseph Languet d'Orgy, Curé de St. Sulpice.

Portraits d'après différens peintres.

1. Portrait d'une jeune femme, tenant une tourterelle dans ses mains; d'après *C. Vanloo*. in-fol.
2. Jean Soanen, Evêque de Senez; d'après *Raoux*. gr. in-fol.
3. Charles-Joachim Colbert, Evêque de Montpellier; d'après *le même*. gr. in-fol.
4. Jeanne d'Arragon, Reine de Sicile, d'après le tableau de *Raphael*, du cabinet du Roi. gr. in-fol. Recueil de Crozat.

Divers sujets, d'après différens maîtres.

1. Saint Jean dans le désert, montrant une croix enflamée, d'après le tableau de *Raphael*, du cabinet du Duc d'Orléans. gr. in-fol. Recueil de Crozat.
2. La sainte Vierge assise dans un paysage, tenant l'enfant Jésus debout et ayant à côté d'elle le petit St. Jean agenouillé; d'après le tableau de *Raphael*, du cabinet du Roi. gr. in-fol. *Ibid.*

Cette pièce est connue sous le nom de *la belle Jardinière*, gravée aussi par *Rousselet*.

3. Sainte Famille en demi-figure, où se voit la Vierge, ayant sur ses genoux l'enfant Jésus qui regarde St. Joseph; d'après le tableau de *Raphael*, du cabinet de Crozat.
4. Le jeune David, portant la tête et l'épée de Goliath; d'après le tableau de *Dom. Feti*, du cabinet de Crozat. gr. in-fol.

5. David, du haut de sa maison, contemple Bethsabée au sortir du bain; d'après *Raoux*. gr. in-fol. en t.
6. Jésus lavant les pieds de ses Apôtres; d'après *Nicolas Bertin*. gr. in-fol. en t.
7. Iphigénie en Tauride, avec l'inscription: *Quantum religio potuit etc.*; d'après *le même*.
8. Vertumne et Pomone; d'après *François Marot*. in-fol.
9. Sainte Anne, en demi-figure; d'après *M. Corneille*. in-fol.
10. Jésus-Christ descendu de la croix; d'après *Charpentier*. in-fol.
11. Projet pour un tombeau, ou un Sarcophage; d'après *N. N. Coypel*. in-fol.
12. Jeune personne assise, vue de face, prenant son caffé, peinte par *Detroy*. in-fol.
13. Jeune personne assise, vue de profil; par *le même*. Pendant.

Jean-Baptiste Massé, peintre, dessinateur et graveur à l'eau forte, né à Paris en 1681, mort en la même ville en 1769, avec le titre de Conseiller de l'Académie et d'Inspecteur des tableaux du Roi. Il s'étoit destiné d'abord à la gravure, mais se sentant autant de goût que de talent pour la miniature, il cultiva de préférence ce dernier art. *Massé* étoit en général grand zélateur de tous les arts. C'est à ses soins qu'on doit les belles estampes des peintures de *le Brun* de la galerie de Versailles: il en a fait une partie des dessins, il a dirigé les gravures, et il lui a fallu toute sa constance pour conduire une pareille entreprise à une bonne fin. Cet ouvrage porte pour titre: *La grande galerie de Versailles et les deux salons qui l'accompagnent, dessinée par J. B. Massé et gravée par les meilleurs maîtres du tems, en 520 planches*, Paris 1752. gr. in-fol.

En ouvrages de gravures on ne connoît de Massé que le petit nombre des morceaux suivans:

1. Antoine Coypel, premier peintre du Roi, *peint par lui même*, gravé par *J. B. Massé* pour sa réception à l'Académie en 1717. gr. in-fol.
2. Marie de Médicis, femme de Henri IV. Portrait qui est à la tête de la galerie du Luxembourg, peinte par *Rubens*.
3. Vénus envoie Mercure, disposer la Reine Didon, en faveur d'Enée; d'après *J. Cotelle*. in-fol.

C'est d'une suite du même peintre composée de 12 feuilles gravées par *Tardieu*, *Dupuis*, *Desplaces*, *Dossier*, *Audran*, *Desrochers*, dont trois sont de Massé.

Louis Desplaces, dessinateur, graveur à la pointe et au burin, né à Paris en 1682, et mort dans la même ville en 1739. On a de sa main une grande variété d'estampes très-estimées. *Desplaces*, dit Watelet, n'est peut-être pas inférieur à *Audran* pour la partie du dessin; mais quoique sa gravure soit d'un très-bon goût, il n'avoit pas la pâte et le charme pittoresque de cet artiste. Des tailles méplates donnent à sa gravure une singulière fermeté. Il parvint à ce mérite par l'étude assidue du modèle. *Desplaces* travailla avec la plus grande distinction pour les meilleurs recueils d'estampes qui parurent de son tems, sur-tout pour celui de Crozat. Son œuvre, qui est très-considérable, consiste en quelques portraits et en beaucoup de sujets historiques, dont ceux d'après *Jouvenet* tiennent un des premiers rangs.

Portraits.

1. Evrard Titon du Tillet, inventeur du Parnasse françois; d'après *N. de Largilliere*. gr. in-fol.
2. Marie-Anne Duclos, célèbre actrice tragique, représentée dans le rôle d'Ariadne; d'après *N. de Largilliere*. tr. gr. in-fol.
3. Charles-François Silvestre, fils puîné d'Israel; d'après *J. Herault*. in-fol.
4. Le Pape Pie V. obtenant de Dieu la victoire de Lepante; d'après le *Frère Jean André*, gravé en 1714. tr. gr. pièce.
5. Statue antique d'Hercule tuant l'Hydre, dessinée par *Zanetti* et gravée par *Desplaces*. gr. in-fol.
6. Marcus Curtius, qui se précipite dans le gouffre de flammes, statue équestre du *Bernin*, qui est dans les jardins de Versailles. gr. in-fol. Dans le Recueil de Crozat.
7. La statue de Léda; d'après *Corneille van Cleve*, gravée par *L. Desplaces*. in-fol.

L. DESPLACES.

Divers sujets, d'après différens maîtres.

1. Danaë couchée, recevant la pluye d'or; d'après le tableau du *Titien*, du cabinet de Crozat. in-fol. en t.
2. Paul Véronèse entre le Vice et la Vertu, tableau *du Véronèse*, dans le cabinet du Duc d'Orléans. in-fol. Recueil de Crozat.
3. La Sagesse, compagne d'Hercule; d'après *le même*, du même cabinet. Pendant.
4. Le Respect; d'après *le même*, du même cabinet. in-fol. en carré. Recueil de Crozat.
5. L'Amour heureux; d'après *le même*, du même cabinet. Pendant.
6. Le Lavement des pieds, grande composition, le tableau *du Mutien* dans l'église métropolitaine de Rheims. tr. gr. in-fol. en t. Recueil de Crozat.
7. Sainte Claire portée sur les nues et entourée d'Anges, le Dragon terrassé à ses pieds; tableau de *J. B. Gauli*, dit *le Bachiche*. gr. in-fol.
8. L'Adoration des Rois, grande composition, où se voit d'un côté St. Longin dans son armure et de l'autre St. Jean l'Evangéliste avec le calice; le tableau de *Jules Romain*, du cabinet du Roi. gr. in-fol. Recueil de Crozat.
9. Le Triomphe de Titus et de Vespasien, grande composition; d'après le tableau de *Jules Romain* du cabinet du Roi. tr. gr. in-fol. en t. Recueil de Crozat. Superbe estampe.
10. Le Calvaire, ou le Christ entre les deux Larrons; d'après le tableau du *Carrache*, du cabinet du Duc d'Orléans. gr. in-fol. Recueil de Crozat.
11. Le Martyre de St. Pierre; d'après *le Calabrèse*. in-fol.
12. La Purification de la Vierge; d'après le *Tintoret*, dessinée par *Zanetti*. gr. in-fol. en t.
13. Diane et Actéon; d'après *Carle Maratte*. gr. in-fol. en t.

L. DESPLACES.

14. L'Enlèvement d'Hélène ; d'après le tableau du *Guide*, de l'hôtel de Toulouse à Paris. gr. in-fol. en t.
15. La Naissance d'Adonis ; d'après *Carlo Cignani*. gr. in-fol.
16. La Charité romaine ; d'après *Ch. le Brun*. in-fol.
17. Hercule combattant les Centaures ; d'après *le même*. gr. in-fol. en t.
18. Le Sacrifice d'Abraham ; d'après *le même*. gr. in-fol.
19. Le Sacrifice de Manué ; d'après *le même*, même grandeur.
20. Le Sacrifice du Prophète Elie ; d'après *le même*, même grandeur.
21. Le Faste des Puissances voisines de la France ; d'après *Ch. le Brun*. gr. in-fol.
22. Jésus guérissant les malades ; d'après *J. Jouvenet*. tr. gr. in-fol. en t.
23. Elévation de croix ; d'après *le même*. gr. in-fol.
24. Descente de croix ; d'après *le même*. Pendant.
25. St. Bruno en prière ; d'après *le même*. in-fol.
26. Astianax arraché d'entre les bras d'Andromaque sa mère ; d'après *le même*. in-fol.
27. Vénus faisant forger des armes pour Enée ; d'après *J. Jouvenet*. in-fol.
28. Triomphe de Vénus sur les eaux ; d'après *Ant. Coypel*. gr. in-fol.
29. L'Amour désarmé par une belle Nymphe ; d'après *le même*. Ovale in-fol.
30. L'Amour réfugié chez Anacréon ; d'après *le même*. gr. in-fol.
31. Minerve tire la Vérité du puits, et chasse l'Erreur et l'Ignorance, gravé en 1716 ; d'après *le même*. gr. in-fol.
32. Alcide rendant Alceste au Roi Admete ; d'après *Ant. Coypel*. in-fol.
33. Enée sauvant sa famille de l'embrasement de Troie ; d'après *le même*.

L. DESPLACES.

34. Pompe funèbre du Prince Pallas; d'après *le même*. gr. in-fol. en t.
35. Jupiter tonnant; d'après *le même*.

Ces trois morceaux font suite avec l'histoire d'Enée, peinte au palais royal à Paris par *Ant. Coypel*, et publiée en douze grandes estampes, gravées par les plus célèbres graveurs du tems.

36. L'Education douce et insinuante; d'après *Ch. Coypel, fils d'Antoine.* in-fol.
37. L'Education sèche et rebutante; d'après *le même*. Pendant.
38. La Matrone d'Ephèse; d'après *le même*. gr. in-fol.
39. Le *Feu* et *l'Eau*, deux pièces des quatre Elémens de *Louis de Boulongne*, dont Charles Dupuis a gravé *l'Air* et *la Terre*. gr. in-fol. en t.
40. L'Annonciation de la Vierge; d'après le tableau de *L. de Boullongne*, à la chapelle de Versailles. tr. gr. in-fol.
41. Le Serviteur d'Abraham remettant à Rébecca les présens de son maître, belle composition champêtre; d'après le tableau de *Cl. Guy Halle*. tr. gr. pièce en t.
42. Diane et Endymion; d'après *Nic. Fouché*. in-fol.
43. Jeune Fille, à mi-corps, avec un oiseau; d'après *Désormeaux*. in-4to.
44. Jeune Fille qui joue du luth; d'après *Gil. Allou*, pièce in-4to, portant pour titre: *Amusement espagnol*.
45. Abraham prend Agar par le conseil de Sara, sa femme; d'après *Carle Vanloo*, dont le pendant qui représente David, jouant de la harpe devant Saül, a été gravé par *Cochin le père*. in-fol. en t.
46. Vénus donnant le dictamen pour guérir la blessure d'Enée; d'après *J. B. Nattier*. gr. in-fol.

47. Léda caressée par Jupiter en cigne, d'après *P. Jac. Cazes*, gr. in-fol. en t.
48. Repos de Galaté; d'après *le même*. gr. in-fol.
49. Suite de quatre pièces, *du même*, nommées les Surprises de l'Amour, dont Achille et Déidamie, Hercule et Omphale, par *L. Desplaces*, Psiché et l'Amour, Apollon et Issé, par *S. Vale*. gr. in-fol. en t.
50. Les quatre Saisons, d'après *le même*, gravées par *Desplaces* et *Beauvais*. in-fol. en t.
51. Deux sujets d'après *Watteau*, la Peinture et la Sculpture. in-fol.
52. Le Repas de Campagne; d'après *le même*. gr. in-fol.
53. Deux Chasses, celle aux Lions, et celle aux Tigres; d'après *Ch. Parrocel*. in-fol.
54. Orphée obtenant de Pluton le retour d'Eurydice sur la terre, d'après *Rubens*. gr. in-fol. en t.

ANTOINE WATTEAU, peintre et graveur à l'eau-forte, né à Valenciennes en 1684, et mort à Nogent près de Paris en 1721. Un vif penchant pour l'art du dessin fut son véritable maître. Jeune encore il vint à Paris, et fit connoissance avec *Gillot*, qui le prit dans sa maison et qui lui enseigna tout ce qu'il savoit en fait de peinture. Le disciple ayant bientôt surpassé le maître, celui-ci le congédia. Voici comme Watelet caractérise ce génie : Il se destinoit au genre de l'histoire. S'il avoit suivi cette carrière, il n'eut eu vraisemblablement que le mérite vulgaire de ce qu'on appelle un bon peintre. Il s'ouvrit une carrière nouvelle, traita des sujets galans dans un goût qui n'étoit qu'à lui, fit des imitateurs, et n'eut point de rivaux. Ses figures, finement dessinées, ont du mouvement, de la souplesse, et la naïveté de la nature. Son coloris plein de fraîcheur rend bien la mollesse des chairs, le brillant des étoffes, la verdure du paysage. Ses compositions ont beaucoup d'art, mais cet art est toujours caché, et ne semble que l'expression fidèle de la nature. Ses arbres sont légers et bien feuillés, ses ciels suaves, et faits avec facilité: l'architecture dont il a souvent orné ses tableaux est de bon goût et bien entendue. Ses sujets les plus ordinaires, sont des fêtes champêtres ou des scènes théatrales: les vêtemens, les ajustemens, les coïffures sont toujours pittoresques. Il étudioit par-tout, à la campagne, au spectacle, dans les promenades: il traçoit tout ce qui lui sembloit piquant, et ces études lui ont servi à répandre sur ses ouvrages la vérité qui en fait le prix. *Watteau* a nui quelque tems, mais fort innocemment, au genre de l'histoire, parce que les amateurs, même hors de France, ne vouloient plus avoir que des ouvrages dans le goût de Watteau.

L'œuvre gravé de *Watteau* est un des plus considérables. Les meilleurs graveurs de son tems n'étoient guères occupés qu'à reproduire ses ouvrages. Dans le cours de notre Manuel nous aurons soins de spécifier les estampes les plus distinguées d'après ce maître.

Watteau a gravé d'une pointe légère et spirituelle quelques sujets de sa composition, comme:

1. Figures de modes dessinées et gravées à l'eau-forte par *Watteau*, et terminées au burin par *Thomassin le fils*, par *Cochin*, *Desplaces* et *Jeaurat*. 12 feuilles; très-rares.
2. Marche de Soldats de recrue qui vont joindre l'armée. in-fol. en 1.

MICHEL DOSSIER, graveur au burin, né à Paris en 1684. Bon buriniste, son style de gravure a de la ressemblance avec celui des *Drevet*. Parmi le petit nombre d'estampes qu'on a de sa main on distingue les suivantes:

1. Grégoire Gilbert, Religieux du couvent des Augustins de Paris. *Fr. de Troy pinx. M. Dossier sc.* 1713. gr. in-fol.
2. Jean-Baptiste Colbert, Marquis de Torci. *H. Rigaud pinx. Id. sc.* 1711. gr. in-fol.
3. Vertume et Pomone, figures de portraits; d'après *Rigaud*. gr. in-fol.

4. Le Repas chez le Pharisien; d'après *Nic. Colombel*, gravé en 1742. gr. in-fol. en t.

C'est le pendant de la femme adultère, annoncé ci-devant à l'article de *Cl. Duflos*.

5. Jésus guérissant les deux Aveugles de Jéricho; d'après *le même. Id. sc.* 1742. gr. in-fol.
6. Jésus chassant les Vendeurs et les Changeurs du temple; d'après *le même.* gr. in-fol.
7. Le Mariage de la Vierge; d'après *Jean Jouvenet*. gr. in-fol.

I. CHARLES DUPUIS, dessinateur et graveur à la pointe et au burin, né à Paris en 1685, et mort en la même ville en 1742; membre de l'Académie royale de peinture. Il fut élève de *Gaspar Duchange*, et devint ensuite son gendre. *Charles* passa quelque tems en Angleterre, mais le climat ne lui convenant pas, il revint dans sa patrie. Dans la plupart de ses estampes il s'aidoit beaucoup de l'eau-forte, et ses ouvrages en général décèlent une profonde connoissance de son art. Il a gravé, avec un égal succès, le portrait et l'histoire.

Portraits.

1. Jean Pittard, Chirurgien du Roi St. Louis. *Ch. Dupuis del. et sc.* in-8. Pour le recueil d'Odieuvre.
2. Henri de Lorraine, Duc de Guise, dit le balafré. *Dumoustier del.* in-8. Odieuvre.

Ch. Dupuis, l'aîné. 45

3. Jérôme Bignon, Bibliothécaire du Roi. *Coyzevox incid.* in-8. Odieuvre.
4. Louis Marchand, Organiste du Roi. *Robert pinx.* in-8. Odieuvre.
5. Nicolas Coustou, Sculpteur du Roi, peint par *le Gros*, et gravé par *Dupuis* pour sa réception à l'Académie en 1730. gr. in-fol.
6. Nicolas de Largillière, Peintre du Roi; peint par *Gueulain*, et gravé par *Dupuis* pour sa réception à l'Académie en 1730. gr. in-fol.
7. Portrait de Louis XV. figure assise; d'après *Ranc.* in-fol.
8. Portrait en pieds de Madame Bouché, Bourgeoise de Paris, sous le costume d'une Vestale; d'après *Raoux.* gr. in-fol.

Divers Sujets d'après différens maîtres.

1. La Prédication de St. Jean dans le désert; d'après le tableau de *Carle Maratte* du cabinet de Crozat. gr. in-fol. en t.
2. Ptolémée Philadelphe, accordant la liberté aux juifs; d'après *N. Coypel.* gr. in-fol. en t.
3. Aléxandre Sévère, faisant distribuer du bled aux Romains; d'après *le même.* Pendant.

Les deux autres sujets, Solon et Trajan, qui font suite avec les deux précédens, ont été gravés par *Dechange*.

4. Les Elémens, deux morceaux, représentant *l'Air* et *la Terre*; d'après *L. de Boullongne.* gr. in-fol. en t.

Les deux autres, *le Feu* et *l'Eau*, ont été gravés par *Desplaces*.

5. Cupidon triomphant de Pan; d'après *Ant. Coypel.* in-fol.

N. G. Dupuis, le jeune.

6. Diane qui se repose, entourée de ses Nymphes; d'après *le même*. gr. in-fol. en t.
7. L'Amour arrête le bras d'Armide, prête à tuer Renaud endormi; d'après *le même*, gravé en 1705. gr. in-fol.
8. Le Passage du Rhin; d'après le tableau de la galerie de Versaille, peint par *le Brun*. gr. in-fol. en t.
9. Le Mariage de Joseph et de Marie; d'après *Carle Vanloo*. gr. in-fol. ceintré estampe distinguée.
10. Le Roi Charles I. représenté dans sa prison; d'après *Raoux*. gr. in-fol. en t.

Charles Dupuis a aussi gravé d'après les peintures d'*Eustage le Sueur*, à l'hôtel du Châtelet, sur les dessins de *B. Picart*, conjointement avec *Duchange, Duflos, Desplaces*, et *Beauvais*.

11. L'Occupation selon l'âge; d'après *Ant. Watteau*. gr. in-fol. en t.
12. Leçon d'Amour; d'après *le même*. Pendant.
13. Le Philosophe marié. Acte V. Scène dernière; d'après *Nic. Lancret*. gr. in-fol. en t.
14. Le Glorieux. Acte III. Scène troisième; d'après *le même*.

II. NICOLAS-GABRIEL DUPUIS, dessinateur et graveur à la pointe et au burin, né à Paris vers 1696, et mort en la même ville en 1778. *Nicolas*, frère puiné de *Charles*, fut d'abord teinturier de son métier; il grava pendant longtems des planches d'ornemens pour les imprimer sur toile. Il étoit d'ailleurs si modeste qu'il

N. G. Dupuis, le jeune.

de songer jamais à devenir membre de l'Académie. Mais ayant pris des leçons de gravure à l'eau-forte et au burin de *Duchange*, il fit deux planches de la galerie de Versailles d'après *le Brun*, sur les dessins de *Massé*, qui le firent connoître. *Massé* en fut si satisfait qu'il le recommanda à l'Académie; celle-ci lui fit écrire par son secrétaire, qu'elle l'admettoit dans son corps. Croyant ensuite que ses yeux étoient blessés par l'éclat du cuivre sous le vernis et que la vapeur de l'eau-forte nuisoit à sa santé, il se mit à graver au burin pur et conserva dans ce genre la liberté de l'eau-forte. C'est ainsi qu'il a gravé Enée et Anchise, très-bonne estampe d'après *Carle Vanloo*. Il aimoit à annoncer fortement les plans et modeloit en quelque sorte les travaux de ses planches. Comme son frère il a gravé le portrait et l'histoire.

Portraits.

1. Gaspar Duchange, Graveur du Roi, peint par *Vanloo fils*. petit in-4to.
2. Gerard Audran, Graveur du Roi, modelé par *Coyzevox*, gravé par *N. Dupuis*. De même.
3. Charles-François-Paul le Normand de Tournehem, Directeur général des arts: peint par *L. Toqué*, gravé par *N. Dupuis* pour sa réception à l'Académie en 1754. gr. in-fol.

J. B. OUDRY.

4. Philippe Wouverman, Peintre hollandois: d'après *C. de Visscher*. gr. in-fol.
5. La Statue pédestre de Louis XV, érigée dans la ville de Rennes, et exécutée par *le Moine*. gr. in-fol.
6. La Statue équestre de Louis XV, érigée dans la ville de Bordeaux, exécutée par *le même*. gr. in-fol.

Divers sujets d'après différens maîtres.

1. L'Ange gardien, tableau de *Dom Feti*, du cabinet du Roi. gr. in-fol. Recueil de Crozat.
2. Amusement de la Vie pastorale: d'après le tableau du *Géorgion*, du cabinet du Roi. gr. in-fol. Recueil du Crozat.
3. L'Adoration des Rois: d'après le tableau de *Paul Véronèse*, du cabinet de Crozat. gr. in-fol.
4. La Mort de Lucrèce; d'après *le Guide*. gr. in-fol.
5. Saint Sébastien; d'après *L. Carrache*, du cabinet de l'Abbé Reynouard, gravé par *Nic. Dupuis* en 1770. gr. in-fol.
6. La Vierge et l'enfant Jésus sur un piédestal, et au bas plusieurs Saints; d'après le tableau d'*Annibal Carrache* de la galerie de Dresde. gr. in-fol.
7. Enée sauvant son père Anchise de l'embrassement de Troie; d'après *Carle Vanloo*. gr. in-fol.
8. Saint Nicolas, Patron des mariniers, et Saint François en prière; d'après *Pierre*. gr. in-fol.
9. Nymphe endormie, découverte par des Faunes; d'après *L. Chéron*, gravée par *N. Dupuis le jeune*. petit in-fol. en t.

JEAN-BAPTISTE OUDRY, peintre de chasses et d'animaux, né à Paris en 1686, et mort à Beauvais en 1755. Oudry a excellé dans son genre

genre. Il a gravé d'après ses propres tableaux avec beaucoup de goût et d'une touche très-spirituelle. Cet artiste doit être consulté par les graveurs, lorsqu'ils ont à traiter des morceaux de ce genre.

1. Le Chevreuil forcé par quatre chiens. *Oudry inv. et fec.* in-fol.
2. Le Loup forcé par les chiens, tableau peint pour le Roi, et gravé à l'eau-forte par *Oudry.* in-fol.
3. Un Lièvre, et divers oiseaux accrochés à un arbre. *Id. fec.* in-fol.
4. Un Lévrier, avec une Perdrix. in-fol.
5. Un Renard avec des Chiens. in-fol.
6. Les Marchands de poissons au bord de la mer, tableau peint et gravé par *Oudry.* in-fol.
7. Sujets du Roman comique de Scarron, 26 morceaux, peints et gravés par *Oudry.* in-fol.
8. Livre d'Animaux et de Chasses en douze feuilles, gravées à l'eau-forte par *Oudry*, et terminées au burin par *le Bas.*

JEAN DU VIVIER, ou DE VIVIER, célèbre médailleur et graveur à l'eau-forte, né à Liège en 1687, et mort à Paris en 1761. Il vint à Paris, où il fut reçu membre de l'Académie royale en 1718. Tous ses ouvrages offrent une fermeté et une propreté d'exécution admirable. Louis XV. lui donna en 1735 un logement à la Galerie du Louvre, avec une pension.

J. DE VIVIER.

Parmi tous les artistes de son tems, c'est *de Vivier* qui a le mieux saisi la ressemblance de ce Prince. Dans la quantité de médaillons qu'il a gravés on remarque particulièrement ceux du couronnement de Louis XV, la statue équestre de ce Prince, érigée sur la place de Bourdeaux, les bustes du Roi dans ses différens âges, celui de Pierre le grand etc. La délicatesse et la force brillent dans toutes ses productions: la douceur et la modestie formoient le fond de son caractère moral.

Cet artiste a gravé avec le même esprit sur cuivre. Il signoit ses estampes (*Giovan*,) ou *G. de Vivier fecit*. Je connois de lui les morceaux suivans très-recherchés des connoisseurs:

1. Bartholet Flamaël, peintre Liégeois. in-fol.
2. Pierre des Gouges, avocat au Parlement; d'après *R. Tournière.* in-fol.
3. La Cuisinière flamande vidant une poule, et une femme qui lui apporte à boire. *Ant. van Heuvel pinx. G. de Vivier fec. aq. fort.* in-4to. en t.
4. Un Christ mis au tombeau, au milieu un Ange prêt à couvrir le corps d'un linge, à droite Joseph d'Arimathie, tenant un flambeau. *Anton van Heuvel inv. G. de Vivier fecit.* in-fol. en t.
5. La Tentation de St. Antoine, où se voit le Saint, vieillard vénérable, prosterné devant son prie-Dieu, rejettant les sollicitations d'une maquerelle avec des

ailes de chauve-souris, qui lui montre une courtisanne bien parée. La composition est amplement ornée de Démons sous toutes sortes de formes animales. *Anton van Heuvel inv. G. de Vivier fec.* in-fol.

Cette pièce, d'une savante exécution, est très-rare et très-curieuse.

I. NICOLAS-DAUPHIN BEAUVAIS, graveur au burin, né à Paris en 1687, et mort dans la même ville en 1763. Beauvais, élève de *Jean Audran*, et gendre de *Gaspar Duchange*, fut un des artistes qui a eu plus de talent que de réputation. C'est à son sujet que Watelet fait cette remarque : On peut dire des estampes comme des livres, qu'elles ont aussi leurs destinées. Il est vrai, Beauvais dessinoit foiblement, sur-tout les extrémités; mais ce défaut n'est pas fort sensible dans tous ses ouvrages, et ce n'est pas sur cette partie que les amateurs ont coutume de se montrer sévères. La plupart des estampes de cet artiste ont d'ailleurs le mérite d'avoir été gravées d'après de grands maîtres. Il paroît qu'il a fait quelque séjour à Londres; du moins on connoît de lui un morceau d'après *Jac. Thornhill* portant pour titre : Elymas frappé d'aveuglement, faisant suite avec les six morceaux peints à l'église de St. Paul de Londres

Ch. N. D. Beauvais, fils.

1. La Vierge et l'enfant Jésus sur un piédestal, au bas plusieurs Saints; fameux tableau du *Correge*, connu sous le nom de St. George. gr. in-fol. De la galerie de Dresde.
2. Saint Jérôme pénitent; d'après un tableau de *van Dyck*. gr. in-fol. De la même galerie.
3. La Madeleine pénitente au désert; d'après le tableau de *B. Luti*, du cabinet de Crozat. gr. in-fol.
4. Le Triomphe de Bacchus et Ariadne; d'après *le Poussin*. gr. in-fol. en t.
5. Cupidon dérobant la foudre à Jupiter; d'après *le Sueur*. gr. in-fol. en t.
6. L'Embrasement et la Métamorphose des vaisseaux d'Enée en Nymphes; d'après un des tableaux de *Coypel* du palais royal. gr. in-fol. en t.
7. Un des grands sujets de l'histoire d'Enée, peinte au plafond du palais royal par *le même*, représentant la mort du Prince Pallas. tr. gr. morceau.
8. La Résurrection du Christ; d'après *P. Jac. Cazes*. in-fol.
9. Les quatre Saisons; d'après *le même*, gravées par *Beauvais* et *Desplaces*. 4 feuilles in-fol.
10. La Pentecôte ou la Descente du St. Esprit; d'après le *Frère Jean André*. p. in-fol.
11. La Toussaint ou les Saints du Paradis; d'après *le même*. Pendant.
12. Monument en l'honneur de Guillaume Comte Cowper. gr. in-fol.

II. Charles-Nicolas-Dauphin de Beauvais, le fils, né à Paris vers 1730, travaillant dans la même ville, conjointement avec son père. On

Nic. le Sueur.

ne connoit de lui que les deux portraits suivans, et un morceau d'après *Boucher*.

1. Le portrait du Pape Benoît XIV. Ovale gr. in-fol. gravé chez *Beauvais*, par sa femme.
2. Portrait de Juste-Aurele Meissonnier, Architecte et Décorateur dans le goût baroque. *Meissonnier ad vivum del.* gr. in-fol.
3. Le Sommeil interrompu ; d'après *Fr. Boucher*, par *Charles Beauvais*. in-fol.

Nicolas le Sueur, graveur en bois et en clair-obscur, né à Paris en 1690, et mort en la même ville en 1764. Il dessinoit des figures académiques en petit et apprit la gravure en bois, comme tous les membres de sa nombreuse famille. Son grand-père, son père, ses frères, une sœur, tous cultivoient cette sorte de gravure. Mais de tous les le Sueurs, celui qui s'est le plus distingué dans ce genre de gravure, c'est *Nicolas*. Ses belles estampes qui se trouvent dans l'ancienne édition du Recueil de Crozat et qu'il a gravées en bois et en clair-obscur d'après les dessins de plusieurs grands maîtres, lui assurent une réputation solide. *Nicolas le Sueur* a gravé en outre avec beaucoup de goût les culs-de-lampes et bouquets de fleurs qui ornent l'édition in-fol. des Fables de la Fontaine d'après les dessins de *Bachelier*.

Nicolas-Blaise le Sueur, natif de Paris, peintre d'histoire et de paysage, passe pour être de la même famille. Habile dessinateur, il fut en 1750 Directeur de l'Académie royale de peinture à Berlin.

1. L'Invention de la Croix ; d'après le dessin de *Bernardin Pinturicchio*, gravé en bois et exécuté en camaïeu verdâtre, par *Nic. le Sueur*. in-fol.
2. L'Enlèvement d'Europe, d'après le dessin de *Paul Farinati*, gravé en bois et exécuté en camaïeu verdâtre par *Nic. le Sueur*. gr. in-fol. ceintré.
3. La Chûte de Phaëton ; d'après le dessin *du même*, de même exécution. gr. in-fol.
4. Des Pêcheurs retirant leur filets ; d'après le dessin de *Jules Romain*, du cabinet de Crozat, gravé en cuivre par le Comte *de Caylus*, en bois et en clair-obscur par *Nic. le Sueur*. gr. in-fol. en t.
5. La Messe ; d'après le dessin de *Polidore de Caravage*, du cabinet de Crozat, gravé à l'eau-forte par *le C. de C.* en bois et en clair-obscur par *Nic. le Sueur*. in-fol. en t.
6. Les Egyptiens submergés dans la mer rouge ; dessin de *Jean-François Penni*, dit *le Fattor*, du cabinet de Crozat, gravé à l'eau-forte par le *C. de Caylus*, et en bois sous sa conduite par *Nic. le Sueur*. in-fol. en forme d'évantail et en camaïeu verdâtre.
7. Jésus-Christ au milieu des Apôtres ; d'après le dessin de *Raphael del Colle*, du cabinet de Crozat, gravé à l'eau-forte par le Comte *de Caylus*, et en clair-obscur par *Nic. le Sueur*. in-fol. au bistre.
8. L'Homme et le Lion vivant en société ; dessin de *Ba-*

thasar Peruzzi de Sienne, du cabinet de Crozat, gravé à l'eau-forte par *M. le C. de C.* et en bois sous sa conduite par *N. le Sueur*. in-fol. au bistre foncé.

9. L'Empereur Henri IV. aux pieds du Pape Grégoire VII. dessin de *Frédéric Zuccaro*, du cabinet de Crozat, gravé à l'eau-forte par le Comte *de Caylus*, et en bois sous sa conduite par *Nic. le Sueur*.

10. Martyre de Saint Ange, Carme, dessin de *Pietre Testa*, du cabinet de Crozat, gravé à l'eau-forte par le *C. de C.*, et en bois sous sa conduite par *N. le Sueur*, lavé au bistre. gr. in-fol. ceintré.

11. Un saint Abbé rendant la vue à un Aveugle, dessin de *Jean Bonnatti*, du cabinet de Crozat, gravé à l'eauforte par le *C. de Caylus*, et en bois sous sa conduite par *Nic. le Sueur*. petit in-fol. lavé au bistre.

12. Saint François Clavier mourant, dessin de *Louis Giminiani*, du cabinet de Crozat, gravé à l'eau-forte par le *C. de C.*, et en bois sous sa conduite par *Nic. le Sueur*. gr. in-fol. lavé au bistre.

13. Le Saint Esprit descendant sur les Apôtres, dessin de *J. B. Lenardi*, du cabinet de Crozat, gravé à l'eau-forte par le *C. de C.*, et en bois sous sa conduite par *Nic. le Sueur*. gr. in-fol. en camaïeu verdâtre.

14. L'Annonciation, dessin de *Jean-Marie Morandi*, du cabinet de Crozat, gravé à l'eau-forte par le *C. de C.*, et en bois sous sa conduite par *Nic. le Sueur*. in-fol. lavé à la sanguine.

15. La Vierge apparoissant à St. Philippe de Nery, dessin de *Louis Garzi*. du cabinet de Crozat, gravé à l'eauforte par le *C. de C.*, et en bois sous sa conduite par *Nic. le Sueur*. gr. in-fol. en camaïeu verdâtre.

16. La Vierge assise sur une trône, accompagnée de plusieurs Saints, dessin de *Pierre Pietri*, du cabinet de Crozat, gravé à l'eau-forte par le *C. de C.*, et en bois sous sa conduite par *Nic. le Sueur*. gr. in-fol. camaïeu en verd foncé.

FRED. HORTEMELS.

I. FREDERIC HORTEMELS, graveur à l'eau-forte et au burin, né à Paris vers 1688, et ayant toujours travaillé en cette ville. Il mérite d'être distingué de la foule des graveurs par le moëlleux qu'il a su donner à quelques-uns de ses ouvrages. Les estampes les plus estimées de ce maître sont celles où il a également employé la pointe et le burin. En général on peut lui reprocher d'avoir fait trop d'usage des gros points dans les chairs. Ses ouvrages les plus considérables sont ceux qu'il a faits pour le Recueil de Crozat.

1. Philippe d'Orléans; d'après *J. B. Santerre.* in-fol.
2. Portement de Croix; d'après le tableau du *Georgion*, du cabinet de M. de la Chataigneraye. in-fol. en t. Crozat.
3. L'Adoration des Rois; d'après le tableau de *P. Véronèse*, du cabinet de Crozat, in-fol. en t. *Ibid.*
4. Le Mariage de sainte Catherine; d'après le tableau de *Paul Véronèse*, du cabinet de Crozat. in-fol. en t. *Ibid.*
5. La Naissance de St. Jean-Baptiste; d'après le tableau du *Tintoret*, cabinet de Crozat. in-fol. en t. *Ibid.*
6. La Mort d'Abel; d'après le tableau d'*André Sacchi*, cabinet du Duc d'Orléans. in-fol. en t. *Ibid.*
7. La Vierge dans le recueillement, ou l'Intérieur de la Vierge; d'après le tableau de *Dom. Feti*, du cabinet de Crozat. in-fol. *Ibid.*
8. Jésus parlant à la Samaritaine; d'après le tableau de *B. Garofalo*, du cabinet de Crozat, in-fol. en t. *Ibid.*
9. La Pentecôte, ou le St. Esprit descendant sur les Apôtres, tableau de *Gaudentio Ferrari*, du cabinet de Crozat. gr. in-fol.

M. Magd. Hortemels.

II. Marie-Madeleine Hortemels, graveuse à la pointe et au burin, né à Paris vers 1690. Selon Watelet, elle étoit fille de *Fréderic Hortemels*, et selon Basan, sa cousine. Elle étoit l'épouse de *Charles-Nicolas Cochin*, père, et la mère de Charles-Nicolas Cochin, fils. Madame Cochin doit être comprise parmi les bons graveurs dont la France s'honore.

1. Henri de Thiard de Bissy, Cardinal, Evéque de Meaux. *Hyac. Rigaud pinx.* in-fol.
2. Gaston de Rohan de Soubise, Cardinal, Evéque de Strasbourg. *Id. pinx.* in-fol.
3. Mercure annonçant la paix aux Muses, plafond du salon de la Reine à Versailles. *Michel Corneille filius pinx. M. Magd. Hortemels, Sponsa Ch. N. Cochin sculp.* in-fol. en rond.
4. Pénélope, occupée au milieu des femmes de sa maison. *Id. pinx. Id. sc.* in-fol. en t. *Ibid.*
5. Aspasie disputant au milieu des Philosophes de la Grece. *Id. pinx. Id. sc.* in-fol. en t. *Ibid.*
6. Saint Philippe baptisant l'Eunuque de la Reine Candace; d'après *Nic. Bertin.* in-fol.
7. Iphigénie, avec l'inscription: *Quantum religio potuit.* D'après *le même.* in-fol. en t.
8. Le Triomphe de Flore; d'après *le Poussin*, du cabinet du Roi. in-fol. en t.
9. La Franche-Comté, conquise pour la seconde fois. *Ch. le Brun pinx. Magd. Hortemels sc.* gr. in-fol.
10. Don Quichote à qui on fait la barbe, dessiné par *Cochin le fils*, et gravé par *sa mère*. in-fol.

11. La charmante Catin ; d'après *le même*, par *le même*. in-fol.

12. Le Chanteur de cantiques ; d'après *le même*, par *le même*. in-fol.

13. Le grand Lama et le Roi de Tangut, pour l'histoire générale des Voyages ; par *les mêmes*. in-4to.

I. CHARLES-NICOLAS COCHIN, père, dessinateur, graveur à la pointe et au burin, né à Paris en 1688, mort en cette ville en 1754. Il n'est pas le premier qui ait fait connoître ce nom dans la gravure : nous avons parlé ci-devant de Nicolas Cochin de Troyes qui florissoit au milieu du dernier siècle. *Charles-Nicolas le père* cultiva la peinture jusqu'à l'âge de vingt-deux ans. Il étoit bon dessinateur, et gravoit avec beaucoup d'esprit et de goût, sur-tout quand les figures de ses estampes étoient d'une grandeur médiocre. Il n'a pas eu le même succès dans le grand, parce qu'il conservoit le même genre de travaux en leur donnant plus de largeur, et qu'ils n'avoient pas alors assez de repos et de fermeté.

Cet artiste laborieux a mis au jour un grand nombre d'estampes dont nous allons rapporter les plus marquées :

1. Jacques Sarazin l'aîné, sculpteur ordinaire du Roi.

Ch. N. Cochin, père.

1. *C. N. Cochin sc.* pour sa réception à l'Académie en 1731. gr. in-fol.
2. Eustache le Sueur, Peintre ordinaire du Roi, gravé par *Ch. Nic. Cochin* pour sa réception à l'Académie en 1731. gr. in-fol.
3. Alexandre et Roxane, d'après un dessin de *Raphael*, du cabinet de Crozat. in-fol. en t.
4. Le même sujet, traité autrement, les figures sans aucune draperie; même grandeur, du même cabinet.
5. Hercule Gaulois, ou l'Eloquence, dessin de *Raphael*, gravé en cuivre par *Cochin le père*, et en bois par *Vincent le Sueur*. in-fol. en carré.
6. La Calomnie, peinte par *Apelles*, dessin de *Raphael*, gravé en cuivre par *Cochin le père*, et en bois par *Nic. le Sueur*, exécuté en clair-obscur. in-fol. en t.
7. L'Inflexibilité de St. Basile devant Moteste Préfet de l'Orient; d'après *Fr. le Moine*. in-fol.
8. Jacob arrivé en Mésopotamie, apperçoit Rachel, et se fait connoître à elle; d'après *le même*. gr. in-fol.
9. Jacob avec Laban qui s'excuse de sa supercherie; d'après *J. Restout*. Pendant de la pièce précédente.
10. La Destruction du palais d'Armide; d'après *le même*. gr. in-fol.
11. Jacob poursuivi par Laban; d'après *N. Bertin*. in-fol. en t.
12. Le Serviteur d'Abraham auprès de Rébecca; d'après *le même*. Pendant.
13. La Trinité et l'Assomption, deux tableaux peints à la voûte de l'église des Invalides, par *Noël Coypel*. gr. in-fol.
14. L'Histoire de Saint Augustin, peinte aux Invalides, et gravée en 7 pièces; d'après *L. de Boullongne*. in-fol.
15. Réception d'un Evêque sous une tente; d'après *le même*. in-4to.

16. Frontispice pour l'ordre de St. Michel; d'après *le même*. in-4to.
17. Le Boiteux guéri, d'après le tableau de St. Germain Dès-près, de *P. Jac. Cazes*.
18. Une Suite de 52 sujets de l'histoire du Languedoc; d'après *le même*. in-4to.
19. Trait de générosité d'Harmonia, fille de Gélon, Roi de Syracuse, avec une explication historique; d'après *J. B. M. Pierre*. gr. in-fol.
20. Le Jeu de Colin-Maillard; d'après *N. Lancret*. in-fol.
21. Sujet de Conversation dans un jardin; d'après *le même*. in-fol.
22. Scènes des personnages de la Comédie italienne; d'après *Ant. Watteau*, 2 pièces. in-fol. en t.
23. L'Amour au théatre françois, et l'Amour au théatre italien; d'après *le même*, 2 pièces. gr. in-fol. en t.
24. Camp volant, Retour de la campagne; d'après *le même*, 2 pièces. gr. in-fol. en t.
25. Soldats en détachement faisant halte; d'après *le même*. in-fol. en t.
26. Le Bosquet de Bacchus; d'après *le même*. gr. in-fol. en t.
27. La Mariée de village; d'après *Watteau*, pièce capitale du peintre et du graveur. tr. gr. in-fol. en t.

II. CHARLES-NICOLAS COCHIN, fils, dessinateur, graveur à la pointe et au burin, né à Paris en 1715, et mort en la même ville en 1788. Cet artiste célèbre apporta en naissant les plus heureuses dispositions pour l'art du dessin, et les circonstances fortuites ne firent que hâter leurs développemens. Fils de *Charles-Nicolas Cochin* et de *Marie-Madeleine Hortemels*, il reçut l'instruction avec l'éducation dans la maison paternelle. Ses progrès dans les arts et dans les lettres furent rapides: très-jeune encore il donna des preuves dans l'un et l'autre genre. En 1749 il fit un voyage en Italie avec le Marquis de Marigny, et en 1758 il publia son recueil de notes sur les ouvrages de peinture et sculpture, qu'on voit dans les principales villes de cette patrie des arts. Cet ouvrage fut très-bien reçu par le public non prévenu. Les Italiens veulent bien que les ultramontains ayent des yeux pour admirer les merveilles artistiques de leurs pays, mais ils ne veulent pas qu'ils en aient pour y voir des tâches. Les *Cicerone* ont censuré vivement les notes, et ont reproché le ton tranchant de ses jugemens. Quoiqu'il en soit, ce livre est jugé aujourd'hui comme le meilleur guide des voyageurs qui veulent prendre des notions des ouvrages de l'art en Italie. A ce livre on peut encore joindre, comme un très-bon pendant, les *Observations sur les Antiquités d'Herculanum etc.* par M. M. *Cochin et Bellicard*, seconde édition, qui a l'avantage de renfermer un grand nombre de jolis sujets d'antiquités, gravés avec esprit par les auteurs. A son retour dans sa patrie, il fut nommé chevalier de l'ordre de St. Michel, garde des dessins du Roi et secrétaire de l'Académie de peinture. Aussi savant dessinateur qu'habile graveur, son œuvre est un des plus considérables dans la gravure et passe le nombre de 1500 pièces, dont 112 portraits en médaillons in-4to., presque tous de ses amis et de personnages connus dans les arts et les lettres. Voici les portraits qu'il a gravés lui-même :

1. Franciscus Benallus Tarvisinus, Abbax, gravé en 1751.
2. Louis de Boissy, de l'Académie françoise.
3. Edme Bouchardon, Sculpteur, 1754.
4. Le Comte de Caylus, Amateur.
5. L'Abbé de Chauvelain, Conseiller au Parlement.
6. Charles Duclos, Historiographe.
7. Pierre Jéliot, Chanteur à l'opéra.
8. Le même portrait terminé par *A. de St. Aubin.*
9. Le Marquis de Marigny, gravé en 1752 sous le titre de Marquis de Vaudières, et terminé en 1757 sous celui de Marigny.
10. Pierre de la Place, de l'Académie.
11. L'Abbé Pommier, Conseiller au Parlement.
12. Jean Restout, Peintre de l'Académie.
13. A. L. Séguier, Avocat général.
14. Le Duc de la Valiere, de l'Académie des Sciences.
15. Le Prince de Turenne, Amateur.

Divers sujets, d'après d'autres maîtres.

1. La Mort d'Hypolite; d'après *J. F. de Troy.* gr. in-fol. en t.

CH. NIC. COCHIN, fils.

2. David jouant de la harpe devant Saül; d'après *Carle Vanloo*. in-fol. en t.
3. Abraham prenant Agar par le conseil de Sara, pendant; d'après *le même*, gravé par *Desplaces*.
4. Les grandes Vues des ports de mer de France; d'après *Vernet*, gravé à l'eau-forte par *Cochin* et terminées par *le Bas*. 14 gr. pièces en t.
5. Seize très-grandes estampes, représentant des sujets historiques de l'Empire chinois, dessinés à la Chine et envoyés à Paris pour y être gravés à la réquisition de l'Empereur de la Chine.

La direction en fut commise à *Cochin*, qui les distribua, pour les faire graver sous sa conduite, aux artistes suivans: *J. Aveline. Aug. de St. Aubin. Ch. le Bas. J. P. Choffard. N. de Launay. L. Masquelier. F. de Né* et *B. L. Prévost*. Les dessinateurs de ces pièces étoient les Missionaires Jésuites, les Pères *Attiret*, premier peintre de l'empereur de la Chine, *Damascenus Sikelbar* et *Castillone*.

Comme on fut obligé d'envoyer à la Chine les estampes à mesure qu'elles étoient gravées et imprimées, il fut impossible aux amateurs de s'en procurer des épreuves. Il n'en fut réservé qu'un petit nombre pour la famille royale et pour la bibliothèque du Roi. Le graveur *Helman* en a fait des copies d'un plus petit format, comme nous le dirons à son article.

CH. NIC. COCHIN, fils.

Cochin a gravé encore d'après un grand nombre d'autres maîtres, presque tous françois.

Divers Sujets de son invention.

1. L'enfant Jésus tenant une petite croix. Petite pièce.
2. La Vierge dans l'attitude de Magnificat. De même.
3. Le petit Crucifix, auquel les convulsionaires ont attribué des miracles.
4. Lucius Quintus Cincinatus, statue antique. in-4to.
5. Le Sacre du Roi Louis XV. à Rheims, pour l'histoire par médailles, écrite par *Godenoche*. in-4to.
6. Le Roi Louis XV. présentant le Dauphin à Minerve, pour la même histoire.
7. Décoration de l'Illumination et du Feu d'artifice, fête donnée par le Roi au Dauphin à Meudon en 1736.
8. Décoration de l'Illumination et du Feu d'artifice à Versailles, 1739. gr. in-fol.
9. Vue perspective de l'Illumination de la rue Ferronerie, en 1739. gr. in-fol.
10. Décoration de la Salle de spectacle, construite à Versailles pour la représentation de la Princesse de Navare, comédie-ballet, à l'occasion du mariage de Louis Dauphin de France, avec Marie-Thérèse, Infante d'Espagne, le 20 Février 1745. Exécuté par *Slodtz et Perot*, dessiné et gravé par *Cochin*. tr. gr. in-fol.
11. Cérémonie du mariage du Dauphin avec l'Infante d'Espagne, faite en 1745, gravé en 1746. gr. in-fol.
12. Pompe funèbre de Madame la Dauphine à St. Denis, en 1746. gr. in-fol.
13. Autre Pompe funèbre de Madame la Dauphine dans l'église de Notre-Dame de Paris, 1746. gr. in-fol.
14. Pompe funèbre du Roi d'Espagne dans l'église de Notre-Dame de Paris, 1746. gr. in-fol. en t.
15. Pompe funèbre de Catherine Opalinska, Reine de Pologne,

Ch. Nic. Cochin, fils.

Pologne, dans l'église de Notre-Dame de Paris, dessinée et gravée à l'eau-forte par *Cochin fils*, terminée au burin par *J. Ouvrier*. gr. in-fol.

16. Le Tailleur pour femmes, sujet de mode, en 1737.
17. Les Chats Angola de Madame la Marquise du Deffent. Petite pièce en t.
18. Parade où se voit la belle Isabelle tenant un grand évantail, et le beau Léandre, avec son valet Pierrot, petite estampe, servant de billet d'entrée pour les divertissemens privés que Madame de Pompadour donnoit au Roi.
19. Un grand Ananas avec ses feuilles, gravé en 1736 d'après une estampe du Recueil des plantes du cabinet du Roi.
20. Frontispice pour les Mémoires de l'Académie royale de Chirurgie, 1743. in-4to.
21. Petit Enseigne de Stras, Marchand bijoutier, représentant Vénus sur le bord de la mer. C'est la première pièce que *Cochin* a gravé d'après son dessin.

Nous ne pousserons pas plus loin la liste de ses gravures, tant grandes que petites. Ceux qui veulent se former une idée complette de toutes ses productions, peuvent consulter le *Catalogue détaillé de son œuvre par Jombert*, ou recourir à l'article *Cochin* dans le *Dictionnaire des Artistes de Heinecke*. Nous avons sur-tout un grand nombre de très-jolis petits sujets de sa composition, dont les premières épreuves sont aujourd'hui de la plus grande rareté. Quand cet artiste, homme d'esprit, n'auroit fait que ce grand nombre de Frontispices, d'Enseignes, de Fleurons, de Vignettes, de Cul-de-lampes et d'Ornemens, ils suffiroient pour lui faire une grande réputation.

Anne-Claude-Philippe, Comte de Caylus, membre honoraire de l'Académie des belles-lettres et de celle de peinture, graveur à l'eau-forte et amateur célèbre, naquit à Paris en 1692, et mourut dans la même ville en 1765. Caylus entra jeune au service; il se distingua en Catalogne et au siège de Fribourg. Après la paix de Rastadt il quitta le service. Maître d'une fortune considérable, il suivit son goût pour les voyages; il vit l'Italie et passa même jusqu'au Levant, en enrichissant son esprit d'une infinité de connoissances. De retour dans sa patrie il se livra avec enthousiasme à son goût pour les arts et pour les lettres. Tout étoit de son ressort: le gai et le sérieux. On lui reproche d'avoir trop donné dans le facétieux, et d'avoir passé souvent les bornes de la décence. La liste de ses ouvrages, dans l'un et l'autre genre, n'est guères moins considérable que le catalogue de ses gravures. Celui de ses ouvrages qui lui assigne un rang distingué parmi les Antiquaires est son *Recueil d'Antiquités Egyptiennes, Etsrusques, Grecques, Romaines et Gauloises;* en 7 volumes in-4to. Le dernier Tome de cette collection a paru en 1767, avec l'éloge historique de l'auteur, par M. le Beau. *Caylus* joignoit aux talens de l'esprit, les qualités du cœur. Il avoit une probité rigoureuse, une haine généreuse des fanfarons et des flatteurs. Mais il tenoit trop de l'homme pour n'avoir pas ses taches. La simplicité franche de son caractère passoit peut-être un peu trop jusques dans son extérieur, presque toujours négligé. Son humeur n'étoit pas toujours égale, et ses manières souvent brusques écartoit de lui ceux que lui avoit attiré son air ouvert. L'anecdote suivante revient à notre sujet. Ce célèbre amateur ordonna par son testament de mettre sur sa tombe, qui devoit être élevée à la paroisse de Saint-Germain de l'Auxerrois, une urne étrusque sans autres accessoires. Un de ses contemporains, l'homme qui a le plus de ressemblance avec le Comte, Diderot, s'est chargé de son épitaphe. Voici comme il raconte lui même la chose. „L'agent de la fabrique de „Saint-Germain de l'Auxerrois ayant trouvé

„ l'autre jour un philosophe dans la rue, lui dit:
„ Vous devriez bien nous donner une inscription
„ pour l'urne du Comte de Caylus. Eh bien!
„ répond tout aussi-tôt le Philosophe, mettez-y
„ ces deux vers:

Ci git un antiquaire, accariatre et brusque!
Ah! qu'il est bien logé dans cette cruche étrusque!

De son vivant le Comte de Caylus a joui d'une grande réputation comme graveur à l'eau-forte. On a longtems admiré sur parole ses productions artistiques, mais la postérité semble être déjà venue pour lui. „Le Comte de *Caylus*", dit Watelet, „ a beaucoup gravé à l'eau-forte avec plus de zèle que de talent. Ses eaux-fortes d'après *Bouchardon* ont été retouchées par *Fessard* ou par ses élèves, d'autres l'ont été par le *Bas*, sans que ces artistes en aient fait de bonnes estampes. Elles méritent cependant d'être recueillies, parce que toutes les beautés des dessins, d'après lesquels elles ont été faites, n'ont pu être détruites. Il a rendu plus de services aux arts, en conservant, par sa gravure, des traits et des croquis de quelques anciens maîtres." Les artistes ont eu quelquefois à souffrir de ses caprices, sur-tout les graveurs. Il avoit dans

Le Comte de Caylus.

un haut dégré le goût de l'exclusion, affectant de ne faire cas que des croquis, goût qu'il avoit de commun avec Mariette.

L'œuvre du Comte de Caylus, dans la collection de Mariette, étoit composé de 3200 pièces de sa main. Son chiffre ordinaire est C. de C. et C. *. Il a gravé les portraits suivans :

1. Michel Masciti en médaillon, 1726. in-12.
2. L'Abbé le Gendre, petite pièce.
3. Camille Falconet, de Lyon, Médecin, petite pièce.
4. Le Peintre Polidore de Caravage, à la sanguine, petite pièce.
5. Voltaire à la Bastille. in-8.
6. Assemblée de Brocanteurs. in-4to.
7. Suite d'un grand nombre de pièces d'après les plus beaux dessins du cabinet du Roi, de différens formats.
8. Suite de sujets dessinés d'après l'antique par *Edme Bouchardon*, gravés à l'eau-forte par le *C. de C.* et terminés au burin par *le Bas*, 10 pièces in-4to.
9. Suite de six grandes pièces mythologiques de la composition de *Bouchardon*, gravées à l'eau-forte par le *Comte de Caylus* et terminées au burin par *Et. Fessard*, gr. in-fol. en t.
10. Recueil de têtes tirées du cabinet de Crozat ; on sait aujourd'hui que ces têtes, attribuées longtems à *van Dyck*, sont de *Rubens*, qui en a employées plusieurs dans ses tableaux. 30 pièces in-4to.
11. Recueil de têtes de caractère et de charge, de *Léonard de Vinci*, en 58 pièces de divers formats.
12. Véritables Griffonnemens ; d'après *de la Belle*, cinq grandes pièces et t.

L. SURRUGUE.

I. Louis SURRUGUE, le père, dessinateur et graveur à la pointe et au burin, né à Paris en 1695, et mort en la même ville en 1769. Il apprit les principes du dessin et de la gravure de *B. Picart*, dont il saisit parfaitement la manière. Son style est recommandable, en ce qu'il est un des artistes qui combinoit habilement la pointe avec le burin. Il a fourni de très-bonnes estampes à la plupart des recueils qui ont paru de son tems. Il fut membre de l'Académie royale, et grava avec le même succès le portrait et l'histoire.

Portraits.

1. Louis de Boullongne, le père, Peintre du Roi, peint par *Matthieu*, et gravé par *Surrugue* en 1735 pour sa reception à l'Académie. gr. in-fol.
2. Joseph-Christophe Veirier, Sculpteur provençal, parent et élève de *P. Puget.* gr. in-fol.

Divers Sujets d'après différens maîtres.

1. Sainte Marguerite, foulant aux pieds un énorme dragon; d'après le tableau de *Raphael*, du cabinet du Roi. gr. in-fol. Recueil de Crozat.
2. Saint Jérôme, assis dans le désert, en profonde méditation, tableau de *Balthasar de Sienne*, du cabinet de Crozat, gravé par *Nicolas Château* et retouché par *Louis Surrugue.* gr. in-fol.
3. Jésus guérissant dix Lépreux, d'après le tableau de *Jérôme Genga*, du cabinet de Crozat. in-fol. en t.

4. Le Sacrifice d'Abraham, d'après le fameux tableau d'*André del Sarto*, qui est à la galerie de Dresde. gr. in-fol. Recueil de la galerie.
5. La Nativité de la Vierge; d'après *Pietre de Cortone*. in-4to.
6. Moïse en approchant du camp des Israélites, voit le veau d'or et les danses du peuple. Alors il entra en une grande colère et brisa les tables de la loi au pied de la montagne. *Nic. Poussin pinx.* Pièce terminée au burin par *L. Surrugue.* in-fol. en t.
7. Agar congédiée par Abraham; d'après *Eust. le Sueur.* gravée en 1711. in-fol.
8. La protection accordée aux Beaux-Arts; d'après *le Brun* à la galerie de Versailles. gr. in-fol.
9. Descente d'Enée aux enfers; d'après le tableau d'*Ant. Coypel*, peint au Palais royal. gr. in-fol. en t.
10. L'Econome, tableau de *Chardin*, du cabinet du Roi de Suède, faisant pendant avec les Amusemens de la vie privée, du même cabinet, gravés par *Surrugue le père* en 1747. in-fol.
11. Les Amusemens de Cythère; d'après *Ant. Watteau*, du cabinet de Jullienne. gr. in-fol. en t.
12. Deux Sujets *du même*: Une Scène de la Comédie italienne. Petit concert. petit in-fol. en t.
13. Le Desir de plaire; d'après *J. B. Pater.* in-fol. en t.
14. Le Plaisir de l'Eté; d'après *le même.* Pièces gravées en 1743 et 1744. in-fol. en t.
15. Madame de Bouvillon, pour tenter le Destin, le prie de lui chercher une puce; d'après *le même.* in-fol. en t.
16. Ragotin, retiré du coffre ou la servante du cabaret l'avoit malicieusement enfermé; d'après *le même.* Pendant

Ces deux Sujets, tirés du Roman comique de Scarron, font partie d'une suite de 16 feuil-

P. L. SURRUGUE.

les gravées par *Surrugue*, père et fils, *Scotin*, *Audran* et *Lépicié*.

17. Divertissement de paysans hollandois; d'après *D. Teniers*; pièce gravée en 1748. gr. in-fol. en t.
18. David Teniers fait dire la bonne aventure à sa femme; d'après *le même*. gr. in-fol. en t.
19. Silvie dans l'attente de son amant, d'après un tableau de *Santerre* sur une idée de *Rembrandt*. p. in-fol.
20. Deux Sujets d'après *Rembrandt*: Le Philosophe en méditation, et le Philosophe en contemplation. in-fol.
21. Vénus allaitant les Amours; d'après *Rubens*, composition gravée aussi par *C. Galle* et par *H. Watelet*, petit in-fol.

II. PIERRE-LOUIS SURRUGUE, le fils, dessinateur et graveur à la pointe et au burin, né à Paris en 1717, et mort dans la même ville en 1771. *Surrugue*, fils du précédent, apprit les élémens de son art dans la maison paternelle. Son style de gravure a beaucoup de ressemblance avec celui de son père; comme lui il fut membre de l'Académie royale, et aussi comme lui il a gravé le portrait et l'histoire.

Portraits.

1. Simon Guillain, Sculpteur du Roi, peint par *N. Coypel*, gravé par *P. L. Surrugue* pour sa reception à l'Académie en 1747. gr. in-fol.
2. René Frémin, Directeur de l'Académie de peinture, peint par *de Latour*, gravé par *Surrugue* le fils,

pour sa reception à l'Académie en 1747. in-fol.
3. Madame de *** (de Mouchi) en habit de bal; d'après *Ch. Coypel.* in-fol.

Ce portrait anonyme a été pris faussement pour celui de Madame de Pompadour.

4. Le Père de Rembrandt, peint par le fils. in-fol.

Divers Sujets d'après différens maîtres.

1. La Nativité du Sauveur, d'après le fameux tableau du *Corrège* de la galerie de Dresde, connu sous le nom de *la Nuit du Corrège.* tr. gr. in-fol. Du Recueil de Dresde.
2. La Vierge, accompagnée de St. Jérôme, de St. Crespin et de St. Crespinian; d'après le tableau *du Guide* de la même galerie. tr. gr. in-fol. Du même Recueil.
3. Le Jugement de Pâris; d'après *H. Goltzius*, du cabinet de Jullienne. in-fol. en t.
4. Deux Sujets flamands: L'Entretien, et la Bohèmienne en couche; d'après *D. Teniers*, gravés en 1748. in-fol.
5. Deux paysages flamands; d'après *le même*, gravés en 1750, in-4to. en t.
6. Les quatre Saisons, en 4 feuilles, petit in-fol. gravées d'après *le même* en 1749.
7. Clytie changée en tourne-sol; d'après *Ch. Coypel*, petit in-fol.
8. Roland apprenant des bergers la fuite d'Angelique; d'après *le même.* gr. in-fol.
9. Projet d'un Salon à St. Cloud, représentant l'apothéose d'Hercule, gravé par *Surrugue* sur l'esquisse de *Ch. Coypel*, en 1723. Pièce ceintrée, gr. in-fol.
10. Ragotin poussé brusquement dans l'eau le père Gifflot qui entraine le cocher, celui-ci le paysan; d'après *J. B. Pater.* in-fol.
11. Madame de Bouvillon ouvre la porte à Ragotin qui

lui fait une bosse au front; d'après *le même*. Pendant, deux Sujets tirés du Roman comique de Scarron.
12. Le singe Peintre. *J. B. Siméon Chardin pinx.* P. L. Surrugue filius sc. 1743. in-fol.
13. L'Antiquaire, au milieu de ses curiosités, figure de Singe. *Id. pinx. Id. sc.* Pendant.
14. L'Aveugle, avec six vers françois. *Id. pinx. Id. sc.* in-fol.

I. JACQUES-GABRIEL HUQUIER, le père, dessinateur et graveur à l'eau-forte, et marchand d'estampes, né à Orléans en 1695, et mort à Paris en 1772. Il a eu un fils, *Gabriel Huquier*, qu'il a instruit dans son art. On a de ces artistes un grand nombre d'eaux-fortes, qu'ils ont gravées conjointement d'après *Gillot, Watteau, Boucher* et autres. *Huquier* le père a bien mérité des arts et des artistes par ses vastes connoissances et la variété de son goût. Sa maison étoit ouverte, pendant certains jours de la semaine, à tous les cultivateurs des arts, peintres, graveurs et amateurs de tous genres. On y passoit agréablement la soirée, en parcourant ses porte-feuilles et en recevant des instructions de ce vieil artiste, sur les différens objets des arts. J'en puis parler savamment; car moi aussi j'ai joui de cet agrément depuis les années 1762 jusqu'en 1766, et c'est à lui que je dois les premières notions dans les arts. Le père *Huquier*, c'est ainsi qu'on l'appelloit, a laissé à sa mort une belle collection de dessins et d'estampes qui fut vendue à Paris par licitation.

Nous avons du père et du fils une immense quantité de gravures de tous genres, dont nous allons donner un précis :

D'après Watteau.

1. Les cinq Sens de nature, 5 pièces in-fol.
2. Les jardins de Cythère, et ceux de Bacchus, 2 pièces in-fol.
3. Le Temple de Diane, et celui de Neptune, 2 pièces in-fol.
4. Apollon Chasseur, et Diane Chasseresse, 2 pièces in-fol.
5. Le Berger empressé, et le Jardinier fidel, 2 pièces in-fol.
6. Le Repos gracieux, et l'Amusement, 2 pièces in-fol.
7. L'Heureuse Rencontre, et la Danse bachique, 2 pièces gr. in-fol.
8. Le Berceau, et le Théâtre, 2 pièces gr. in-fol.
9. L'innocent Badinage, et les Plaisirs de la jeunesse, 2 pièces in-fol.
10. Le Triomphe de Galathée, et le Berger surpris par un orage, 2 pièces in-fol.
11. L'Empereur de la Chine, et Divinité chinoise, 2 pièces in-fol.
12. Les quatre Saisons, figurées par des Pastorales, 4 pièces gr. in-fol.

13. Les quatre Elémens, 4 feuilles, chacune avec son intitulé, gr. in-fol.

14. Livre nouveau de divers Trophées, inventés par *Watteau*. 12 feuilles in-fol.

D'après Boucher.

1. Deux livres d'Etudes, chacun de 4 feuilles.
2. Un livre de Figures académiques, 12 pièces in-fol.
3. Quatre livres de divers Sujets et de Pastorales, 24 pièces.
4. Un livre de Vases, 12 feuilles.
5. Un livre d'Ecrans, 12 feuilles.
6. Nouveau livre de Figures, 9 pièces gr. in-4to.
7. Suite de Figures chinoises pour le vernis, 14 pièces.
8. Les quatre Elémens, en figures chinoises, 4 pièces.
9. Les cinq Sens de nature, dont le Toucher deux fois, 6 pièces.
10. La grande Pastorale. gr. in-fol.
11. Deux Pastorales d'enfans, avec ornemens, 2 pièces.
12. La Danse chinoise, et la Foire chinoise, 2 pièces.
13. La Mère chinoise avec trois Enfans, et l'Empereur chinois donnant audience, 2 pièces.
14. Deux Pastorales dans de grands cartouches, 2 feuilles gr. in-fol. en t.
15. Cartouche, où se voit un globe, avec Apollon et la Vérité.

On a encore de cet artiste laborieux un grand nombre d'estampes diverses, telles que:

1. Une Collection de 600 Vases en 108 feuilles, composées et gravées par *Huquier*, pour les manufactures de porcelaine, les modeleurs, les orfèvres et autres artistes.
2. Une Collection d'ornemens, dans laquelle il a fait entrer les Grouppes et les Vases de fleurs de *Baptiste*.

3. Comme Suite de cette Collection, il a donné en deux cahiers, chacun de 12 feuilles, des fleurs composées et des oiseaux de la Chine.
4. Une grande Iconologie, ou Recueil de Vignettes allégoriques, où sont représentés les Vertus, les Vices, les Arts et les Divinités mythologiques, en 216 feuilles.
5. Collection de diverses Figures antiques; d'après les dessins d'*Oppenort*, gravées par *Huquier*.
6. Gilles-Marie Oppenort, Ecuyer, Directeur général des bâtimens et jardins du Duc d'Orléans, Régent de France. *G. M. Openort inv. Huquier sc. aq. forti.* gr. in-fol.

Sous l'article de *Dunker*, à l'Ecole allemande, j'ai parlé des douze planches d'animaux, que cet artiste a gravées à l'eau-forte pour *Huquier*, et que celui a terminées au burin.

II. GABRIEL HUQUIER, le fils, peintre en pastel, dessinateur et graveur à l'eau-forte, né à Paris vers 1725 et apprit les élémens de l'art dans la maison paternelle. Selon Basan, *Gabriel* a passé en Angleterre, où il est occupé depuis plusieurs années à peindre le portrait en pastel. Nous avons dit ci-devant que le père et le fils ont gravé conjointement un grand nombre d'eaux-fortes d'après plusieurs artistes françois. Les morceaux suivans, d'après *Boucher*, sont généralement attribués au fils:

G. Ed. Petit.

1. Le Repos champêtre. *Huquier filius sc.* in-fol. en t.
2. L'Audience de l'Empereur chinois. gr. in-fol.
3. Le Sommeil, et le Réveil, 2 pièces. in-fol. en t.
4. Le premier et le second Corps-de-Garde, 2 pièces in-fol.
5. La Fille à l'oiseau, et les Enfans voyageurs, 2 pièces in-fol.
6. Deux Frontispices pour deux livres d'Esquisses, faisant partie d'une suite de 24 pièces, dont 22 sont gravées par *le Baron de Thiers*.

Gille-Edme Petit, graveur au burin, né à Paris en 1696, mort dans la même ville en 1760. Il fut disciple de *Jac. Chéreau*, et son style de gravure tient beaucoup de celui de son maître. On a de lui un bon nombre d'estampes, sur-tout des portraits exécutés avec une grande propreté.

1. Le Prince Charles-Edouard Stuart, peint à Rome par *Dupra*, gravé à Paris par *Petit*. in-fol.
2. Philibert Papillon, Chanoine de la chapelle au Riche de Dijon. in-fol.
3. René Charles de Maupeou, premier Président au Parlement, peint par *J. Chevalier* en 1745, gravé par *Petit* en 1753. in-fol.
4. Pierre Bayle, célèbre critique. *Petit fecit.* in-fol.
5. Marie de la Fontaine solaire de la Boissière; d'après *M. R. de la Tour*. in-fol.
6. Louis-Philippe, Régent de France; d'après *Liotard*. in-fol.

7. Marie-Thérèse, Reine de Hongrie; d'après *Meytens*. gr. in-fol.
8. Armand-Jules, Prince de Rohan, Archevêque de Rheims; d'après *Rigaud*, gravé en 1739. gr. in-fol.
9. Henri-Charles de Pomponne, Abbé de St. Médard, figure en pied; d'après *J. B. Vanloo*. gr. in-fol.
10. Jean-Fréderic Philippeaux, Comte de Maurepas, figure en pied; d'après *L. M. Vanloo*. gr. in-fol.
11. Joachim-François-Bernard Potier, Duc de Gesvres; d'après *le même*, gravé en 1735. gr. in-fol.
12. François I. Roi de France, à mi-corps; d'après *le Titien*. petit in-fol. Recueil de Crozat.
13. Louis XV. Roi de France, figure en pied; d'après *Carle Vanloo*. in-fol.
14. Les Pélerins d'Emaüs; d'après *Frère Jean André*. in-fol.
15. La Visitation; d'après *le même*. in-fol.
16. La Vierge au rosaire; d'après *le même*. in-fol.
17. Sainte Catherine de Sienne; d'après *le même*. in-fol.

FRANÇOIS CUVILLER, père et fils, architectes, et graveurs à l'eau-forte; le père né à Soissons en 1698, et mort à Munich en 1760; le fils né à Munich en 1734, et mort depuis peu d'années. *François Cuviller* le père fut appellé à la Cour de Munich par l'Electeur, qui fut ensuite Empereur sous le nom de Charles VII. Ce Prince l'employa à divers ouvrages, principalement à orner ses bâtimens, genre dans lequel il excelloit. A la mort du père, le fils lui succéda et remplit les mêmes fonctions à la Cour de Munich. Les ouvrages d'architecture et de décoration de ces deux artistes sont très-nombreux. Le fils, connu sous le nom du *Capitaine Cuvillier*, publia les dessins de son père et les siens, gravés par eux et par divers autres artistes, sous plus de quarante articles, dont voici quelques uns :

1. Plans pour des jardins, 4 planches. *De la Marcade sc.* à Paris.
2. Plan d'un Belvédère, 3 planches ; gravées par *Cochin fils*, à Paris.
3. Projet d'un bâtiment, 5 pièces ; gravées par *Choffart*.
4. Livre de panneaux, 7 pièces, par *Lespillier*.
5. Morceaux de caprices, 6 pièces, par *le même*.
6. Plans de caves pour une Maison de campagne, 5 planches.
7. Dessins de Lambris, 6 planches.
8. Livre de Décorations, 6 pièces, par *Lespillier*.
9. Projet pour une Volière et pour un Pavillon, 6 planches, par *V. Funck*.
10. Plan d'un Bâtiment situé dans un bois, 4 planches, par *le même*.
11. Plan d'une Maison de plaisance, 5 pièces, par *Cuvillier fils*, et *Pouleau*.
12. Essais de divers monumens, 15 pièces, par *Cuvillier fils*. in-4to.
13. Morceaux de Caprices à divers usages, par *Fr. Cuvillier*, Conseiller et Architecte de S. M. Impériale ; gravés par *G. Sigism. Roesch*. 6 pièces.
14. Instructions de jeunes gens, 2 pièces, dédiées au Général de la Rose ; par *Cuvillier le fils*.

PIERRE.

PIERRE SUBLEYRAS, peintre et graveur à l'eau-forte, né à Usèz en 1699, mort à Rome en 1749. Il étoit fils et élève de *Matthieu Subleyras*. Celui-ci ne se sentant pas assez de capacité pour développer les heureuses dispositions d'un fils qui en montroit beaucoup, l'envoya à Toulouse à l'âge de quinze ans, et le mit sous la direction d'*Antoine Rivalz*. A vingt-cinq ans il vint à Paris, et remporta le premier prix de l'Académie dont le sujet étoit le Serpent d'airain. En conséquence de cela il fut nommé pour aller à Rome, où il acheva de se perfectionner. La manière d'être de cette ville convenant à sa façon de penser, il s'y établit, et épousa la *Signora Maria-Felice Tibaldi*, célèbre Peintresse en miniature. *Subleyras* inventoit facilement, dirigeoit bien ses ordonnances et dessinoit correctement. Sa carrière n'a pas été longue; il est mort à l'âge de cinquante ans. Il a joui de toute sa réputation. Le grand nombre de tableaux qu'il a fait pour Rome et pour d'autres villes d'Italie, sont des témoignages de son génie et de la fécondité de ses idées.

Subleyras a gravé à l'eau-forte quelques sujets de sa composition. Il est du nombre des peintres, au jugement de Watelet, qui ont manié la pointe avec le plus d'esprit et de goût. Ses travaux sont d'un excellent choix, sans qu'il paroisse s'être occupé de les choisir. Il suffit de citer pour preuve de son talent en ce genre, son eau-forte du repas chez le Pharisien.

1. Le Serpent d'airain, pièce dont le dessin avoit remporté le prix à l'Académie. in-fol. en t.
2. Le Martyre de St. Pierre. in-fol.
3. Jésus à table chez le Pharisien, et la Madeleine à ses pieds. gr. in-fol. en t.
4. Quatre Morceaux tirés des Contes de la Fontaine. in-fol.

BERNARD LEPICIE', dessinateur et graveur à la pointe et au burin, né à Paris en 1699, mort dans la même ville en 1755, avec le titre de Secrétaire perpétuel et d'Historiographe de l'Académie royale de peinture et de sculpture, et Professeur d'histoire des Elèves protégés. Dans la gravure il paroît avoir eu pour maître *Jean Audran*, dont il imitoit assez bien le style. Il ne dessinoit pas fort correctement, toutefois ses meilleures estampes ne sont pas destituées de mérite. Il fut engagé de passer à Londres, où il grava, conjointement avec *Dubosc* et *Beauvais* les Cartons de *Raphael d'Hamptoncourt*.

C'étoit une entreprise de *Thomas Bouwles*, marchand d'estampes, entreprise qui ne réussit pas, et les artistes n'en retirèrent ni grand honneur, ni grand profit. La publication de ces mêmes Cartons par *Dorigny* fit tomber ceux de *Bouwles* dans un entier discrédit. Son séjour à Londres ne paroît pas avoir été long. A son retour à Paris il continua de travailler à différens ouvrages. En qualité d'Historiographe de l'Académie, il publia deux ouvrages, portant pour titre: *Les Descriptions des tableaux du Roi*, et *les Vies des premiers Peintres du Roi, depuis Charles le Brun, jusqu'à François le Moine.*

Les estampes que nous avons de ce graveur, consistent en portraits et en divers sujets.

Portraits.

1. Nicolas Bertin, Peintre du Roi, peint par *Lian*, et gravé par *Lépicié* pour sa réception à l'Académie en 1740. in-fol.
2. Louis de Boulongne, premier Peintre du Roi; d'après *Rigaud*. De même.
3. Philibert Orry, Ministre des Finances; d'après *le même.* gr. in-fol.
4. Pierre Grassin, Directeur général des monnoies de France; d'après *Largillière*. gr. in-fol.
5. Claude Capperonnier, Bibliothécaire de la Bibliothèque du Roi; d'après *Aved*. gr. in-fol.

B. LEPICIÉ.

6. Antoine de la Roque, vieux Militaire, se reposant dans un paysage orné de Nymphes et de Faunes; d'après *Watteau*. gr. in-fol. en t.
7. Charlotte Desmarés, en Thalie; d'après *C. C. (Charles Coypel)*. gr. in-fol.
8. Catherine de Seine, dans le rôle de Cléopâtre; d'après *Jac. And. Aved.* gr. in-fol.
9. Françoise d'Aubigné, Marquise de Maintenon; d'après *Mignard.* petit in-4to.
10. Jean-Baptiste Molière; d'après *Charles Coypel.* in-4to.

Divers sujets, d'après différens maîtres.

1. La Circoncision; d'après le tableau de *Jules Romain*, du cabinet du Roi. gr. in-fol. en t. Recueil de Crozat.
2. Jupiter et Io; d'après le carton de *Jules Romain*, du cabinet du Duc d'Orléans. in-fol. Pièce carrée. *Ibid.*
3. Jupiter et Junon; d'après *le même*, du même cabinet et de même format. *Ibid.*
4. La Prédication de St. Jean dans le désert; d'après le tableau de *J. Baptiste Gauli*, dit *le Bachiche*, du cabinet du Roi. gr. in-fol.
5. Vertumne et Pomone; d'après *Rembrandt.* petit in-fol. Vieille qui dit la bonne aventure à une jeune personne.
6. Le Philosophe flamand; d'après *Teniers*, gravé en 1744. p. in-fol.
7. Les Francs-Maçons flamands en loge; d'après *le même.* 1747. gr. in-fol. en t.
8. Le Jeu des échecs; d'après *Carle de Moor*, gravé en 1746. in-fol.
9. Le Jeu de piquet; d'après *Gas. Netscher*; pendant de la pièce précédente.
10. L'Amour précepteur; d'après *Ch. Coypel.* in-fol.
11. Deux pièces: l'Amour de ville, et l'Amour de village; d'après *le même.* Ovales in-fol.

12. Thalie chassée par la Peinture; d'après *Ch. Coypel*. gr. in-fol. en t.
13. Les Amours à la toilette; d'après *le même*. Pendant.
14. Cérès endormie; d'après *Fr. Boucher*. p. in-fol.
15. Le Déjeûner; d'après *le même*. in-fol.
16. Deux pièces: l'Amour Oiseleur, l'Amour Moissonneur; d'après *le même*. p. in-fol.
17. Le Bacha faisant peindre sa maîtresse; d'après *Carle Vanloo*. gr. in-fol. en t.
18. Le Roi Charles I. détenu prisonnier, prend congé de ses enfans et leur donne encore des conseils; sujet peint par *Raoux*, et gravé par *Lépicié*. gr. in-fol. en t.
19. A la Mémoire de Bayle, de Locke et de Sydenham; d'après *Creti*, *Ferraivoli* et *Mirandot*, faisant partie d'une de neuf estampes, gravées en Angleterre par *Lépicié* et d'autres graveurs françois. gr. in-fol.

RENÉE-ELISABETH MARLIE, femme de *Bernard Lépicié*, graveuse françoise, s'est aussi distinguée dans son art. On connoît d'elle:

1. La Jeunesse sous l'habillement de la Décrépitude; pièce gravée en 1751 par *R. Elis. Marlie*, femme de Lépicié. in-fol.
2. Le Bénédicité, et la Mère laborieuse; d'après *S. Chardin*. 2 pièces in-fol.
3. Le Cuisinier flamand; d'après *D. Teniers*, gravé en 1748. gr. in-fol.

SIMON VALLEE, ou VALEE, graveur au burin et à la pointe, né à Paris vers 1700, et florissant en cette ville vers le milieu du même siècle. Il étoit disciple de *Drevet*, le père;

mais sans suivre immédiatement le style de gravure de son maître, il combinoit avec goût et jugement la pointe et le burin dans l'exécution de la plupart de ses estampes. Il a gravé avec un égal succès le portrait et l'histoire.

Portraits.

1. Jean de Troy, Peintre du Roi; peint par *Fr. de Troy*. gr. in-fol.
2. Jean-François Savary, Curé de Sainte-Menehoult; d'après *le même*. gr. in-fol.
3. Dame en Flore cueillant d'une main un œillet et s'appuyant de l'autre sur un petit nègre; d'après *Hyac. Rigaud*. gr. in-fol.
4. Vénus sur son char, portrait historié de la Comtesse de Cosel, maîtresse d'Auguste II; d'après *Fr. de Troy*. gr. in-fol.

Divers sujets, d'après différens maîtres.

1. La Transfiguration du Christ; d'après *Raphael*, gravée par *S. Valée*, chez *P. Drevet*. gr. in-fol.
2. Saint Jean-Baptiste au désert; d'après le tableau de *Raphael*, du cabinet du Roi. gr. in-fol. Recueil de Crozat.
3. La Résurrection du Lazare; d'après le tableau du *Mutien*, du cabinet du Duc d'Orléans. gr. in-fol. *Ibid.*
4. Moïse trouvé sur les eaux du Nil; d'après le tableau de *Fr. Romanelli*, dans le cabinet de la Reine, au vieux Louvre. gr. in-fol. *Ibid.*
5. Le Portement de croix; tableau d'après *André Sacchi*, du cabinet du Duc d'Orléans. in-fol. *Ibid.*
6. La Mort de la Vierge, pleurée par les Apôtres;

d'après le tableau de *Michel-Ange de Caravage*, du cabinet du Roi. gr. in-fol. *Ibid.*

7. L'Infidélité; tableau de *P. Véronèse*, du cabinet du Duc d'Orléans. gr. in-fol. *Ibid.*

8. La Fuite en Egypte, où St. Joseph, avant de traverser un ruisseau, reçoit l'Enfant des mains de la Vierge; d'après *Carle Maratte*. gr. in-fol. La même composition a été aussi gravée par *Frey*.

9. St. Pierre, prosterné au pied d'un arbre, pleure son péché. *L. de la Hire pinx.* in-fol. Pièce ceintrée.

10. Abraham prêt à sacrifier son fils Isaac. *Ant. Coypel pinx. S. Falée sc.* in-fol. Pièce ceintrée.

11. Jésus rassemblant autour de lui les enfans; d'après *P. Jac. Cazes.* gr. in-fol.

12. La Pentecôte, ou le don des langues; d'après *le même.* in-fol.

13. L'Amour et Psiché; d'après *le même.* gr. in-fol. en t.

14. Apollon amoureux d'Issé; d'après *le même.* Pendant.

15. La Vierge, les mains croisées, avec l'inscription: *Dilectus meus etc.* d'après *Frère Jean André.* in-fol.

16. Une Sainte, revêtue d'un rosaire, avec l'inscription: *Decor Carmeli;* d'après *le même.* in-fol.

NICOLAS PIGNÉ, graveur au burin, né à Châlon en 1700, et florissant à Paris en 1740. On connoit peu les circonstances de sa vie; on sait seulement qu'il a travaillé quelque tems sous *B. Picart*, et qu'il a passé en Angleterre où sans doute il est mort. Fueßli, dans son Dictionnaire des Artistes, le dit beau-frère du célèbre N. Dorigny.

J. HAUSSART.

Je ne connois de cet artiste que les deux pièces suivantes :

1. La Vierge, soulevant un linge qui couvroit l'enfant Jesus qui dort dans un berceau, à côté le petit St. Jean et à gauche des Anges qui font de la musique ; tableau de *Fr. Trevisani*, du cabinet du Roi. gr. in-fol. Recueil de Crozat.
2. La Femme cananéenne aux pieds du Sauveur, estampe dédiée au Comte de Schrattenbach, gravée d'après le tableau d'*Ann. Carrache*, de la chapelle du palais Farnese à Rome. gr. in-fol.

JEAN HAUSSART, ou HAUSSARD, graveur à la pointe et au burin, né à Paris vers 1700, et florissant dans la même ville vers 1730. On ignore de qui il apprit les principes de son art, mais on voit qu'il a imité avec succès le style de gravure de *Benoit Audran*. Son dessin est correct, et ses estampes, pour la plupart, sont d'une bonne exécution. Les morceaux qui lui font le plus d'honneur sont ceux qu'il a gravés pour le Recueil de Crozat et qui sont les suivans :

1. Jupiter et Semelé ; d'après le carton de *Jules Romain*, du cabinet du Duc d'Orléans. in-fol. en t. Crozat.
2. La Création d'Eve dans le Paradis terrestre ; tableau de *Jules Romain*, du cabinet de Crozat. in-fol. en t.
3. La Vertu, sujet allégorique, composé de cinq figures, au milieu une femme légèrement drapée, à droite deux figures assises et à gauche deux autres couchées,

tableau de *Siciolante Sermoneta*, du cabinet de Crozat. gr. in-fol. en t.

4. Jésus-Christ chassant les Vendeurs du temple; tableau de *Barth. Manfredi*, du cabinet du Roi. in-fol. en t. Recueil de Crozat.
5. Assemblée de Buveurs autour d'une table. *Id. et Ibid.* Pendant.
6. Le Frappement du Rocher; tableau de *Fr. Romanelli*, dans l'appartement de la Reine au vieux Louvre. gr. in-fol. Crozat.
7. Le mauvais Riche à table et le pauvre Lazare à la porte, grande composition; tableau de *Dom. Feti*, du cabinet de M. Crozat. gr. in-fol.
8. La Vierge à mi-corps tenant l'enfant Jésus debout sur ses genoux; *de la Fosse pinx.* Ovale, dans une bordure de rosiers, avec l'inscription: *Rosa mystica.* in-fol.
9. Pan et Syrinx changée en roseaux. *Jac. Courtin pinx.* gr. in-fol. en t.

JEAN RAYMOND, graveur au burin, né à Paris vers 1700, et florissant dans la même ville en 1725. On ne connoit de lui que les morceaux qu'il a gravés pour le Recueil du cabinet de Crozat au burin pur; ses estampes prouvent à quel point il avoit cet outil à son commandement.

1. La Vierge assise au pied d'un palmier, tenant sur ses genoux l'enfant Jésus à qui St. Joseph présente des fleurs; d'après le tableau de *Raphael*, du cabinet du Duc d'Orléans, gravé dans un rond. gr. in-fol.
2. Jésus-Christ mis dans le sépulcre par un Ange, accompagné de quatre autres Anges portant des flambeaux;

CH. NATOIRE.

tableau de *Thadée Zuccaro*, dans l'église cathédrale de Rheims. gr. in-fol.

3. Les Israëlites dans le désert recueillant la Manne; d'après le tableau de *J. Fr. Romanelle*, dans le cabinet de la Reine au vieux Louvre, gravé par *Jean Raymond*.

4. L'Intérieur d'un tombeau, où se voit un cadavre rongé par les vers, et un soldat qui se hâte de se retirer de ce lieu où il avoit cru trouver un trésor. *J. Houasse pinx. J. Raymond sc.* in-fol. en t.

CHARLES NATOIRE, peintre et graveur à l'eau-forte, né à Nismes en 1700, mort à Rome directeur de l'Académie de peinture, en 1778. *Natoire* fut élève, conjointement avec *Boucher*, du célèbre le *Moine*; le maître communiqua bien à ses disciples une partie de son talent, mais il ne put pas leur donner son génie. *Natoire* eut la gloire d'achever les ouvrages commencés par le *Moine*. Le maître ne fut pas si bien traité par la fortune que les élèves; en butte à la haine de ses envieux son esprit s'alliena et il finit ses jours par une mort tragique, les récompenses et toutes faveurs de la cour furent pour les disciples. *Natoire* fut envoyé par le Roi directeur de l'Académie de France à Rome. Il peignit dans cette ville pour l'église nationale de France l'exaltation de Louis neuf au nombre des Saints, ouvrage peu estimé des Italiens. En France on voit de lui un grand nombre de tableaux; ce qu'il a fait de plus considérable dans ce genre, ce sont les peintures dont il a décoré la Chapelle des enfans trouvés, qui sont aujourd'hui fort altérées. *Natoire* a eu la réputation de bon dessinateur. Ses grandes compositions n'ont pas fait fortune. On estime davantage ses petits tableaux et ses dessins. Comme il jouissoit de la faveur, plusieurs artistes ont gravé d'après ses tableaux.

Natoire a gravé dans le goût des peintres plusieurs sujets de sa composition.

1. Jésus-Christ expiré sur la croix, au pied de laquelle se voit la Madeleine. *C. Natoire inv. et fec.* gr. in-fol.
2. L'Adoration des Rois. *Id. inv. et fec.* gr. in-fol.
3. Le Martyre de St. Féréol, peint dans l'église paroissiale de ce Saint à Marseille. in-fol.
4. Des jeux d'enfans, très-jolies pièces.
5. Le Printems et l'Hyver, deux pièces, terminées au burin par *P. Aveline*.

BERNARD BARON, graveur au burin et à la pointe, naquit à Paris vers 1700, mourut à Londres en 1762. Artiste distingué, il fut élève et gendre de *Nicolas Tardieu*, dont il suivit la manière. Il travailla longtems dans sa patrie, puis il passa à Londres avec d'autres Artistes françois, et y resta jusqu'à sa mort. *Baron* a

B. BARON.

gravé avec un égal succès le portrait et l'histoire.

— *Portraits la plupart historiés.*

1. Le Roi Charles I, accompagné du Duc d'Epernon, tous deux à cheval; d'après *van Dyck*, gravé en 1741. gr. in-fol.
2. Le Roi Charles I. assis, avec la Reine et ses deux fils; d'après *le même*. gr. in-fol.
3. Jean Comte de Nassau, avec son épouse et quatre enfans, figures entières; d'après *le même*. gr. in-fol.
4. La Famille du Comte de Pembrock, dix figures entières; d'après *le même*, gravée en 1740. gr. in-fol.
5. Henri VIII. donnant le Privilège à la compagnie des Chirurgiens; d'après *le même*. gr. in-fol.
6. La Famille de van Dyck; d'après un tableau du Comte de Pembrock à Wilton. gr. in-fol.
7. Robert, Comte de Carnarvon; d'après *le même*, du cabinet du Comte de Pembrock. gr. in-fol.
8. Anne-Sophie, Marquise de Carnarvon; d'après *le même*. Ibid. gr. in-fol.
9. George, Prince de Galles à cheval, à présent Roi d'Angleterre; d'après *Adolph*, peintre allemand. gr. in-fol.
10. Corneille Tromp, Vice-Amiral de Hollande; d'après *Jean van der Banck*. gr. in-fol.
11. Richard Mead, Médecin du Roi, assis dans son fauteuil; d'après *Al. Ramsay*. gr. in-fol.
12. Le Chancelier Hardwicke; d'après *le même*. gr. in-fol.
13. Thomas Reveve, Chief Justice; d'après *Jac. Amiconi*. gr. in-fol.
14. La Famille de Cornaro, noble Vénitien, grande compostion; d'après *le Titien*. gr. in-fol. en t.
15. The Right Reverend Dr. Benjamin Hoadly, Lord Bishof of Winchester; d'après *Hogarth*, gravé en 1743. gr. in-fol.

F. JOULLAIN.

Divers sujets, d'après différens maîtres.

1. La vie et les actions d'Achille; d'après *Rubens*, en 9 morceaux avec le titre, gravé par *B. Baron*, et dédiés à Richard Mead, possesseur de cette suite. in-fol.
2. Bélisaire, réduit à demander l'aumône; d'après *van Dyck*. gr. in-fol.
3. Le Roi Charles I. échappé de sa prison d'Hamptoncourt; d'après *J. d'Angelis*. gr. in-fol. en t.
4. Jupiter amoureux d'Antiope se transforme en Satyre; tableau *du Titien*, dans le cabinet du Roi de France. gr. in-fol. en t. Recueil de Crozat.
5. Pan et Syrinx; d'après *Nic. Bertin*. gr. in-fol.
6. Les Joueurs de Cartes; d'après *David Teniers*, du cabinet de Richard Mead, gravé en 1751. gr. in-fol. en t.
7. La Tentation de St. Antoine; d'après *le même*. Pendant.
8. Les Comédiens italiens; d'après *Watteau*, du cabinet de Richard Mead. gr. in-fol. en t.
9. L'Amour paisible; d'après *le même*, du même cabinet. gr. in-fol.
10. Les deux Cousines; d'après *le même*, du cabinet du graveur à Londres. in-fol. en t.
11. Pillement d'un village par l'ennemi; d'après *le même*. gr. in-fol. en t.
12. La Revanche des Paysans; d'après *le même*. Pendant.
13. Sainte Cécile; d'après *Carle Dolce*. gr. in-fol.
14. L'enfant Moïse exposé sur les eaux; d'après *le Sueur*. gr. in-fol.

FRANÇOIS JOULLAIN, graveur à la pointe et au burin, et marchand d'estampes à Paris, d'où il est natif vers 1700. Il est mort depuis quelques années dans un âge avancé, laissant un fils qui fait le même commerce avec honneur. J'ai connu le père et le fils. *François Joullain* a gravé d'après plusieurs peintres françois, et pour le Recueil de Crozat les deux pièces suivantes :

1. Mercure et Hersé, du cabinet du Duc d'Orléans; d'après *Paul Véronese.* gr. in-fol.
2. Apollon écorchant Marsyas, du cabinet de Crozat; d'après *le même.* in-fol. en t.
3. L'Ecce Homo, esquisse du tableau de l'église du Noviciat des P. P. de l'Oratoire; d'après *Ch. Coypel.* tr. gr. in-fol.
4. L'Annonciation. *Ecce ancilla Domini ;* d'après *le même.* in-fol.
5. La Chasse au Sanglier, peinte par *N. Desportes ;* d'après un tableau de *Fr. Snyders.* gr. in-fol. en t.
6. La Chasse au Loup; d'après *N. Desportes.* Pendant de la pièce précédente.
7. Le Portrait historié de Nicolas Desportes en Chasseur, peint par *lui même.* in-fol.
8. La Récréation champêtre; d'après *Nicolas Lancret.* gr. in-fol. en t.

MICHEL AUBERT, graveur à la pointe et au burin, né à Paris vers 1700, et mort dans la même ville en 1757. Cet artiste a gravé le portrait et l'histoire, mais il ne s'est pas fait, ni dans l'un ni dans l'autre genre, une réputation bien brillante. *Jean Aubert*, architecte françois, qui a gravé le portrait de Gillot, paroit avoir été de la même famille.

M. AUBERT.

Portraits.

1. Elisabeth, Reine d'Angleterre. in-4to.
2. Charles Emanuel, Duc de Savoye; d'après *van Dyck*.
3. Victor Amadée, Roi de Sardaigne; d'après *Ferrand*.
4. Jacques I. Roi d'Angleterre.
5. Philippe de France, Duc d'Orléans; d'après *Nocret*.
6. La Marquise de Montespan; d'après *J. L.*
7. Louis Dauphin de France à cheval; d'après *le Sueur*. in-fol.
8. Louis XV. Roi de France à cheval; pièce semblable.
9. Portraits du Dauphin et de la Dauphine; d'après *M. Q. de la Tour*; 2 pièces in-fol.
10. Portrait de Charles Stuart, Prince de Galles; d'après *le même* en ovale, in-fol.
11. Un grand nombre de Portraits dans des cartouches pour la Vie des plus fameux peintres par d'Argensville.

Divers sujets, d'après différens maîtres.

1. La Circoncision: d'après *Ciro Ferri*, gravée en 1724. in-fol.
2. Saint François; d'après *le Guide*, pièce ceintrée in-fol.
3. Pan instruit par l'Amour, demi-figures; d'après *le Carrache*. in-fol.
4. Saint George prosterné devant l'enfant Jésus et la Vierge Marie; d'après *le Parmesan*, pour la galerie de Dresde. in-fol.
5. Mars et Vénus liés par l'Amour, d'après *P. Véronese*, pour le recueil de Crozat. in-fol.
6. Mars desarmé par Vénus. Id. pinx. Ibid.
7. La Vanité, figure allégorique, à côté d'elle une tête de mort; d'après *Bouchardon*. in-fol.
8. Le Repos de Vénus, accompagnée de Cupidon; d'après *Boucher*. in-fol. en t.
9. La Mort d'Adonis; d'après *le même*. gr. in-fol. en t.

J. RIGAUD.

10. Laban qui cherche ses Dieux; d'après *Et. Jeanrat.* in-fol. en t.
11. La Réconciliation de Jacob et d'Esaü; d'après *le même.* in-fol. en t.
12. La Promenade sur les Remparts; d'après *Watteau.* gr. in-fol. en t.
13. Le Rendez-vous de Chasse; d'après *le même.* gr. in-fol.

JEAN RIGAUD, dessinateur et graveur à l'eau-forte, né à Paris vers 1700, et mort dans la même ville en 1754. On le croit neveu du célèbre peintre de portraits, *Hyacinthe Rigaud.* Cet artiste semble avoir eu plus de talent que de réputation. On a de lui un grand nombre de paysages, de marines et de vues, gravés d'une pointe spirituelle et d'une exécution savante. Les figures qu'il a introduites dans ses productions, sont généralement bien dessinées. Il paroit qu'il a passé quelque tems en Angleterre; du moins on a de lui plusieurs Vues de Londres et de ses environs. *Jean-Baptiste Rigaud*, fils du précédent, a continué les Suites de son père, mais avec moins de succès. On a du fils:

1. Vue du Palais Bourbon, prise du côté de la rue, dessinée par *J. Rigaud*, gravée par *J. B. Rigaud* son fils. gr. in-fol. en t.
2. La Promenade du Jardin des Tuileries. *J. Rigaud inv. et sc.* gr. in-fol. en t.

3. La

3. La Promenade du Jardin du Luxembourg, et la vue du château. gr. in-fol. en t.
4. Six belles Vues du château de Marly et des diverses parties du jardin. gr. in-fol. en t.
5. Vue du Cours de Marseille, dessinée sur le lieu pendant la peste qui a ravagé cette ville en 1720. tr. gr. in-fol. en t.
6. Vue de l'Hôtel de ville de Marseille, dessinée sur le lieu pendant la peste de 1720. Pendant.
7. Vue de Greenwich et de son château. tr. gr. in-fol. en t.
8. Vue de l'Hôpital de Greenwich. tr. gr. in-fol. en t.
9. Vue du château de Hampton-Court. tr. gr. in-fol. en t.
10. Vue du Parc de St. James. tr. gr. in-fol. en t.
11. Suite de six Paysages, ornés de beaucoup de figures. in-fol. en t.
12. Suite de six Paysages, représentant des jeux et des luttes parmi les villageois dans différentes provinces de France. in-fol. en t.
13. Suite de six Marines, où sont représentées diverses galères. in-fol. en t.
14. Autre suite de six Marines, avec différens navires. in-fol.
15. Dix feuilles de divers sujets pour les comédies de Molière.

MARIE-JEANNE RENARD DUBOS, graveuse, née à Paris vers 1700. Elle étoit élève de Charles Dupuis, dont elle a bien saisi la manière. Elle a gravé plusieurs sujets dans l'ouvrage intitulé : *Versailles immortalisé* etc. qui parut en deux volumes in-4to. à Paris en 1720. En outre je

VIII.

connois encore de sa main les deux pièces suivantes :

1. Jeune Fille, à mi-corps, qui caresse un lapin, peinte par *Françoise Basseporte*, et gravée par *Marie-Jeanne-Renard Dubos*. p. in-fol. en t.
2. Jeune Fille, à mi-corps, tenant un chat sous son bras, peinte par *P. P. A. Robert*, et gravée par *Marie-Jeanne-Renard Dubos*.

FRANÇOISE-MADELEINE BASSEPORTE, peintresse et graveuse, né à Paris vers 1700. Cette fille ingénieuse a peint l'histoire naturelle à gouache avec une grande vérité. En conséquence de ce talent elle succéda à *Claude Aubriet*, peintre de fleurs en miniature et dessinateur du jardin royal des plantes à Paris, et remplit les mêmes fonctions avec les mêmes succès. Elle a gravé à l'eau-forte et en manière noire, et l'on a gravé d'après elle :

1. Le Martyre de St. Fidel de Sigmaringa, gravé en manière noire par *Françoise-Madeleine Basseporte*, d'après *Paul-Ponce-Antoine Robert*. in-fol.
2. Diane et Endimion, dessin de *Sébastien Conca*, gravé par *Nicolas le Sueur*, et exécuté en camaïeu verdâtre sous la conduite de *Mlle. Basseporte*. gr. in-fol.
3. Trois Cahiers de petites fleurs, dessinées d'après nature par *Mlle. Basseporte*, et gravées par *Avril*.

I. JEAN-CHARLES FLIPART, père, graveur au burin, né à Paris vers 1700, et mort dans la même ville. Il a gravé avec beaucoup de propreté, différens sujets, sur-tout deux morceaux pour le recueil de Crozat. Il a laissé deux fils, dont l'aîné *Jean-Jacques*, a de beaucoup surpassé le père en talent.

1. René Choppin, Avocat en Parlement; d'après *Jannet*. in-fol.
2. La Vierge Marie, tenant dans ses bras l'enfant Jésus debout sur une table; d'après le tableau de *Raphael*, du cabinet du Duc d'Orléans. in-fol. Du recueil de Crozat.
3. Jésus en prières sur la montagne des Olives, et au bas les trois disciples endormis; d'après le tableau de *Raphael*, du même cabinet. in-fol. en t. *Ibid*.
4. La Madeleine pénitente; d'après *Charles le Brun*, gravé par *J. C. Flipart*. in-fol.
5. Apollon poursuivant Daphné; d'après *René Houasse*. in-4to.

II. JEAN-JACQUES FLIPART, fils, dessinateur, graveur au burin et à l'eau-forte, né à Paris en 1723, et mort en la même ville en 1782. Jamais artiste, dit Basan, ne fut plus modeste, ni moins intéressé que lui, doutant toujours de ses succès, ainsi que de ses talens. Ses premières estampes sont gravées d'une manière large, moëlleuse et empâtée. Il a conçu dans la suite, au jugement de Watelet, que la gravure, étant une sorte de peinture monochrome, devoit cacher ses hachures qui laissent toujours entre elles des blancs plus ou moins nuisibles au repos. Alors il a préparé et considérablement avancé à l'eau-forte des travaux plus serrés, établissant des secondes, des troisièmes, et même des points, en sorte que sur le vernis la planche sembloit être faite. Mais pour se rendre maître de tous ces travaux multipliés, il les faisoit mordre très-foiblement à l'eau-forte et les reprenoit au burin avec une patience d'autant plus grande qu'ils avoient moins de solidité. Il a fait dans cette manière, que *Soutman* ou *van Sompelen* pouvoient lui avoir inspirée, d'excellentes estampes, dans lesquelles la longueur du travail ne nuit point au goût, et qui sont aussi estimables par la précision du dessin que par la justesse de l'effet.

Cet artiste estimable a gravé un nombre considérable d'estampes, dont nous allons spécifier les plus marquantes.

Portraits.

1. Jeanne du Ronceray, femme de Favart, dessinée par *Cochin*, et gravée par *Flipart* 1762. in-4to.
2. Jean-Baptiste Greuze, dessiné par *lui même*, et gravé par son ami *Flipart*. in-4to.

Divers Sujets d'après différens maîtres.

1. Sainte Famille; d'après *Jules Romain*, de la galerie de Dresde. gr. in-fol.

J. J. FLIPART, fils.

2. Adam et Eve devant l'Eternel après leur chûte; d'après *Charles Natoire*. gr. in-fol.
3. Vénus présentant des armes à Enée; d'après *le même*. gr. in-fol.
4. La jeune Corinthienne; d'après *J. B. Vien*. gr. in-fol.
5. La vertueuse Athénienne; d'après *le même*. Pendant.
6. Jeune Fille devidant du fil; d'après *J. B. Greuze*. in-fol.
7. Jeune Fille qui pleure la mort de son oiseau; d'après *le même*. gr. in-fol.
8. Le Père paralitique, environé et servi par ses enfans; d'après *le même*. tr. gr. in-fol. en t.
9. L'Accordée de village, belle composition; d'après *J. B. Greuze*, gravée en 1770. tr. gr. in-fol. en t.
10. Le Gâteau de la Fête des Rois, grande composition; d'après *J. B. Greuze*, gravée en 1777. tr. gr. in-fol. en t.
11. La Tempête avec naufrage pendant le jour; d'après *Joseph Vernet*. tr. gr. in-fol. en t.
12. La Tempête avec naufrage pendant la nuit; d'après *le même*, gravée en 1771. tr. gr. in-fol. en t. Ces deux estampes sont d'une savante exécution et d'un grand effet.
13. Notre Seigneur à la Piscine guérissant les Paralitiques; d'après *Dietricy*. tr. gr. in-fol. en t.
14. La Chasse à l'Ours par des chiens; d'après le tableau de *Carle Vanloo*, fait pour le Roi. gr. in-fol.
15. La Chasse au Tigre par des Chasseurs orientaux; d'après le tableau de *François Boucher*, fait pour le Roi, faisant Pendant avec la Chasse précédente.
16. Le Combat des Centaures et des Lapithes; d'après le tableau de *L. de Boullongne*, pour sa réception à l'Académie. gr. in-fol. en t.

Flipart a encore gravé avec beaucoup de goût plusieurs vignettes et ornemens de livres. Il avoit un frère cadet, *Charles-François*, mort en 1773, duquel on connoit quelques petites estampes d'après Fragonard. — *Joseph Flipart*, qu'on croit de la même Famille, travailloit à Venise en 1740, pour le fond de Wagner. On connoit de lui un Concert avec quatre vers italiens, pièce marquée : *Joseph Flipart pinx. et sc. Wagner exc.*

I. JEAN MAROT, architecte, dessinateur et graveur à la pointe, né à Paris en 1640, et mort en 1701. Comme architecte il donna le dessin de l'église du couvent des Feuillantines de la rue St Jacques à Paris. Jean, conjointement avec son fils *Daniel*, grava à l'eau-forte plusieurs Recueils de palais, d'églises, de jardins, de fontaines etc. soit d'après leurs propres compositions, soit d'après celles des architectes les plus célèbres. Les estampes de ces maîtres se montent à 197 feuilles, et sont connues sous le nom des grands et des petits Marots : les premières sont en in-folio, les secondes en in-quarto : Blondel s'est servi de ces planches dans son *Architecture françoise*. Les *Marots* travaillerent aussi, de concert avec *F. Chauveau*, *J. le Pautre* et *N. Cochin*, aux 22 estampes qui représentent l'Entrée

D. MAROT.

solemnelle à Paris de Louis XIV. avec son épouse en 1660, ainsi qu'à plusieurs autres suites qui forment le grand cabinet du Roi.

1. Repos dans la fuite en Egypte. p. in-fol. en t.
2. Recueil des plus beaux édifices et frontispices des églises de Paris, dessinées et gravées selon leurs mesures par *J. Marot*, et se vendent à Paris chez *J. van Merlen*. 13 feuilles, première partie. in-fol. en t.
3. Recueil des plus beaux édifices et frontispices etc. 12 feuilles, seconde partie. in-fol. en t.
4. Le magnifique château de Richelieu, en général et en particulier, gravé et réduit au petit-pied, par *Jean Marot*, 21 feuilles. in-fol. oblong.
5. Les plans et élévations du Louvre, en 3 pièces, gravées en 1676 et 1678. gr. in-fol.
6. Le plan et élévation du château de Madrid, en deux planches. gr. in-fol.
7. Les plans et Vues du château de Vincennes, en trois planches, par *Marot* et *Brissart*.

J. Marot, conjointement avec *S. de la Boissiere*, *Is. Silvestre*, *J. le Pautre*, *Seb. le Clerc*, *Fr. Chauveau*, et plusieurs autres artistes, a gravé un grand nombre de pièces pour le grand cabinet du Roi de France.

II. DANIEL MAROT, architecte et fils de *Jean*, dessinateur et graveur à la pointe, né à Paris vers 1650. Il est connu sous le titre d'architecte de Guillaume III. Roi d'Angleterre, et, à l'exemple de son père, il a beaucoup gravé. On a une collection imprimée à Paris sous le titre : Recueil des planches des Sieurs Marot, père et fils. La grande salle d'audience à la Haye fut construite d'après le plan de Daniel; il le grava à l'eau-forte sur une très-grande feuille avec une quantité de figures qui représentent l'assemblée des Etats-généraux. Il grava aussi d'une pointe savante les statues et les vases du palais royal de Loo. Ses gravures, qui parurent à Amsterdam en 1712 en un volume, offrent pour la plupart des ornémens d'architecture de bon goût.

1. Nouveau livre de tableaux de Portes et de Cheminées, inventés et gravés par *D. Marot*. in-fol.
2. La grande Foire de la Haye, les bourgeois sous les armes, saluant le prince et la princesse d'Orange. tr. gr. pièce de 2 planches.
3. La grande Foire d'Amsterdam, avec les bourgeois sous les armes. tr. gr. pièce de 2 planches.
4. Représentation de la grande Fête de la princesse d'Orange, célébrée en 1686 en l'honneur du jour de naissance du prince son époux. tr. gr. pièce en 2 planches.
5. La grande salle d'audience, où les Seigneurs Etats-Généraux des Provinces-Unies reçoivent les Ambassadeurs à la Haye. gr. pièce en t.
6. Vue et Perspective de Voorst, appartenant au Comte d'Albemarle. gr. pièce en t.
7. Conquêtes et Victoires faites et remportées par les hauts Alliés sur la France et l'Espagne en l'année 1702. gr. pièce in-fol.

L. Cars.

Laurent Cars, dessinateur, graveur à la pointe et au burin, né à Lyon en 1702, mort à Paris en 1771. Fils et disciple de *Jean-François Cars*, qui avoit gravé quelques portraits et thèses, vint fort jeune à Paris avec son père. Il débuta par la peinture, mais il la quitta bientôt pour se livrer entièrement à la gravure, dans laquelle il fit de grands progrès. *Cars*, dit Watelet, est l'un des meilleurs graveurs du dix-huitième siècle. Il mit dans ses ouvrages un goût qui n'étoit pas celui des graveurs du siècle précédent, qui peut-être ne lui doit pas être préféré, qui même n'auroit pas convenu aux tableaux que ces graveurs devoient rendre, mais qui fut inspiré à *Cars* en gravant d'après le *Moine*. Les tableaux des grands maîtres d'Italie, ceux de *le Sueur*, de *le Brun*, de *Mignard*, avoient dans le faire une sorte d'austérité qui auroit été mal exprimée par l'aimable mollesse que *Cars* introduisit jusques dans les masses d'ombre. Dans *Gérard Audran* le ragoût domine dans les parties de demi-teintes ; et dans *Cars*, c'est dans les parties ombrées. Ses chef-d'œuvres sont les morceaux qu'il a gravés d'après *le Moine* et surtout l'estampe d'Hercule filant auprès d'Omphale.

L. Cars.

Cars a gravé un grand nombre de pièces, soit portraits, soit sujets historiques.

Portraits.

1. Michel Anguier, Sculpteur du Roi, peint par *Gab. Revel*, gravé par *Laurent Cars*, pour sa réception à l'Académie en 1733. gr. in-fol.
2. Armand-Gaston, Cardinal de Rohan; d'après *H. Rigaud*. gr. in-fol.
3. Pierre d'Hozier, Généalogiste de France. *L. Cars sc.* gr. in-fol.
4. Marie, Princesse de Pologne, Reine de France; d'après *C. Vanloo*. gr. in-fol.
5. Louis, Vicomte d'Aubusson, Duc de la Feuillade. gr. in-fol.
6. Gaspar de Réal, Chevalier. in-4to.
7. François Boucher, premier Peintre du Roi; d'après *Cochin fils.* in-4to.
8. Jean-Baptiste-Siméon Chardin, peintre de genre; d'après *le même*. in-4to.
9. Françoise-Marguerite Pouget, femme de Chardin; d'après *le même*.
10. Pierre Perault, Libraire; d'après *le même*. in-4to.
11. Sébastien-Antoine Slodts; d'après *le même*. in-4to.
12. Paul-Ambroise Slodts; d'après *le même*. in-4to.
13. Michel-Ange Slodts; d'après *le même*. in-4to.
14. Jacques-Germain Soufflot; d'après *le même*. in-4to.
15. Carle Vanloo, Peintre; d'après *le même*. in-4to.
16. Hyppolite de la Tude Clairon dans le rôle de Médée, le tableau peint par *Carle Vanloo*; l'estampe historiée gravée par *L. Cars* et *Jac. Beauvarlet*. tr. gr. pièce.

Divers sujets, d'après différens maîtres.

1. L'Adoration des Bergers; d'après *Carle Vanloo*, gravée par *L. Cars*. gr. in-fol. pièce ceintrée.

2. La Fuite en Egypte; d'après *le même*, dédiée à Pâris Duverney. Pendant.
3. Le Péché de David; d'après *J. F. de Troy*. gr. in-fol.
4. La Chasteté de Susanne; d'après *le même*. Pendant.
5. L'Aveugle dupé, d'après *J. B. Greuze*. gr. in-fol.
6. Une Mère avec trois Enfans; d'après *le même*, pièce gravée à l'eau-forte par *L. Cars*, et terminée au burin par *Cl. D. Jardinier*. gr. in-fol.
7. Adam et Eve avant leur péché; d'après *Fr. le Moine*. in-fol.
8. Le pendant de ce morceau est Adam et Eve aussi après leur péché; d'après *Ch. Natoire*, gravé par *Flipart*.
9. Le Tems qui enlève la Vérité; d'après *le même*. in-fol.
10. La Baigneuse, Nymphe qui entre dans l'eau; d'après *le même*. Pendant.
11. Hercule filant auprès d'Omphale; d'après *le même*. in-fol. Pièce très-distinguée.
12. Persée délivrant Andromede; d'après *le même*. Pendant.
13. Iphigénie, près d'être sacrifiée, est sauvée par Diane; d'après *le même*. gr. in-fol. en t.
14. Hercule assommant le brigand Cacus, tableau de *le Moine* peint pour sa réception à l'Académie. gr. in-fol.
15. Céphale enlevé par l'Aurore; d'après *le même*. gr. in-fol.
16. Jupiter enlevant Europe; d'après *le même*. gr. in-fol.
17. Allégorie sur la fécondité de la Reine; d'après *le Moine*. gr. ovale.
18. Dame qui joue de la Serinette à son Serin; d'après *Chardin*. gr. in-fol.
19. Louis XV. retiré des mains des femmes reçoit l'éducation des hommes, d'après *F. Boucher*. in-fol.
20. Monument à l'honneur du Duc de Marlborough, d'après *le même*. gr. in-fol.
21. La Diseuse de bonne avanture, d'après *Ant. Watteau*. gr. in-fol. en t.

22. Les Fêtes vénitiennes, d'après *le même*. gr. in-fol.
23. Escorte d'équipages, d'après *le même*. in-fol.
24. Mademoiselle Camargo, Danseuse à l'opera, d'après *Lancret*. gr. in-fol. en t.

FRANÇOIS ROETTIERS, médailleur et graveur à l'eau-forte, né à Paris en 1702. *François* descendoit d'une famille nombreuse d'artistes, originaire d'Anvers. Presque tous ses parens, les Roettiers, ont occupé avec honneur la place de graveur des monnoies et des médailles, tant en France que dans différens pays de l'Europe. En 1730 *Fr. Roettiers* grava avec beaucoup d'esprit et de goût d'après *Largilliere* les deux morceaux suivans:

1. Jésus-Christ portant sa croix. gr. in-fol. en t.
2. Jésus-Christ sur le Calvaire attaché à la croix. Même grandeur.

JEAN DAULLE', graveur au burin, né à Abbeville en 1703, mort à Paris en 1763. Il apprit les élémens de son art dans sa ville natale de *Robert Hecquet*, graveur peu distingué. *Daullé* vint jeune à Paris, et, s'étant fait connoître, il fut reçu à l'Académie de peinture en 1742. Son premier ouvrage est d'après *Mignard*, et représente la Comtesse de Feuquieres, fille de ce peintre, dont elle tient le portrait. Si Daullé, selon Watelet, avoit fait encore des progrès, peu de graveurs au burin auroient mérité de lui être préférés; il auroit eu même peu de concourrens, s'il avoit pu du moins se soutenir. Quoiqu'il en soit, il doit être regardé comme un artiste fort estimable. Dans un siècle plus heureux pour les arts, il se seroit renfermé dans le genre qui lui convenoit; la nécessité de vivre de son talent l'a obligé à cultiver les genres auxquels il étoit le moins destiné par la nature. —

Daullé a gravé avec succès le portrait, l'histoire et le paysage.

Portraits.

1. Catherine Mignard, Comtesse de Feuquieres, tenant le portrait de son père. *P. Mignard pinx. J. Daullé sc.* 1735. gr. in-fol.
2. Hyacinthe Rigaud assis à son chevalet, peignant son portrait et celui de sa femme, gravé par *Daullé* pour sa réception à l'Académie, en 1742.
3. Marguerite de Valois, Comtesse de Caylus; d'après *Rigaud.* gr. in-fol.
4. Claude Deshais Gendron, Docteur en Médecine, d'après *le même.* gr. in-fol.
5. Charles Edouard, fils aîné du Prétendant, sans son nom, la tête peinte par un *anonyme* et la draperie par *Rigaud*, gravé en 1744. ovale in-fol. Rare.
6. Clémentine, Princesse de Pologne, Reine d'Angleterre, femme du Prétendant, *David pinx.* in-fol. Rare.

J. DAULLÉ.

7. François Febure de Lembriere, Évêque de Soissons, gravé en 1736. gr. in-fol.
8. François Patot, Abbé de Ste. Geneviève. ovale gr. in-fol.
9. F. D. Emmanuel Pinto, Grand-Maître de Malthe, gravé en 1744. ovale in-fol.
10. Gerard Moerman, Conseiller et Syndic de la ville de Rotterdam; d'après *Perronneau* gravé en 1753. in-fol.
11. Portrait de Gauffecourt de Genève, que son ami J. J. Rousseau a fait graver à Paris, peint par *Nonnotte*, gravé par *Daullé* 1754. in-fol. presque carré.
12. Charles-Alexandre de Lorraine ; d'après *Meytens*. in-fol.
13. Jean-Baptiste Rousseau ; d'après *J. Aved*. gr. in-fol.
14. Pierre-Louis Moreau de Maupertuis, portrait historié, d'après R. *Tourniere*. gr. in-fol.
15. Mademoiselle Pelissier Actrice de l'opéra, en Flore, d'après *H. Drouais*. in-fol.
16. Le Buste de Fréderic-Auguste III. Roi de Pologne, peint à Dresde par de Silvestre, gravé par *J. Daullé* graveur du Roi. petit in-fol.
17. Jean Mariette, graveur, d'après *Pesne*. in-fol.

Divers sujets d'après différens maîtres.

1. La Madeleine du *Correge*, figure couchée, gravée pour la galerie de Dresde. in-fol. en t.
2. Diogène avec sa lanterne, d'après l'*Espagnolet*, gravé d'après la galerie de Dresde. in-fol.
3. Les deux fils de *Rubens*, figures debout, d'après ce peintre, pièce gravée pour la même galerie. in-fol.
4. Le Quos' Ego, ou Neptune appaisant la tempête, d'après *Rubens*; pour la galerie de Dresde. gr. in-fol. en t.
5. Une Charité avec trois enfans, d'après le tableau de l'*Albane*, du cabinet du Roi. gr. in-fol. en t.

J. DAULLÉ.

6. Le Triomphe de Vénus, d'après *Boucher*, pièce en ovale in-fol.
7. Les quatre Saisons, d'après *le même*, 4 pièces, dédiées à Madame de Pompadour. in-fol. en t.
8. La Vengeance de Latone, d'après *J. Jouvenet*. gravé en 1762. gr. in-fol.
9. Jupiter et Semelé, d'après *P. de Matthei*. gr. in-fol. en t.
10. Le Mystère du Rosaire, avec l'inscription : Méditez ces mystères ; d'après *Frère Jean André*, pièce ceintrée, petit in-fol.
11. Le Turc regardant pêcher ; Marine d'après *Vernet*. in-fol. en t.
12. La Grecque sortant du bain ; Marine d'après *le même*, de même.
13. Les différens travaux du port ; d'après *le même*. gr. in-fol. en t.
14. Le Pélérinage ; d'après *le même*. Pendant.
15. La Mort d'Abel, d'après *Dietrich*, gravé en 1761. gr. in-fol. en t.
16. Villageoises au bord d'une rivière ; d'après *le même*, Paysage. gr. in-fol.
17. Repos de Vénus et les Graces au bain, d'après *J. Raoux*.
18. La Peleuse de pommes ; d'après *Metzu*. gr. in-fol.
19. La Riboteuse Hollandoise ; d'après *le même*. Pendant.
20. La Lanterne magique ; d'après *M. Pierre*, du cabinet du Comte de Vence. gr. in-fol.
21. L'Amour, figure en pied ; d'après *Ch. Coypel*. in-fol.
22. Jupiter, sous la forme de Diane, amoureux de Calisto, d'après le *Poussin*. gr. in-fol.
23. La Favart, dans le rôle de Bastienne, figure en pied sur un fond de paysage ; d'après *Carle Vanloo*. gr. in-fol.

P. CH. TREMOLLIERE. FR. BOUCHER.

PIERRE-CHARLES TREMOLLIERE, peintre et graveur à l'eau-forte, né à Chollet en Poitou en 1703, mort à Paris en 1739. Sa vie trop courte ne lui a permis que de donner des espérances. Il n'avoit que trente-six ans lorsqu'il mourut. *Jean-Baptiste Vanloo* fut son maître. Après avoir remporté quelques prix à l'académie, il eut la pension dont le Roi gratifie les jeunes artistes qui donnent des preuves de leur capacité. Il partit ensuite pour Rome, où il demeura pendant six ans pour se perfectionner. Il inventoit avec facilité, dessinoit assez correctement, et répandoit des graces et de la dignité sur ses compositions. Il avoit entrepris de graver sur ses dessins les sept œuvres de Miséricorde de sa composition, suite dont il n'acheva que deux pièces.

1. Suite d'Etudes d'après *Watteau*.

FRANÇOIS BOUCHER, peintre et graveur à l'eau-forte, né à Paris en 1704, et mort en la même ville, avec le titre de premier peintre du Roi, en 1768. Il fut élève de le Moine, et fit le voyage d'Italie en compagnie de *Carle Vanloo*. La fécondité de son esprit lui a fait traiter avec

une

une facilité surprenante tous les genres de peinture et de dessin. — Prôné à la cour et à la ville, il a joui de son vivant de toute sa réputation, et a partagé avec le *Correge* le sur-nom de *peintre des Graces*. Mais la postérité est déjà venu pour lui et a révoquée ce jugement. Ecoutons un juge sévère, mais que nous croyons intègre. Jamais artiste, dit *Watelet*, n'a plus abusé de dispositions brillantes, d'une extrême facilité; jamais peintre n'a témoigné plus ouvertement son mépris pour la vraie beauté, telle qu'elle nous est offerte par la nature choisie, telle qu'elle a été sentie et exprimée par les statuaires de l'ancienne Grèce et par *Raphael*: jamais aucun n'a excité un engouement plus général. Il entendoit très-bien la machine pittoresque; c'est ce qu'il a prouvé par quelques tableaux, et surtout par des esquisses qui l'ont fait regarder comme un homme de génie: mais le génie de l'art ne consiste pas dans l'agencement d'un sujet, mais dans la manière juste, vraie, profondément sentie dont il est exprimé. — Les tableaux de *Boucher* prouvent qu'il étoit incapable de donner à ses ouvrages la beauté, l'expression, les réfléxions qui étoient nécessaires pour exécuter ses esquisses et en faire des ouvrages de génie. Qu'importe que, dans ses croquis, des figures fussent pittoresquement disposées ? Avoit-il, pour les traiter avec génie, l'ame de *Raphaël* ou celle du *Dominiquin* ?

Mais n'est-il pas du moins le premier peintre pour le genre pastoral ? Dans ce genre même il n'a encore donné que des agencemens à la vérité pleins de goût; il a eu des idées, mais il ne les a pas rendues. Ses bergères ne sont pas même jolies, ses bergers sont souvent affreux, ses têtes n'ont pas d'expression : ce sont presque toujours des amans, et ils ne savent pas dire qu'ils aiment. Un grand mérite de ses tableaux consiste dans les objets champêtres, jettés, grouppés, dispersés avec beaucoup de goût. Ce sont des compositions qui ont fait introduire dans la langue des arts le mot *fouilli :* on a dit que ses tableaux avoient un *fouilli* plein de goût, un *fouilli* pittoresque, un *fouilli* charmant. Il a surtout la gloire d'avoir été un excellent peintre de *fouilli*. Watteau avoit mis bien autre chose dans ses pastorales.

Boucher a fait le paysage, mais sans consulter la nature. Il est maniéré dans le feuillé; dans la couleur, c'est encore du *fouilli*, mais ce n'est pas de la vérité.

Enfin Boucher étoit un peintre faux et maniéré dans toutes les parties de l'art, absolument étranger au grand, au beau, à l'expressif; possédant bien la machine dans presque toute son étendue, capable de tout indiquer d'une manière agréable, mais incapable de rien rendre, n'ayant jamais fait que des esquisses, et souvent même que des croquis.

Ce jugement est sans doute bien sévère. Quand on voit ses agréables compositions, la manière charmante et spirituelle dont il grouppoit les enfans, la mollesse de ses chairs de femmes, la grace de ses mouvemens, le goût de ses agencemens, le pittoresque de son *fouilli*, on ne sent plus que de l'indulgence pour son aimable libertinage et l'on partage la foiblesse de ceux qui ont gâté cet artiste. C'étoit un peintre enfant, et cet enfant étoit plein de grace.

Boucher étoit un homme de plaisir, d'un commerce très-agréable, et chéri de ses amis. Malgré l'étendue de ses liaisons, il a fait une quantité prodigieuse d'ouvrages de tout genre:

lui même faisoit monter le nombre de ses dessins à plus de dix mille.

Il a gravé d'une pointe légère et spirituelle plusieurs morceaux tant de sa composition que d'après d'autres, savoir :

1. Une petite Vierge, pièce en ovale.
2. Quelques Jeux d'enfans, 4 pièces.
3. Les Amours en gaieté.
4. L'Amour moissonneur.
5. L'aimable Villageoise.
6. Andromède.
7. Fille assise dans un paysage.
8. Tapisseries chinoises, 6 pièces.
9. Diverses figures chinoises, 12 pièces.
10. Trois Vases pour le Recueil de Vases d'Huquier.
11. Suite de 12 Figures; d'après *Ab. Bloemaert*.
12. Enseigne pour le Balsamique du Sieur Hondemart.
13. Le Portrait de Watteau. in-fol.
14. Le Portrait du père de Watteau en calotte. in-fol.
15. Le Denicheur de Moineaux, entouré de Grotesques. in-fol.
16. La Trouppe italienne.
17. Le Joueur de Guitarre.
18. La Guinguette.
19. Vue de Vincennes.
20. La Coquette grotesque.
21. Les quatre Saisons, 4 paravents.

L'œuvre gravé d'après ce maître est très-considérable. Les artistes françois, anglois, allemands et italiens ont travaillé d'après ses ouvrages qui avoient la vogue. On peut s'en former une idée en consultant l'article *Boucher* dans le Dictionnaire des Artistes de Heinecke.

QUINTIN-PIERRE CHEDEL, dessinateur, graveur à la pointe et au burin, né à Châlons en Champagne en 1705, et mort dans sa province en 1762. Il avoit étudié dans sa jeunesse, et s'étant rendu à Paris, au lieu de continuer ses études, il se livra à son goût naturel pour le dessin et la gravure à l'eau-forte, en quoi il réussit singulièrement. Il fut fort occupé par les libraires; mais sa grande assiduité au travail, ayant affoibli sa santé, il alla finir ses jours dans le lieu de sa naissance. Son œuvre est très-considérable. M. de Heinecke, qui l'avoit complet, le céda à un amateur d'ici, M. Otto. V. l'article *Chédel*, dans le Dictionnaire des Artistes. Nous nous contenterons d'en extraire les pièces les plus marquantes de la collection de M. Otto.

Divers sujets de sa composition.

1. Portrait en médaillon de Claude de l'Isle, Historiographe du Roi. gr. in-4to.
2. Portrait en buste de Nicolas de la Brousse, Comte de Verteillac etc. gravé au burin. gr. in-4to.
3. Les six jours de la Création, 6 petites pièces en formes de vignettes.

Q. P. CHEDEL.

4. Quatorze petits sujets de l'ancien Testament, 14 pièces de même format.
5. Vingt-quatre petits sujets du nouveau Testament, 24 pièces de même.
6. Suite de Batailles en forme de vignettes, in-4to. en t. 59 pièces.
7. Six petits paysages, marqués: *Observations Astronom.* in-8. en t.
8. Six petits paysages numérotés. in-4to. en t.
9. Six petits paysages numérotés, sur le premier: *Séjour pastoral.* in-4to. en t.
10. Divers paysages, dédiés à Madame la Marquise de Pompadour, par son très-humble et très-obéissant serviteur *Chedel.* 6 pièces in 4to. en t.
11. Faits militaires, dédiés à M. le Comte Turpin de Ceissé etc. 6 pièces petit in-4to. en t.
12. Evénemens militaires, 6 jolies pièces numérotées, petit in-4to. en t.
13. Deux pièces champêtres, 1) Noce de village. 2) Fête de campagne. in-4to. en t.
14. Deux pièces d'édifices ruinés, portant pour titre: *Ruines de Cumes.* in-fol. en t.
15. Deux sujets rustiques, l'un représentant une colation l'autre une danse de paysans, à l'eau-forte pure. in-fol. en t.
16. Deux morceaux d'incendies: La Prise de Troyes: Vue de l'Embrasement d'une ville. in-fol. en t.
17. Deux paysages en hauteur: 1) Le Nid. 2) La Cascade. in-fol.
18. Deux pièces, portant pour titre: Vues des ouvrages du Pont d'Orléans. in-fol. en t.
19. Six morceaux de Rocailles sous le titre: Fantaisies nouvelles. *P. Q. Chedel sculp. aqua forti.* gr. in-4to.
20. T. Q. Flaminius donne la paix à toute la Grece. in-fol. en t.

Q. P. CHEDEL.

Divers Sujets d'après différens maîtres.

1. Deux marines, intitulées: Les Pécheurs; d'après *Adam Willaers.* in-4to. en t.
2. Quatre actions militaires, intitulées: Divers Escarmouches de cavalerie; d'après *van der Meulen.* gr. in-4to. en t.
3. Quatre Paysages ornés de ruines, de grottes et de chaumières; d'après *Boucher.* gr. in-4to. en t.
4. Quatre Vues, dessinées d'après nature, portant pour titre: I. II. III. IV. Paysage; d'après nature, par *Boucher.* in-fol. en t.
5. Deux Paysages: 1) Vue du Pont des Lavandières, dans le Clos Païen. 2) Vue de la Tour du Diable près de Blois; d'après *le même.* gr. in-fol. en t.
6. Deux Paysages: 1) Abreuvoir d'oiseaux. 2) Le Colombier; d'après *le même.* in-fol.
7. Deux Paysages bouchés: 1) Le Pécheur. 2) Le Pont rustique; d'après *le même.* gr. in-fol. en t.
8. Le dévot Hermite, grand Paysage en hauteur, d'après *Boucher.*
9. Les Hermites dans un désert, d'après *Pierre.* Pendant.
10. Paysage, au milieu un château, sur le devant deux vaches couchées et un bouvier, d'après *le même.* in-fol. en t.
11. Paysage, au milieu une église, sur le devant des bestiaux, d'après *le même,* de même.
12. Marine, au milieu des maisons rustiques, sur le devant un homme qui abreuve son cheval et des mariniers à une rade, d'après *le même,* de même.
13. Deux morceaux d'Architecture, avec figures, d'après *Bibiena,* petit in-fol. en t.
14. Quatre Paysages, d'après *Teniers.* 1) L'Ouvrage du Matin. 2) L'Heure du Diner. 3) L'Après-Midi. 4) Les Adieux du Soir. in-fol. en t.

15. La naissante Aurore, beau Paysage de Teniers. gr. in-fol. en t.
16. Le Quartier général, orné de quantité de figures, d'après *Robert van Hoeck*. gr. in-fol. en t.
17. Vente de Poissons, à Schevelinghe, d'après *Jean Breughel*. gr. in-fol. en t.
18. Embrasement de Troyes, d'après *Breughel d'enfer*. in-fol. en t.
19. Deux sujets d'Ostade : 1) Ecole de Lecture. 2) Ecole d'Ecriture. in-fol. en t.
20. Pastorale, d'après *B. Breembergh*. p. in-fol. en t.
21. L'Humilité récompensée, ou le capitaine de Caparnaum, d'après *le même*. gr. in-fol. en t.
22. Retour de Guinguete, d'après *Watteau*. gr. in-fol. en t.
23. Chemin dans l'eau, Paysage de *Wouwermans*. gr. in-fol. en t.
24. Port, riche marine, d'après *le même*.

I. SIMON-FRANÇOIS RAVENET, graveur à la pointe et au burin, naquit à Paris en 1706, et mourut à Londres en 1774. Après avoir appris les principes du dessin et de la gravure dans sa patrie, il passa à Londres en 1750 et s'y établit. *Ravenet* et *Vivarès* ne contribuèrent pas peu à repandre le bon goût de la gravure dans leur nouvelle patrie qui les récompensa par la considération. *Ravenet*, dit Joseph Strutt, est justement regardé comme un excellent artiste. Il a su donner à ses estampes de la couleur et du brillant, sur-tout il a su les finir avec beaucoup de précision. Son dessin est correct, le style toutefois un peu maniéré. Les contours de ses figures sont quelquefois trop marqués, ce qui nuit à l'harmonie de l'effet. A ses talens artistiques il ajoutoit les qualités sociales : aussi étoit-il aimé et estimé de toutes ses connoissances. J'ai cru devoir placer cet artiste dans l'école françoise, s'étant formé en France, avant d'avoir passé en Angleterre.

Voici les estampes les plus marquées que Ravenet a gravées dans l'un et l'autre pays.

1. L'Emblême de la vie humaine, figurée par les différens âges; d'après *le Titien*, tableau du cabinet du Duc d'Orléans. Recueil de Crozat. in-fol. en t.
2. Vénus et Adonis, tableau de *Paul Véronèse*, du cabinet de M. Dupille. gr. in-fol. Recueil de Crozat.
3. Sainte Catherine de Sienne, ravie en extase sur les nues, d'après un bas-relief de *Melchior Caffa*, du cabinet de Crozat. gr. in-fol.
4. L'Adoration des Bergers, d'après *le Feti. Ibid.* in-fol.
5. La Peinture et le Dessin, d'après un tableau allégorique *du Guide*, Frontispice à la tête du Recueil d'estampes publiés par J. Boydell. gr. in-fol. presque carré.
6. La Vierge et l'enfant Jésus endormi, d'après un beau tableau *du Guide. Ibid.* gr. in-fol. en t.
7. La Charité, d'après un joli tableau de *Carle Cignani. Ibid.* gr. in-fol. en t.
8. Les Bergers d'Arcadie, d'après *Nic. le Poussin. Ibid.* gr. in-fol.

9. Sophonisbe recevant le présent nuptial de la part de son époux Massinissa, d'après *Luc Jordane*. Ibid. gr. in-fol.

10. Nuit de noce de Tobie, d'après un tableau capital d'*Eust. le Sueur*. Ibid. gr. in-fol.

11. Le Maître de la Vigne payant ses Vignerons, d'après un tableau capital de *Rembrandt*. Ibid. gr. in-fol.

12. L'Enfant prodigue, d'après un tableau de *Salvator-Rosa*. Ibid. gr. in-fol.

13. Phryné cherchant à séduire Xénocrate, d'après un tableau *du même*. Ibid. gr. in-fol.

14. La Mort de Sénèque, d'après le beau tableau de *Luc Jordane*. Ibid. tr. gr. in fol. en t.

15. Le jeune Tobie oignant les yeux de son vieux père, d'après *Augustin Carrache*. Ibid. gr. in-fol. en t.

16. La jeune Bohèmienne portant un enfant sur le dos, d'après *Barth. Etienne Murillo*. Ibid. gr. in-fol.

17. Alexandre visitant le tombeau d'Achille, d'après *Ph. Lauri*. Ibid. gr. in-fol.

18. Retour de l'Enfant prodigue, d'après *le Guerchin*. Ibid. gr. in-fol.

19. Le bon Samaritain, d'après le tableau de l'hôpital de St. Barthélemi de *Hogarth*, gravé par *Ravenet et Delatre*. Ibid. gr. in-fol. en t.

20. La Piscine de Bethseda, d'après *Hogarth*, gravé par *Ravenet et Picot*. Ibid. Pendant du précédent.

21. Le Triomphe de David, d'après *Nic. Poussin*. Ibid. gr. in-fol. en t.

22. Le Triomphe de la Grande-Bretagne, tableau allégorique, à la gloire de la nation angloise sur ses victoires maritimes vers les années 1759, d'après *Fr. Hayman*. Ibid. gr. in-fol. en t.

23. Lucrèce déplorant son sort, d'après *le Chevalier Cazali*. Ibid. gr. in-fol.

S. RAVENET, fils.

24. Gunhilde, Imperatrice d'Allemagne, justifiée d'une accusation d'adultère, d'après *le même*. Pendant.
25. M. Garrick et Mlle. Bellami, dans les rôles de Roméo et de Juliette, d'après *W. Hoare*. gr. in-fol. en t.
26. Lord Camden, figure en pied, d'après *Reynolds*. gr. in-fol.

II. SIMON RAVENET, fils, graveur au burin, né à Londres vers 1755, établi à Parme en 1798. Ravenet le père avoit laissé de son mariage deux enfans, un garçon et une fille, qui épousa le graveur *Picot*. Le fils fut instruit dans la gravure par son père; et croyant y avoir fait assez de progrès, il partit pour la France et se mit à étudier le dessin sous *Boucher*. De-là il se rendit à Parme où il s'est établi. *Ravenet* le jeune avoit entrepris en 1779 de graver et de publier tous les ouvrages du *Correge* qui sont à Parme. Cette entreprise, que les connoisseurs ont trouvé un peu téméraire, a eu son effet les années 1779--1785. Cette suite est composée des pièces suivantes:

1. Le Duc Ferdinand I. de Parme. *Eques Ravenet*, 1781. gr. in-fol.
2. Le Portrait du Correge, copié de *Lactantio Gambarra* vers 1565, découvert dans la cathédrale de Parme. gr. in-fol.
3. La Coupole de la cathédrale en 12 feuilles. in-fol.

4. La Coupole de l'église de St. Jean. gr. in-fol.
5. La Madonna della Scodella, 1778. gr. in-fol.
6. La Madonna della Scala, 1787. in-fol.
7. La Santissima Nonziata. in-fol. en t.
8. La Madonna Incoronazione, 1781. in-fol. en t.
9. Le Portement de croix. in-fol. en t.
10. La Descente de croix. in-fol. en t.
11. Le grand St. Jérôme, 1783. gr. in-fol.
12. St. Placide et Ste. Constance. gr. in-fol. en t.
13. Jupiter et Antiope, d'après *Rubens*, du cabinet de Marquis Felino. in-fol. en t.
14. Thesée, instruit des secrets de sa naissance par Ethra sa mère, donne les premières preuves de sa force; d'après *le Poussin*. tr. gr. in-fol. en t.

JACQUES-PHILIPPE LE BAS, dessinateur, graveur à la pointe et au burin, né à Paris en 1708, mort dans la même ville avec le titre de graveur du Roi, en 1782. Il fut disciple de *N. Tardieu*, et s'est distingué de bonne heure par un grand nombre de belles estampes sur-tout dans le genre du paysage. *Le Bas*, dit Watelet, a été longtems le plus connu des graveurs françois qui vivoient en même tems que lui. Il étoit parvenu à se rendre si fameux en mettant son nom aux estampes, même très-médiocres, que ses nombreux élèves gravoient dans son attelier. Persuadé qu'il n'y a qu'un petit nombre de connoisseurs, il pensoit que l'artiste dont on voit le plus souvent le nom est regardé comme le meilleur, et la réputation qu'il s'est acquise, a prouvé qu'il ne se trompoit pas. Mais elle auroit été plus solide, s'il n'eût avoué que les morceaux qu'il avoit gravés lui même, ou du moins qui avoient été avancés par de bons élèves, et qu'il avoit terminés. *Le Bas* méritera toujours une place honorable parmi les artistes qui se sont distingués par le goût. Il avoit une touche piquante et spirituelle, qui donnoit de la vie et de la grace même à des travaux médiocrement préparés. Il est le premier, après *Rembrandt*, qui ait fait un grand usage de la pointe-sèche, et ses élèves ont perfectionné cette manœuvre.

C'est encore *le Bas* qui a gravé les planches pour l'ouvrage intéressant de M. le Roi portant pour titre : *Les Ruines des plus beaux monumens de la Grece :* Ouvrage divisé en deux parties, où l'on considère, dans la première, ces monumens du côté de l'histoire et dans la seconde du côté de l'architecture. In-fol. forme d'Atlas, à Paris 1758. Dans cet ouvrage l'art ne laisse rien à désirer ni de la part de l'observateur, ni de celle du dessinateur. Les détails,

tails, comme le tout, sont rendu avec beaucoup de précision. Aussi l'auteur a rendu au graveur la même justice que lui a rendu le public.

Le Bas a formé plusieurs habiles disciples, tels que les deux *Aliamet, le Mire, de Ghendt Gouaz* etc. et parmi les étrangers, il suffit de nommer *Strange* et *Ryland*. Malgré son goût pour les plaisirs et la société, il a été un des artistes le plus laborieux, et le nombre de ses planches passe celui de 500.

Pièces de sa composition.

1. Livre de divers griffonnemens et d'épreuves à l'eau-forte, 16 petites pièces.
2. Livre d'études de différentes figures militaires, 8 pièces in-4to.
3. Quatre pièces de modes: un homme qui lit, un homme qui fait la révérence, un homme qui joue du violon; une Dame assise.
4. Les gentilles Villageoises. in-4to. en t.
5. Les belles Vendangeuses. Pendant.
6. Le Tems mal employé. in-4to.
7. L'Amant aimé. Pendant.
8. Pierrot et sa progéniture. in-4to.
9. Colin-Maillard. Pendant.
10. Différens sujets de l'histoire de France, publiés par cahiers.

Divers sujets, d'après différens maîtres.

1. Robert le Lorrain, Sculpteur du Roi, peint par *Drouais*, gravé par *le Bas* pour sa réception à l'Académie en 1741. gr. in-fol.

2. Pierre-Jacques Cazes, Peintre du Roi, peint par *Aved*, gravé par *le Bas* pour sa réception à l'Académie en 1741.
3. Les quatre Heures du jour, d'après *N. Berghem*, 4 pièces. gr. in-fol. en t.
4. Le Retour à la ferme, d'après *le même*, l'eau-forte de *Weissbrod*. gr. in-fol. en t.
5. Embarquement des vivres, d'après *le même*. tr. gr. in-fol. en t.
6. Le Courier de Flandres, Paysage *d'André Both*. gr. in-fol. en t.
7. Ancienne Vue du Rhin à Coblentz, d'après *Berghem* et *J. Both*. gr. in-fol. en t.
8. Ancienne Vue du canal d'Amsterdam, d'après *les mêmes*. Pendant.
9. L'agréable Solitude; d'après *Boucher*. in-fol.
10. Première et seconde Vue de Beauvais; deux beaux Paysages; d'après *le même*. gr. in-fol. en t.
11. Première et seconde Vue de Charenton; deux beaux Paysages; d'après *le même*. gr. in-fol. en t.
12. Marchand de poisson de Chevelingue; d'après *P. F. Bout*, l'eau-forte de *Weisbrod*. in-fol. en t.
13. Première et seconde Vue des environs de Lérida; d'après *B. Bréemberg*. petit in-fol. en t.
14. Deux Vues de la Suisse, la Cascade de Pissevache, et une partie de la ville de Fribourg où est la maison des Jésuites; d'après *le même*. petit in-fol. en t.
15. Deux Vues des Pays-Bas, les trois moulins, et la route de Flandres; d'après *Breughel de velours*, l'eau-forte de *Dunker*. petit in-fol. en t.
16. Deux Vues militaires, distribution de fourage au sec, et Rue d'un camp; d'après *J. Chantreau*. in-fol. en t.
17. Quatre pièces d'après *Chardin* : la toilette du matin; l'étude du dessin; la bonne éducation; l'économe. in-fol.
18. Le Ménage hollandois; d'après *Ostade*, du cabinet

du Duc de Praslin, gravé en 1771, l'eau-forte de *Martini*. petit in-fol.

19. Les Amusemens hollandois, d'après *le même*. *Ibid*. De même.

20. Ruines grecques, d'après *Pannini*, du cabinet de Soufflot. gr. in-fol.

21. Rudera près de Sans-Souci; d'après *le même*. *Ibid*. De même.

22. Départ pour la chasse à l'Italienne; d'après *Ch. Parrocel*. in-fol. en t.

23. Danse à l'Italienne; d'après *le même*. Pendant.

24. Halte des Gardes françoises; d'après *le même*. in-fol. en t.

25. Halte des Gardes Suisses; d'après *le même*. Pendant.

26. Rencontre de cavalerie l'épée à la main; d'après *le même*. gr. in-fol.

27. Anciens bains de Vaucluse; d'après *Poelenburg*. petit in-fol. en t.

28. Ancien Aqueduc de Preneste; d'après *le même*. petit in-fol. en t.

29. Première et seconde Vue de ruines étrusques; d'après *le même*. petit in-fol.

30. Paysage orné de bestiaux; d'après *Ad. Pynacker*, l'eau-forte de *Weisbrod*, terminé par *le Bas*. in-fol. en t.

31. Le Moulin hollandois; d'après *Ruysdael*, gravé en 1747. in-4to. en t.

32. Ancienne Vue de Harlem; d'après *le même*, gravé en 1753. Pendant.

33. Vue de Schevelingen; d'après *le même*. in-fol. en t.

34. Les Augures, vue de mer; d'après *Salv. Rosa*, l'eau-forte de *Martini*, terminé par *le Bas* 1771. petit in-fol. en t.

35. La Gamme d'Amour; d'après *Watteau*. in-fol. en t.

36. L'Ile

36. L'Ile enchantée; d'après *le même*. gr. in-fol. en t.
37. L'Assemblée galante; d'après *le même*. gr. in-fol. en t.
38. David Teniers et sa famille, d'après l'original du peintre. gr. in-fol. en t.
39. Les Oeuvres de Miséricorde; d'après *Teniers*. tr. gr. in-fol. en t.
40. L'Enfant prodigue; d'après *le même*. Pendant de la pièce précédente.
41. Réjouissances Flamandes, beau Paysage, où Teniers s'est peint lui même avec sa famille. tr. gr. in-fol. en t.

Ces quatre estampes sont capitales et d'une exécution supérieure. On peut y ajouter encore ses grandes Vues de Flandres et ses belles Fêtes de village. Le nombre de pièces qu'il a gravées ou fait graver d'après ce maître, en y ajoutant son nom passe de beaucoup la centaine.

42. Le Pot-au-lait, d'après *Ph. Wouwermans*. tr. gr. in-fol. en t.
43. La Chasse à l'Italienne; d'après *Ph. Wouwermans*. tr. gr. in-fol. en t.
44. Le Sanglier forcé; d'après *le même*, gravé en 1741. tr. gr. in-fol. en t.
45. Halte de Cavalerie; d'après *le même*. gr. in-fol. en t.
46. Halte d'Officiers; d'après *le même*, gravé en 1740. gr. in-fol.
47. Le Bain de Diane; d'après *N. N. Coypel*. in-fol.
48. L'Alliance de Bacchus et de Vénus; d'après *le même*. in-fol.
49. Hermitage à deux lieues de Fribourg (c'est Freybourg en Saxe); d'après *Dietrich*. Paysage in-fol. en t.
50. Les Environs de Freybourg; d'après *le même*. Paysage in-fol. en t.

VIII.   I

51. La fraîche Matinée; la belle Après-Dîner, deux jolis paysages; d'après *C. Dujardin*. in-fol.
52. Départ de Chasse; d'après *Ch. van Falens*, gravé en 1742. gr. in-fol. en t.
53. Prise du Héron; d'après *le même*. 1741. Pendant.
54. Rendez-vous de chasse; d'après *le même*, du cabinet du Comte de Bruhl, 1745. gr. in-fol.
55. Le Chasseur fortuné; d'après *le même*, du même cabinet. Pendant.
56. Grandval, célèbre acteur de la comédie françoise; d'après *Lancret*. gr. in-fol. en t.
57. Conversation galante; d'après *Lancret*, gravé par *Jacques-Philippe le Bas*, pour sa réception à l'Académie en 1743. gr. in-fol. Joli morceau.
58. Mademoiselle Dangeville, représentée en Thalie, et entourée de différens génies comiques; d'après *J. B. Pater*. gr. in-fol. en t. Joli morceau.
59. L'ancien Port de Messine, riche marine de *Cl. Lorrain*, gravé d'après le tableau du Luxembourg. tr. gr. p. en t.
60. La Récompense villageoise, riche paysage d'Italie, *du même*, gravé d'après le tableau du Luxembourg. Pendant. Deux pièces capitales.
61. Port de mer d'Italie; d'après *Jos. Vernet*, le tableau peint à Rome. tr. gr. in-fol. en t.
62. Départ pour la Pêche; d'après *le même*. tr. gr. in-fol. en t.
63. Suite des Ports de mer de France en seize grands morceaux, commencés en 1760 et finis en 1776. Ces estampes ont été gravées en société par *Cochin* et *le Bas*. Les deux dernières, le Port de Dieppe, et celui du Havre, ont été terminées par P. Martini en 1780.
64. Deux pièces flamandes: les Moissonneurs; Récréation des Moissonneurs; d'après *Michault*. petit in-fol. en t.
65. Deux sujets flamands sur une même feuille: les Plaisirs du Seigneur; les Plaisirs des Paysans. in-4to.

66. Prédication de St. Jean dans le désert; d'après *P. F. Mola*. tr. gr. in-fol. en t. Du recueil de Crozat.
67. Vue entre la Haye et Rotterdam; d'après *A. van der Neer*. in-fol. en t.
68. Divertissement d'hyver sur la rivière de Schie près de Delft; d'après *le même*. gr. in-fol. en t.
69. Le Point du jour; d'après *Ad. van de Velde*, gravé en 1773. in-fol. en t.
70. Chasse royale; d'après *le même*; l'eau-forte de *Malbeste*. gr. in-fol.

JOSEPH-MARIE VIEN, peintre et graveur à l'eau-forte, né à Montpellier en 1710, et nommé premier peintre du Roi en 1789. Elève de Charles Natoire, il fit des progrès rapides dans son art et jouit de tous les honneurs académiques. Il a étudié l'antique avec soin et s'est attaché à l'imiter avec succès dans ses tableaux. Ses ouvrages contrastent avantageusement avec ceux de la plupart de ses contemporains, sur-tout ceux de *Boucher*, et la France lui a obligation d'avoir ramené la peinture à des principes plus vrais et plus universels. Dans quelques églises de Paris et de Versailles on voit de ses ouvrages publics.

Vien a gravé à l'eau-forte, avec beaucoup de goût, les morceaux suivans:

1. Une suite de trente petites pièces, représentant le

M. T. REBOUL. J. D. LEMPEREUR.

divers habillemens de la Mascarade turcque, faite à Rome en 1748 par les pensionnaires de l'Académie royale de France.

2. Le Char qui traînoit cette même Mascarade. in-fol. en t.
3. Loth et ses Filles; d'après *J. F. de Troy*. in-fol. en t.
4. Une suite de cinq sujets de Bacchanales. petit in-fol. en t.

Plusieurs artistes ont gravé d'après *Vien*, entr'autres le Prince, son élève Beauvarlet, Flipart, Ponce, Miger, Vangeliste etc.

MARIE-THERESE REBOUL, épouse de *Vien*, née à Paris vers 1720, et reçue à l'Académie en 1757. Elle s'est distinguée parmi les femmes artistes, et a singulièrement excellé dans les tableaux de fleurs et d'oiseaux.

Madame Vien a aussi gravé une suite de treize Vases, partie de son invention, partie de celle de son mari.

Divers Poissons et Coquilles.

I. JEAN-DENIS LEMPEREUR, amateur et graveur à l'eau-forte, né à Paris en 1710, et mort en 1760. Grand connoisseur en fait d'ouvrages de l'art, il avoit formé un cabinet de tableaux et de dessins des grands maîtres d'un très-bon choix. Quant à ses fonctions civiles, il étoit ancien Echevin de la ville de Paris. Il se délassoit par la jouissance de son cabinet. Il a gravé à l'eau-forte plusieurs pièces d'après *Pietre de Cortone*, *Benedette Castiglione*, *Ant. van Dyck* et autres.

II. JEAN-BAPTISTE-DENIS LEMPEREUR, amateur et graveur à l'eau-forte, né à Paris vers 1740. Fils du précédent, il a hérité des goûts et des connoissances de son père. Il a aussi gravé à l'eau-forte plusieurs morceaux, tant de sa composition, que d'après différens maîtres. Je me rappelle d'avoir vu à Paris chez mon ami Wille un Recueil assez considérable de pièces gravées à l'eau-forte par le père et le fils. A l'égard des gravures du fils, Basan cite les morceaux suivans :

1. L'Ange annonçant aux Bergers la naissance du Sauveur ; d'après *Boucher*. in-fol.
2. Le Massacre des Innocens ; d'après *Pierre*. in-fol. en t.
3. Deux Paysages ; d'après *Ruysdael*. in-fol. en t.

LOUIS-JOSEPH LE LORRAIN, peintre et graveur à l'eau-forte, né à Paris en 1715, et mort à Petersbourg en 1760. Il apprit les élémens de son art de *Dumont*, fut à Rome et devint, à son retour, membre de l'Académie de peinture. Indépendamment de ses talens pittoresques, qu'on remarque dans ses tableaux historiques, il peignoit avec beaucoup d'intelligence l'architecture et la perspective pour les décorations théatrales. Les églises de St. Roch et de St. Nicolas offrent quelques-uns de ses tableaux publics. Cet artiste passa ensuite en Russie où il finit ses jours. Ses tableaux, dit Watelet, n'avoient rien de remarquable, mais il les animoit par la vigueur de la touche.

Il a gravé à l'eau-forte quelques estampes de sa composition. Les sujets suivans sont d'après *Fr. de Troy:*

1. Le Jugement de Salomon. petit in-fol.
2. Salomon sacrifiant aux idoles de ses femmes. De même.
3. Esther devant le Roi Assuérus. De même.
4. La Mort de Cléopatre. De même.

PIERRE-ANTOINE QUILLART, peintre et graveur à l'eau-forte, né à Paris en 1711, mort à Lisbonne en 1733. Il passe pour avoir été élève de *Watteau.* Appelé en Portugal il fut nommé peintre de Cour et dessinateur de l'Académie. A Lisbonne on voit de sa main un plafond peint dans l'anti-chambre de la Reine, et au palais du

Duc de Cadaval plusieurs tableaux et dessins. Il grava à l'eau-forte sur son dessin la Pompe funèbre du Duc Dom Nuno Olivarès Pereira, et toutes les planches de ce livre qui expliquent ces cérémonies, ouvrage imprimé à Lisbonne en 1730 vol. in-fol. *Quillart* mourut peu de tems après à la fleur de son âge.

I. PIERRE AVELINE, dessinateur, graveur à la pointe et au burin, né à Paris en 1710, mort dans la même ville en 1760, membre de l'Académie de peinture. *Pierre*, qu'on croit de la même famille qu'*Antoine*, dont nous avons parlé ci-devant, avoit fréquenté l'école de *Jean-Baptiste de Poilly*. En effet son goût de gravure tient de celui de cet artiste. Il mérite d'être compté parmi les bons graveurs françois. Il jouiroit d'une plus grande réputation, s'il n'avoit pas consumé une grande partie de sa vie à ne graver que des croquis, s'il eut été plus difficile dans le choix de ses sujets. Le nombre de pièces qu'il a gravées, tant d'après son dessin, que d'après divers maîtres est considérable.

D'après son dessin.

1. Les quatre Saisons, représentées par des enfans. 4 pièces. in-4to.

P. AVELINE.

2. Les cinq Sens de nature, sujets galans. 5 pièces. in-4to.
3. Vénus à sa toilette. in-fol.
4. Bacchus et Ariane. in-fol.

D'après divers maîtres.

1. Le Cardinal Fleury debout, accompagné de Vertus et de Diogène; d'après *J. Chevalier.* in-fol.
2. La Colère de Neptune, ou le *Quos ego;* d'après *l'Albane.* gr. in-fol. en t.
3. Diane et Actéon: d'après *le Bassan.* in-fol. en t. Du recueil de Crozat.
4. Moïse enfant, présenté à la fille de Pharaon, tableau de *Georgion*, de la galerie de l'archevêché de Milan. gr. in-fol. en t. Du recueil de Crozat.
5. Jupiter et Jo; d'après le tableau de *Schiavone*, du cabinet de Crozat, beau paysage. gr. in-fol. en t. *Ibid.*
6. Départ du Patriarche Jacob; d'après *le Castiglione.* gr. in-fol. en t. De la galerie de Dresde.
7. Noë prêt à entrer dans l'arche: d'après *le même. Ibid.*
8. La Mort de Sénèque; d'après *L. Giordano.* gr. in-fol. en t. *Ibid.*
9. Jésus-Christ guérissant les Malades; d'après *Jouvenet.* gr. in-fol. en t.
10. Beau Paysage; d'après *Nic. Berghem.* gr. in-fol. en t.
11. L'utile Accident; d'après *van Falens.* gr. in-fol. en t.
12. La Folie; d'après un dessin de *Corn. Visscher.* in-fol. en t.
13. La Naissance de Bacchus; d'après *Fr. Boucher.* gr. in-fol. en t.
14. L'Enlèvement d'Europe; d'après *le même.* Pendant.
15. Trois jolies pièces; d'après *le même*, savoir: l'Amour nageur, les Amours en gaieté, les Amours folâtres. in-fol.
16. La belle Cuisinière; d'après *le même.* gr. in-fol.

17. Accord de Vénus et de l'Amour; d'après *le même*. gr. in-fol.
18. La Bergère prévoyante; d'après *le même*. gr. in-fol.
19. L'Enlèvement d'Hélène; d'après *Deshayes*. in-fol.
20. Enée secouru par Apollon; d'après *le même*. in-fol.
21. La Place Maubert; d'après *Et. Jeaurat*. gr. in-fol. en t.
22. L'Anneau de Hans Carvel; d'après *J. L. le Lorrain*. in-fol. en t.
23. Le Trio flamand, en demi-figure; d'après *Ostade*. in-fol.
24. Le Chien basset, avec du Gibier; d'après *Oudry*. in-fol.
25. Deux pièces, d'après *Charles Parrocel*, un jeune Garçon tenant une souris dans une cage, une jeune Fille tenant un chat dans ses bras. in-4to.
26. Diane au bain; d'après *Watteau*. in-fol. en t.
27. L'Enlèvement d'Europe; d'après *le même*. gr. in-fol. en t.
28. Les Charmes de la vie; d'après *le même*. gr. in-fol. en t.
29. Récréation italienne; d'après *le même*. gr. in-fol.

II. FRANÇOIS-ANTOINE AVELINE, graveur au burin, né à Paris en 1718, et mort à Londres vers 1762. Il étoit élève de *Pierre* et son cousin germain; mais il ne jouit pas d'une grande réputation, n'ayant rien fait d'important. A Paris il a travaillé pour les libraires et pour les marchands d'estampes. De-là il a passé à Londres, où il ne s'est pas autrement distingué, et où, selon

Basan, il est mort dans l'indigence. On connoît de lui les pièces suivantes :

1. Les quatre Saisons ; d'après *P. Aveline*, 4 pièces petit in-fol. en t.
2. Suite de six pièces de figures chinoises ; d'après *Boucher*, savoir : 1) l'Oiseau à bonne fortune. 2) le Paquet incommode ; 3) le Concert chinois ; 4) le Mérite de tout pays ; 5) la Rêveuse : 6) les Délices de l'enfance. (Cette dernière pièce est gravée par *Baleohou*.)
3. La Barque chinoise ; d'après *Boucher*. in-fol.
4. Le Musicien espagnol ; d'après *J. E. Evelsen*, peintre anglois. in-fol.
5. Le Musicien flamand ; d'après *Teniers*. *A. Aveline sculp.* in-fol.
6. Vue d'un côté du port d'Echelle au levant ; d'après *Vernet*. gr. in-fol. en t. La meilleure pièce du graveur.
7. Suite de figures et de sujets chinois ; d'après *J. Pillement.* London published 1759. Fr. A. *Aveline sculp.* 6 gr. pièces in-fol. en t.

LOUIS JACOB, graveur au burin, né à Lisieux en Normandie, en 1712. Il vint jeune à Paris, et eut pour maître dans son art *Gerard Scotin* le jeune, et *Jean Audran*. Ses ouvrages ne sont ni fort nombreux ni d'un mérite bien éminent. On lui reproche de l'incorrection dans son dessin et en général un manque d'effet. Les meilleurs pièces de cet artiste sont celles qu'il a gravées pour le Recueil de Crozat.

1. Persée et Andromède, d'après le tableau de *P. Véronese* du cabinet du Roi de France. gr. in-fol. Crozat.

2. Les Israélites sortant d'Egypte; d'après *le même*, du cabinet du Duc d'Orléans. gr. in-fol. en t. Crozat.
3. L'Adoration des Bergers; d'après *le même*, du cabinet de M. Fagon, conseiller d'Etat. gr. in-fol. en t. Crozat.
4. Rébecca auprès du puits, reçoit d'Elieser les présens qu'Abraham lui envoie; d'après *le même*, du cabinet de M. Bibron de Cormeri. gr. in-fol. en t.

JEAN MOYREAU, graveur à la pointe et au burin, né à Paris en 1712, mort en la même ville en 1762. Ses principales estampes forment une suite de 89 pièces, gravées d'après les meilleurs tableaux de *Wouwermans* qui se trouvent à Paris, parmi lesquels il y a un choix à faire. Le total de cette suite est tombé de nos jours dans un grand discrédit; on regrette que les artistes hollandois, les Visscher, les Danckerts et quelques autres, n'aient pas gravé un plus grand nombre de pièces de ce maître. Il est fâcheux, dit Watelet, qu'on trouve dans l'œuvre de *Wouwermans* un si grand nombre d'estampes de *Moyreau*, qui a gravé d'une manière molle et sans esprit ce peintre, qui avoit de la fermeté dans la touche et l'esprit dans l'exécution. Moyreau a gravé encore d'après d'autres maîtres, et on estime assez les pièces suivantes:

1. Rébecca, recevant d'Eliéser, serviteur d'Abraham, les présens que le patriarche lui envoie, tableau peint

JOS. VERNET.

par *P. Véronese*, sur un beau fond de paysage. Du recueil de Crozat.

2. La Résurrection du Lazare, tableau des Chartreux de *Bon Boulongne*. gr. in-fol. en t.
3. Les Adieux d'Hector et d'Andromaque; d'après *le même*. gr. in-fol. en t.
4. Bacchus et Ariadne; d'après *le même*. gr. in-fol. en t.
5. Halte de Chasseurs, et Rendez-vous de Chasse; d'après *van Falens*, deux pièces gravées par *Moyreau* pour sa réception à l'Académie en 1736. gr. in-fol. en t.
6. Conversation des Matelots; d'après *Cl. le Lorrain*, gravé en 1759. gr. in-fol. en t.
7. La Partie quarrée; d'après *Ant. Watteau*. gr. in-fol. en t.
8. La Chûte d'eau; d'après *Ant. Watteau*. in-fol. en t.
9. Jean-Baptiste Rebel, compositeur de la chambre du Roi; d'après *le même*. in-fol.

Voici quelques morceaux d'après *Wouwermans* de la grande suite de *Moyreau*. gr. in-fol. en t.

10. Le Colombier du Maréchal.
11. Guerre des Huguenots sous Charles IX.
12. Pillage de Reitres pendant les guerres civiles des François sous Henri III.
13. Grande Chasse à l'oiseau.
14. La Fontaine du Dauphin.
15. La Fontaine de Neptune.

JOSEPH VERNET, peintre et graveur à l'eau-forte, né à Avignon en 1712, mort à Paris en 1786. Il s'est rendu célèbre par ses marines et par ses paysages composés d'après les vues des campagnes d'Italie. Il a passé un grand nombre

[...] et à Naples, [...] ses ouvrages, [...] des étrangers, étoient estimés des [...] Il donnoit à ses paysages le charme [...], sans en faire le portrait servile; [...] la bonté de l'effet ce qu'on nomme la [...] couleur, et animoit ses figures d'un [...] fut le cachet de ses ouvrages. Sa [...] fit appeler en France par Louis XV, [...] peindre les vues des ports de mer de ce [...] ouvrages ingrats en apparence, comme [...] qui mettent des entraves au génie des [...], mais dans lesquels il sut rendre piquante [...] pittoresque la plus scrupuleuse précision. [...] de cette tâche qui lui valut de nouveaux applaudissemens, il revint à son premier genre, et l'on eût dit, en voyant les tableaux qu'il faisoit à Paris, qu'il avoit encore sous les yeux, pour objets de ses études, les mêmes campagnes qui l'avoient autrefois inspiré. *Vernet* a travaillé jusqu'aux derniers tems de sa vie, sans que son corps, son esprit, sa gaîté, son talent parussent éprouver les atteintes de la vieillesse. Il a gravé à l'eau-forte avec le même esprit quelques petits paysages de sa composition.

1. Paysage avec un bout de village, et un petit pont qui traverse un ruisseau, h. 2 p. 7 l. l. 2 p. 8 l.

2. Berger assis à côté de sa Bergere, jouant de la musette ; même grandeur.
3. Vue d'un Marché dans une ville ; même grandeur.
4. Canal occupé par des Pêcheurs et bordé par des rochers escarpés. petit in-fol. en t.

L'œuvre gravé de *Vernet* est très-considérable et fort amusant. *Le Bas*, *Balechou*, *Aliamet*, *Flipart*, et nombre d'autres graveurs, ont fait une grande quantité d'estampes d'après ses tableaux. Voyez l'article de *Vernet* du catalogue raisonné de Brandes, catalogue qui renferme une spécification de plus de deux cents marines et paysages.

JACQUES BACHELEY, dessinateur et graveur, né à Pont-l'Evéque en Normandie en 1712, mort à Rouen en 1781, membre de l'Académie de cette ville. Il ne s'est appliqué à la gravure qu'à l'âge de trente ans, et vint à Paris chez *le Bas* pour se perfectionner dans cet art. On a de lui plusieurs paysages et marines d'après divers maîtres hollandois, d'une exécution piquante.

1. Vue d'Italie ; d'après *B. Breemberg*.
2. Vue du Tybre ; d'après *le même*, 2 pièces petit in-fol. en t.
3. La Vue du Pont de Voges ; d'après *le même*. in-fol. en t.
4. Vue de Rotterdam ; d'après *J. van Goyen*, gravé en 1757. gr. in-fol. en t.

5. Vue du château de Ryswick; d'après *Jac. Ruysdaël*. in-fol. en t.
6. Vue des environs d'Utrecht; d'après *le même*. Même grandeur.
7. Vue d'une Tempête vers les côtes de Groenlande; d'après *Jean Peeters*. in-fol. en t.
8. La Redoute de Schenck; d'après *Bonav. Peters*. gr. in-fol. en t.
9. Vue de l'Entrée de la Meuse; d'après *le même*. Même grandeur.

Bacheley a gravé d'après son dessin :

10. La Vue du Hayre de Grace, gr. in-fol. en t.

Louis Moreau, graveur au burin, né à Paris vers 1712. On n'a de sa main que très peu d'estampes, où se trouve son nom, n'ayant long-tems gravé que des Thèses. On connoît de lui un portrait, celui du R. P. Louis de Ponte, Jésuite; mais ce qui lui mérite sur-tout une place dans notre *Manuel*, c'est la belle estampe qui représente :

1. Notre Seigneur resuscitant la fille de Jaire; d'après *la Fosse*. gr. in-fol.
2. R. P. Ludovicus de Ponte Societatis Jesu. *L. Moreau fec.* in-4to.
3. J. B. Rebel, Compositeur de la chambre du Roi, gravé d'après un dessin de *Watteau* par *L. Moreau*. in-fol.

Pierre Soubeyran, dessinateur et graveur à l'eau-forte, né à Genève en 1713. Il travaille pendant vingt ans à Paris. Il avoit formé le projet, conjointement avec son compatriote, *Michel Liotard*, de graver l'histoire de St. Bruno, peinte par le *Sueur* dans le cloître des Chartreux; mais ce projet n'eut point de suite. Ce qu'il a fait de plus considérable pendant son séjour à Paris, ce sont la plupart des Pierres gravées antiques du cabinet du Roi, qui entrent dans l'ouvrage que Mariette a donné au public sur cette matière, en 2 vol. in-fol. Les planches sont faites sur les dessins de *Bouchardon*. *Soubeyran* retourna dans sa patrie vers 1750. Dès-lors il ne s'appliqua plus qu'à la Géométrie, et devint un habile architecte. Ce fut lui qui fit les plans et qui dirigea les batisses des principaux édifices élevés dans cette ville. Il fut directeur de l'école de dessin établie à Genève. On a de lui le portrait de Pierre I. sous le titre:

1. Petrus magnus, Russorum Imperator, dessiné d'après nature par *Caravac* son peintre. gr. in-fol.
2. Les Armes de la ville de Paris, portées par des génies; d'après *Bouchardon*. in-4to. en carré.
3. La belle Villageoise; d'après *Boucher*, une des plus belles pièces d'après ce maître, faisant pendant avec la belle Cuisinière de Vivarès.

Soubeyran a gravé encore un grand nombre d'orned'ornemens et de vignettes d'après les dessins de Cochin le fils pour différens ouvrages du tems.

ETIENNE FESSARD, graveur à l'eau-forte et au burin, né à Paris en 1714, et mort dans la même ville en 1774, avec le titre de graveur du Roi. Il fut élève d'*Edme Jeaurat*, et grava une grande variété de sujets. Ses premières gravures, dans lesquelles il avançoit beaucoup ses travaux à l'eau-forte, donnèrent une haute idée de ses talens. Ce qu'il a fait de plus considérable, ce sont les estampes des peintures de la chapelle des Enfans-trouvés de Paris, en seize grandes planches d'après *Ch. Natoire*, outre la vue perspective de toute la chapelle, d'après le dessin d'*Augustin de St. Aubin*. Nous avons de sa main divers portraits, ainsi que différens sujets d'histoire et de genre.

Portraits.

1. Hortense Mancini, Duchesse de Mazarin; d'après *Ferdinand*, pour le fond d'Odieuvre. in-8.
2. Marie-Madeleine Piche de Lavergne, Comtesse de la Fayette; d'après *le même. Ibid.* in-8.
3. J. P. de Bougainville, de l'Académie françoise. C. N. Cochin del. in-4to.
4. L. F. C. Marin, Censeur royal; d'après *le même.* in-4to.
5. Le Marquis de Mirabeau, dit l'Ami des hommes; d'après *Kanloo le père.* in-fol.

VIII.   K

6. Le Duc de Choiseul, assis à son bureau ; d'après *L. M. Vanloo.* in-fol.

Sujets d'histoire et de genre d'après différens maîtres.

1. Diane au bain avec deux de ses Nymphes, changeant Actéon en cerf, tableau de *Jacques Bassan*, du cabinet de M. Dupille. gr. in-fol. Du recueil de Crozat. Une des meilleures pièces de *Fessard*.
2. Saint Jean-Baptiste et plusieurs autres Saints ; d'après le *Corrège*, pour le recueil de la galerie de Dresde. in-fol.
3. Saint Charles Boromée devant la Ste. Famille ; d'après *Hippolite Scarsellino de Ferrare*, pour le même recueil. gr. in-fol. en t.
4. Les quatre Arts libéraux, figurés par des enfans ; d'après *Carle Vanloo*, 4 pièces in-fol.
5. Jupiter et Antiope ; d'après *le même*. gr. in-fol. en t.
6. Léda avec le Cigne. Deux vers françois ; d'après *J. B. M. Pierre.* in-fol.
7. Herminie cachée sous les armes de Clorinde ; d'après *le même.* gr. in-fol. en t.
8. La Naissance de Vénus, avec huit vers françois ; d'après *Jean-François de Troy.* gr. in-fol.
9. Léda et Jupiter en Cigne, avec six vers françois ; d'après *le même.* gr. in-fol. en t.
10. Jupiter sous la forme de Diane, amoureux de Calisto, avec six vers françois ; d'après *le même.* gr. in-fol. en t.
11. Le Triomphe d'Amphitrite, dessiné par *Bouchardon*, gravé à l'eau-forte par *Caylus* et terminé au burin par *Fessard.* gr. in-fol. en t.
12. Le Triomphe de Bacchus à son retour des Indes, par *les mêmes*, même dimension.
13. Vénus quittée par l'Amour, et Vénus fouëtant l'Amour avec des roses, 2 pièces dessinées par *Bou-*

... Chardons, gravées à l'eau-forte par *Caylus* et terminées au burin par *Fessard*. in-fol.

14. La Lumière du monde, ou la Nativité du Christ; d'après *Boucher*. in-fol.

15. Quatre sujets divers: 1) L'Amour désarmé. 2) L'Amour vendangeur. 3) Le Berger à la fontaine. 4) L'aimable Villageoise. in-fol.

16. Un baiser, ou ta rose! d'après *Watteau*. in-fol.

17. Quoi! pas même ta main? d'après *le même*. in-fol.

18. Les Enfans de Bacchus. *Liberi Bacchi*; d'après *le même*. gr. in-fol. en t.

19. La Musique champêtre, dédiée à M. Crozat, Baron de Thiers. *N. Lancret pinx. Stef. Fessard sc.* 1758. gr. in-fol.

20. Le Chant, allégorie avec quatre vers françois. *De la Grenée pinx. St. Fessard sc.* gr. in-fol.

21. La Constance, portrait de Mimi, chien de la Marquise de Pompadour, avec une dédicace, peint par *J. B. Huet*, et gravé par *Etienne Fessard* 1758. in-fol. en t.

22. L'Intérieur de l'église de St. Sulpice; d'après les dessins de *Laurent* et de *Servandoni*. gr. in-fol.

23. Les Ouvriers de la vigne; d'après le tableau de *Rembrandt*. gr. in-fol. en t.

24. Fête flamande; d'après le tableau de *Rubens*, du cabinet du Roi de France, gravé en 1762. tr. gr. in-fol. en t.

25. Psiché abandonnée par l'Amour, peinte par *le Moine*, gravée à l'eau-forte par *Fessard*, et terminée au burin par *Nochez*, son élève. gr. in-fol. en t.

CHARLES HUTIN, peintre, sculpteur et graveur à l'eau-forte, né à Paris en 1715, mort à Dresde en 1776. Il eut pour maître *Fr. le Moine* et *Sébastien Slodtz*. A l'âge de vingt et un ans il gagna le premier prix de peinture à l'Académie royale. Il partit la même année pour Rome, où dès les premiers tems de son séjour il quitta la peinture pour embrasser la sculpture, sous la conduite de *Slodtz*. A son retour en France il fut reçu membre de l'Académie de peinture. Peu de tems après il partit pour Dresde. Là il débuta par un beau tableau d'autel qu'il fit pour l'église catholique de cette ville; il peignit encore le plafond d'une chapelle et montra par là que son talent pittoresque n'étoit pas diminué. A l'établissement de l'Académie électorale des beaux arts à Dresde en 1764, *Hutin* fut nommé Professeur. En ouvrage de sculpture, ce maître n'a rien fait de considérable en Saxe; mais il a gravé d'une pointe spirituelle divers morceaux dont la plupart ont paru sous ce titre: *Recueil de différens sujets composés et gravés par C. Hutin en 1763*.

1. Charles Hutin, dessiné par lui même, et gravé par *C. F. Boetius*, dans le goût du crayon sur papier bleu. petit in-4to.
2. Deux jolies Pastorales, gravées à l'eau-forte par *C. Hutin*. in-4to. en t.
3. Dessin d'une Fontaine, ornée de deux Nymphes qui versent l'eau de leurs urnes. *C. Hutin inv. et incid.* 1749. in-4to.

4. Autre dessin d'une Fontaine, ornée de Tritons et d'une Nymphe-Rivière. *Id. inv. et incid.* in-4to.
5. St. Jérôme, dans un paysage, écrivant dans un livre. *Spagnoleto inv. C. Hutin sc.* gr. in-fol.
6. Grande Vignette allégorique sur la peinture. *C. Hutin, P. Hutin sc.* in-fol. en t.

Pierre et Charles Hutin sont venus ensemble en Saxe, mais par les circonstances du tems Pierre a fait peu d'ouvrages à Dresde; il a seulement gravé à l'eau-forte quelques morceaux d'après les tableaux de la galerie du Comte de Bruhl. Il mourut à Musca, en Lusace, terre qui appartenoit au Comte de Calenberg.

JEAN-JACQUES BALECHOU, graveur au burin, né à Arles en 1715, mort à Avignon en 1764. Le brillant de sa gravure lui acquit une grande réputation parmi les amateurs, et ses estampes sont encore recherchées avec empressement. Au reste les jugemens varient sur le mérite de cet artiste; nous rapporterons celui de Watelet, assez motivé, mais un peu sévère. „Si l'on regarde, dit notre critique, comme la fin de l'art un beau maniement de burin, et l'adresse de couper le cuivre d'une manière brillante, il y aura peu de graveurs qu'on puisse opposer à *Balechou;* mais si l'art consiste à imiter la nature, à rendre le caractère dont on grave le tableau, à exprimer son dessin, ses effets, *Balechou* sera surpassé par tous les graveurs qui se sont fait une réputation. Il a gravé un tableau d'histoire la Ste. Geneviève de *Carle Vanloo*, et les amateurs ont mis un grand prix à cette estampe; mais qui pourra jamais y reconnoître le caractère, la couleur, le pinceau de *Vanloo*? Il a gravé trois marines de *Vernet*, et dans celle, qui représente une tempête, il a rendu les eaux avec un art qui dans la suite a servi de modèle; mais, pour les autres parties, quel connoisseur non prévenu ne préférera pas les estampes gravées d'après le même maître par *Aliamet*, *Flipart* etc.? *Balechou* a fait un grand tort à la gravure, parce que les amateurs, séduits par l'éclat de son burin, qui doit être compté lui même entre ses défauts, puisque la nature n'est pas toute composée de substances lisses, polies et brillantes, se sont accoutumés à préférer les prestiges du métier aux beautés fondamentales de l'art." Pour moi j'ai consulté les artistes sur ce graveur, ils m'ont dit: Ne voyez vous pas que les parties ne sont pas rendues dans leur vrai caractère, que les chairs sont de bronze, que les rochers sont de velours, que les eaux sont d'argent fondu. Au reste il en est des estampes de *Balechou* comme de toutes les productions de génie ; on peut les critiquer, mais cela n'empêche pas les amateurs de les rechercher. Les estampes de *Woollett* sont la critique la plus forte de celles de *Balechou*. Cet artiste a gravé nombre de portraits, dont la plupart sont très-estimés. Nous ne citerons pas ceux qu'il a faits pour le fond d'Odieuvre.

Portraits.

1. Anne-Charlotte Gauchier, femme du peintre Aved, gravé d'après *Aved*. in-fol.
2. Une Dame filant au rouet, Madame Aved, peinte par son mari. in-fol.
3. Jacques-Gabriel Grillot, Abbé de Pontinac ; d'après *Autreau*. gr. in-fol.
4. Charles-Henri Friso, Prince d'Orange ; d'après *Aved*. gr. in-fol.
5. Dom-Philippe, Infant d'Espagne ; d'après *Vialy*. gr. in-fol.
6. Charles Porrée, Jésuite ; d'après *Neilson*. in-fol.
7. Jean de Jullienne, célèbre amateur, tenant le portrait de Watteau ; d'après *de Troy*. gr. in-fol.
8. Madame Jullienne, femme du précédent, faisant pendant ; d'après *le même*.
9. Charles Rollin, assis, Recteur de l'université de Paris ; d'après *Ch. Coypel*. gr. in-fol.
10. Charles Coypel, peint par *lui même* à l'âge de qua-

rante-huit ans, appuyé sur une table, tenant son porte-crayon. in-fol.

11. Prosper Jolyot de Crébillon de l'Académie françoise, gravé en 1751; d'après *Aved*. gr. in-fol.
12. Henri, Comte de Bruhl, premier Ministre du Roi de Pologne, Electeur de Saxe; d'après *L. Sylvestre*, beau portrait; mais il faut l'avoir avant le nom de *Balechou* et les changemens de la tête. Il a été gâté à la retouche. tr. gr. in-fol.
13. Auguste III. Roi de Pologne, peint à Paris, étant Prince royal et électoral, par *Hyacinthe Rigaud*, figure entière, accompagné d'un petit nègre. tr. gr. in-fol.

Chef-d'œuvre de gravure pour la force de l'exécution; mais la planche ayant reçue plusieurs altérations, les bonnes épreuves en sont devenues rares.

Divers sujets d'après différens maîtres.

1. La Naissance et l'Enfance, deux sujets de modes; d'après *Dandré Bardon*. in-fol.
2. Cinq pièces de modes; d'après *Etienne Jeaurat*. in-fol.
3. La Force, dessus de porte, portrait de Madame Elisabeth de France, Duchesse de Parme; d'après *Nattier*. in-fol. en t.
4. Sainte Geneviève; d'après *Carle Vanloo*, dernier ouvrage fini de *Balechou*, gravé avec une grande force de burin; les connoisseurs y désireroient de tons plus moelleux. gr. in-fol.
5. La Tempête; d'après *Joseph Vernet*. gr. in-fol. en t.
6. Le Calme; d'après *le même*. Pendant.
7. Les Baigneuses; d'après *le même*. gr. in-fol. en t.

Parmi ces trois fameuses pièces, la plus rare

et la plus recherchée, c'est la Tempête, aussi la plus difficile à trouver pure d'épreuves.

Balechou a laissé quelques ouvrages imparfaits, gravés seulement à l'eau-forte, entr'autres deux morceaux d'après *Pannini*. D'après l'inspection de ces morceaux il paroît qu'il ne savoit tirer qu'un foible parti des procédés de l'eau-forte.

JEAN-CHARLES FRANÇOIS, dessinateur et graveur dans la plupart des genres usités aujourd'hui, naquit à Nancy en 1717, et mourut à Paris en 1769. Il fut le premier qui grava à Paris dans le goût du crayon, et porta ce genre de gravure à un haut degré de perfection. Comme inventeur d'un nouveau genre il obtint la place de graveur du cabinet du Roi, avec une pension de 600 livres. L'envie de quelques-uns de ses confrères abrégea ses jours: Magny, Bonnet, Demarteau et d'autres prétendirent à la gloire de cette invention et lui contestèrent la primauté. François grava les portraits des Philosophes modernes pour l'ouvrage de Saverien qui parut sous ce titre et dont le premier volume est terminé par une lettre de l'artiste sur les procédés de son art. L'épouse de *François* peignoit le portrait : il a gravé d'après elle celui d'Alexandre Savérien.

Portraits.

1. Catherine-Henriette d'Angennes, Comtesse d'Olonne ; d'après *Champagne*, gravée au burin. in-8.
2. Louis XV. Roi de France, dans le goût du dessin. in-4to.
3. Marie Lescenski, Reine de France. Pendant.
4. Jean-François Denis, Trésorier des bâtimens, au crayon rouge. in-4to.
5. Pierre Bayle ; d'après *Carle Vanloo*, de même. in-fol.
6. Didier Erasme ; d'après le tableau de *Holbein*, du cabinet du Roi. in-fol.
7. Thomas Hobbes ; d'après *Pierre*. in-fol.
8. Benoit Spinosa ; d'après *Deshays*. in-fol.
9. Jean Locke ; d'après *Vien*. in-fol.
10. Nicolas Malebranche ; d'après *Bachelier*. in-fol.
11. François Quesnay, Médecin ; d'après *F. Sredon*, gravé en 1767. ovale gr. in-fol.

Ce portrait à cette singularité, qu'il renferme toutes les manières de graver, exercées par l'artiste : La tête est travaillée en manière noire, la draperie au burin, la bordure et le fond sont rendus dans le goût du crayon ; les accessoires, comme livres, au lavis, et le piédestal au crayon noir et blanc.

Sujets divers.

1. Tête barbue, coiffée d'un bonnet ; d'après *Th. Blanchet*, en manière de dessin. in-4to.
2. Buste d'un homme en bonnet, au crayon rouge. in-fol.

3. Buste d'un homme les cheveux épars. in-fol.
4. Tête de jeune homme; d'après *van Dyck*. in-fol.
5. Les Danseuses; d'après *Boucher*, en manière de crayon. in-fol.
6. Marche d'un corps de cavalerie qui arrive à l'armée; d'après un dessin de *Parrocel*, au crayon noir. in-fol. en t.

CLAUDE-HENRI WATELET, receveur général des finances, dessinateur et graveur à l'eau-forte ainsi que dans diverses autres manières, naquit à Paris en 1718, et mourut en la même ville en 1786. Il avoit marqué de bonne heure un goût décidé pour les arts et les lettres. Né de parens aisés, il put suivre sans obstacles ses goûts fortifiés par une excellente éducation. Jeune encore il fit le voyage d'Allemagne et d'Italie. Il s'arrêta assez longtems à Vienne, mais plus longtems encore à Rome, où il se lia d'amitié avec son compatriote, M. Pierre, qui lui fut très-utile dans les études qu'il se proposoit d'y faire.

De retour en France, enrichi de mille belles connoissances, il fut recherché des cercles les plus brillans, soit pour son amabilité naturelle, soit pour l'agrément de son esprit. Il se voyoit fêté dans les sociétés dont les goûts étoient opposés : chez Mesdames de Tencin, de Pompadour et Geoffrin : chez Messieurs de Maurepas, de Caylus et d'Argenson. Pour complaire à ses sociétés il fit des chansons et des ouvrages légers ; mais il sut faire une différence de ces écrits à ceux qu'il destinoit au public.

Cette vie dissipée ne fut pas longtems du goût de M. Watelet. Il se réfugia à une belle campagne, auprès d'une amie qui avoit les mêmes goûts que lui. Séjour singulièrement favorisé par la nature, que l'art, dirigé par son nouvel habitant, ne fit que seconder. Ce fut dans ce séjour que Watelet composa son poëme didactique de *l'Art de peindre*. Cet ouvrage parut en 1761, imprimé avec la plus grande élégance, in-4to. et in-8. avec des ornemens analogues et ragoûtans, dessinés par M. Pierre, gravés à l'eau-forte par M. Watelet et terminés au burin par L. Lempereur. Ce poëme, à son apparition, essuya quelques critiques. Les juges sévères y eussent desiré plus de poésie de style, plus de mouvement et de chaleur ; on a rendu justice à la sagacité de ses vues, ainsi qu'à la justesse de ses principes. Les réflexions qu'il a publiées à la suite de ce poëme ont réuni tous les suffrages.

Ce sont les premiers élémens d'un ouvrage qui a occupé tous les instans de sa vie, je parle de son *Dictionnaire des beaux-arts*, qui n'a paru qu'après sa mort. M. Suard, un des hommes de lettres le plus capable d'apprécier le mérite de M. Watelet, relativement à ce Dictionnaire, s'énonce en ses termes : „ Cet ouvrage précieux, est
„ non seulement aux jeunes artistes pour lesquels
„ il a été composé, mais encore pour tout homme
„ à qui le sentiment des arts n'est pas étranger.
„ On y trouve le résultat des études et des ré-
„ fléxions d'un homme d'esprit et de goût, pas-
„ sionné pour les arts, et qui a passé sa vie à
„ les cultiver, à en observer les effets, et à en
„ comparer les productions. On y aimera sur-
„ tout cet amour sincère des arts que tant d'ama-
„ teurs jouent, et que si peu ont au fond de
„ leur ame, qui est si propre à donner du poids
„ aux préceptes en se communiquant, parce que
„ les hommes sont toujours plus prêts à partager
„ les sensations des autres, qu'à adopter leurs
„ opinions."

M. Watelet ne s'est pas uniquement livré aux arts, il a aussi traité des matières philosophiques, dans un ouvrage qui porte pour titre : *De l'origine*

et de la destination des arts libéraux, considérés en général et sous leurs différens rapports, ouvrage dont il n'y a qu'une moitié d'imprimé, et où l'auteur a montré une grande profondeur. Voici comme il esquisse l'ancienne Grece qui seule a véritablement connu la destination des arts, consistant dans la récompense des belles actions par des monumens : „ S'il a existé une nation
„ brave et polie qui, sous une température
„ douce et modérée, ait possédé une langue
„ harmonieuse et riche; qui reconnoissant autant
„ de puissances dans le ciel qu'il y a de vertus
„ et de passions dans le cœur humain, leur ait
„ rendu un culte aussi magnifique dans sa pompe,
„ qu'ingénieux et délicat dans ses allégories;
„ qui ait placé la victoire et la liberté sur des
„ autels; qui, passionnée pour les actions d'éclats,
„ les ait recompensés par des apothéoses; qui
„ se soit honoré elle-même en se croyant en
„ partie composée de demi-dieux; si cette nation
„ a existé, c'est au milieu d'elle, sans doute,
„ qu'ont fleuri les beaux-arts. Qui ne retrouve
„ pas l'ancienne Grece dans cette esquisse? Là
„ s'établirent trois cultes très-distincts, quoique
„ liés ensemble de la manière la plus étroite: le

„ culte des Dieux, le culte des grands-hommes,
„ et celui de la patrie. Là furent célébrés des
„ fêtes et des triomphes ; là furent élevés des
„ statues et des temples ; là enfin le ciseau des
„ arts, exercés par tant de glorieux travaux,
„ s'immortalisa dans ces monumens consacrés
„ au génie des héros et des peuples avec lesquels
„ il devoit partager un jour l'admiration de
„ l'univers. "

Après avoir fait une étude aussi longue et aussi réfléchie des arts, il étoit naturel que M. Watelet désirât de revoir l'Italie. Des personnes de sa société intime, et qui avoient les mêmes goûts, l'accompagnèrent. De ce nombre furent préférablement Me. le Comte, la maîtresse du Moulin-joli, M. l'abbé Copette, son ami particulier et son ancien instituteur.

M. Watelet reçut dans toutes les capitales où il séjourna des témoignages de la considération publique. Le Roi de Sardaigne et le Pape Rezzonico l'accueillirent d'une manière distinguée. Il rentra avec joie dans l'école françoise à Rome : il s'y étoit assis parmi les élèves ; il y fut fêté comme un des maîtres de l'art. Il devint l'ami du Cardinal Albani et de notre Winkelmann, qui lui témoigna ses regrets de s'être exprimé un peu durement sur le compte de cet homme aimable, selon ce qu'il écrivit alors à ses amis en Allemagne. Il se lia avec les P. P. Jaquier et le Sueur, que leur attachement réciproque avoit rendu célèbres, et revint à Paris avec des connoissances et des affections nouvelles.

Voici un ouvrage qui parut alors à Rome, relatif à cet objet sous le titre: Voyage de M. Watelet, l'Abbé Copette et Madame le Comte en Italie en 30 planches in-8., dont 12 sujets gravés par *Weirotter* d'après les dessins de la *Vallée-Poussin*, et 12 Cartouches, entourant des Sonnets en italien, etc. avec une description françoise à la tête.

Ses délassemens, parmi tant de travaux consacrés aux arts, étoient des traductions en vers françois de la Jérusalem délivrée et de Roland furieux, ainsi que la composition de quelques ouvrages en vers. Ce ne fut qu'en 1784 qu'il donna un Recueil choisi de ses ouvrages divers, et l'accueil qu'il reçut du public justifia son choix. 1)

---

1) Recueil de quelques ouvrages de M. Watelet, à Paris chez Prault, Imprimeur du Roi, quai des Augustins, in-8. 1784.

Il avoit été reçu membre de l'Académie françoise en 1761. La carrière des lettres fut pour lui sans orage. Comme il étoit exempt de toute prétention, il n'y chercha point d'admirateurs, et y trouva des amis. De ce nombre étoient les Foncemagne, le Comte de Caylus, l'Abbé de Condillac, Turgot, d'Alembert, Thomas, Pierre, le Duc de Nivernois, le Duc de la Rochefoucauld, le Marquis de Condorcet, Daubenton, Dusaulz, Vicq d'Azyr, son digne biographe. — Plusieurs autres ont reçu de M. Watelet une marque particulière d'affection: il a lui même gravé leurs portraits. Cette manière de s'occuper de ses amis, en se pénétrant de leur image, a quelque chose de tendre qu'il n'appartient qu'aux ames délicates et pures d'inspirer et de ressentir. Comme parmi les gravures de Watelet la suite des portraits en fait la partie la plus intéressante, j'en donnerai ci-après la liste complette.

Ayant parlé de tous les ouvrages de M. Watelet, je ne dois pas oublier de faire mention de son *Essai sur les Jardins* 1), ouvrage que lui

---

1) A Paris chez Prault, Imprimeur du Roi, quai des Augustins, in-8. 1774.

dictèrent les plus agréables souvenirs. A des vues très-philosophiques sur les progrès des arts, l'auteur a joint dans cet écrit des préceptes ingénieux sur les décorations des jardins de toute espèce ; mais ce que l'on y remarque avec plus d'intérêt, c'est le tableau de sa vie dans l'asyle champêtre où il devoit à ses amis le bonheur et l'hospitalité : asyle devenu fameux par les beautés de son site et de ses dispositions, et où la nature fut toujours respectée : asyle visité par les grands, habité par les muses, célébré par le chantre aimable des Jardins par ces beaux vers :

Tel est, cher Watelet, mon cœur me le rappelle,
Tel est le simple asyle, où, suspendant son cours,
Pure comme tes mœurs, libre comme tes jours,
En canaux ombragés la Seine se partage,
Et visite en secret la retraite d'un sage.
Ton art la seconda; non cet art imposteur,
Des lieux qu'il croit orner-hardi profanateur.
Digne de voir, d'aimer, de sentir la nature,
Tu traites sa beauté comme une vierge pure.
Qui rougit d'être nue et craint les ornemens.

Les Jardins, Poëme par M. l'Abbé Delille, Chant. 3.

Vers la fin de sa carrière le calme des jours de M. Watelet fut troublé par un événement imprévu qui le priva d'une grande partie de sa fortune. M. l'Abbé Terrai, par un acte d'autorité, exigea tout d'un coup de lui une somme considérable. De toutes les opérations arbitraires de ce contrôleur général des finances, aucune n'indigna plus les ames honnêtes, que ce procédé vis-à-vis d'un homme qui faisoit un si bon usage de sa fortune. Aussi l'estime publique ne l'abandonna point dans ce revers, des amis puissans lui donnèrent des preuves de leur zèle.

Je terminerai cette biographie, dont l'étendue, à cause de l'abondance de la matière, passe ma mesure ordinaire, par le caractère de M. Watelet, tracé par M. Vicq d'Azyr, l'auteur de son éloge historique qui m'a servi de guide 1). Voici comme il débute: „Que l'on se repré„sente un homme également versé dans toutes „les parties des sciences et des lettres qui inté„ressent les Beaux-Arts, se servant avec le „même succès de la plume, du burin et du „pinceau; placé, pour ainsi dire, entre les

---

1) Cet éloge prononcé en 1786, est placé à la tête du Tome premier du Dictionnaire des Arts de peinture, de sculpture et de gravure. A Paris chez L. F. Prault, Imprimeur, quai des Augustins, 1792.

» poëtes, les philosophes et les artistes, et ren-
» dant communes à tous les richesses propres à
» chacun d'eux; souvent consulté, parce qu'il
» joignoit à l'affabilité une vue qui s'étendoit au
» loin et un tact qui s'appliquoit à tout; con-
» sultant plus souvent encore, parce que nul ne
» rechercha de meilleure foi l'instruction et les
» lumières; applaudissant avec transport au
» talent, habile à consoler et à faire renaître le
» courage dans les revers, accueillant les élèves,
» sur-tout lorsqu'ils avoient plus besoin de ses
» secours que de ses avis; les recevant dans sa
» maison, les traitant en père ou en ami, et
» jamais en protecteur; en un mot, aimant les
» arts sans faste et les artistes pour eux-mêmes,
» et formant des vœux qui étoient tout entiers
» pour leurs progrès et pour leur gloire: tel fut
» Watelet aux yeux de ses contemporains, tel
» il doit paroître aux yeux de la postérité. "

M. Watelet, si recommandable à tant de titres, mérite d'occuper un rang distingué parmi les amateurs qui ont gravé. Son œuvre est composé de plus de 100 pièces de différens sujets. Les dernières années de sa vie, au rapport de M. Lévesque, il s'est appliqué à rechercher et à imiter la manière de Rembrandt. Il en a trouvé la manœuvre, et il est sans doute bien excusable s'il n'en a pas retrouvé l'art qui ne peut être renouvellé que par un artiste de la science la plus profonde. Qu'il me soit permis ici de parler de ma liaison avec M. Watelet. C'est à ma traduction de la Mort d'Abel de Gefsner que je dois l'amitié dont il m'a toujours honoré et dont le souvenir m'est encore si précieux. Il avoit pour l'auteur une estime toute particulière. Fondé sur cette estime je n'ai pas eu de peine à l'engager d'orner ma traduction des Idylles, imprimée à Lyon chez Bruyset, d'un frontispice et de nombre de jolies vignettes d'après les dessins de M. Pierre. Il a gravé de même, conjointement avec Me. le Comte, son élève dans le même art, les ornemens pour le poëme pastoral de Daphnis et du premier Navigateur, imprimé la même année chez Vincent.

Oeuvre de Watelet.

Portraits gravés par Watelet d'après Cochin, in-4to.

1. Claude-Henri Watelet, gravé en 1753.
2. Jean le Rond d'Alembert, de l'Académie françoise.
3. G. R. Baudoin, Capitaine aux Gardes françoises.
4. H. P. F. Chastre de Billy.
5. S. C. Bontin, Receveur général des finances.

Cl. H. Watelet.

6. Jacques Laure, Chevalier de Breteuil, 1752.
7. F. de Chevert, Lieutenant général.
8. Alexis-Claude Clairault, de l'Académie des sciences.
9. Marguerite le Comte, Maitresse du Moulin-joli, 1753.
10. P. F. Abbé Copette, D. en Sorbonne, 1753.
11. Le même portrait, gravé en 1765.
12. P. Joliot de Crebillon, de l'Académie françoise.
13. L. Bay de Curys, Contrôleur des menus plaisirs du Roi.
14. D. Dodart, de l'Académie des Sciences, 1752.
15. Lady Herwey.
16. J. F. A. Brunet de Neuilly, 1756.
17. J. B. M. Pierre, premier Peintre du Roi.
18. J. Sarraw, Chirurgien.
19. Louis de Silvestre, Peintre.
20. Jacques-Etienne, Marquis de Sommery, Colonel.
21. A. B. J. Turgot, Intendant de Limoges.
22. Le même portrait, avec le titre de Ministre d'Etat.
23. L. F. de Valiere, Ingénieur.
24. Poisson de Vandieres, ensuite Marquis de Marigny.
25. J. N. Watelet de Valogny.
26. Le Comte de Vence.
27. Marc-René, Marquis de Voyer.

Divers sujets, dans la manière de Rembrandt.

1. Le portrait de Watelet, en robe-de-chambre et debout à la fenêtre, à l'imitation du Bourgmestre Six. in-fol.
2. Diane à la chasse avec ses Nymphes. in-fol.
3. Une femme mourante dans sa chambre, avec sept figures d'assistans. in-fol. en t.
4. Pièce de nuit, où se voient dans une forét des bergers avec une torche allumée.
5. Autre pièce de nuit, représentant une Fuite en Egypte, où St. Joseph tient un flambeau; d'après *Dietrich*.

6. Autre pièce de nuit, représentant une Fuite en Egypte, où un ange porte le flambeau; d'après *le même*.
7. Jeune homme assis à une fenêtre, tenant un papier. in-4to. en t.
8. Jeune Dame assise avec un éventail à la main. in-4to. en t.
9. Femme assise dans une chambre, présentant le sein à un petit enfant debout entre ses jambes. 1767. in-fol.
10. Femme assise en profonde réflexion, ayant un cercueil derrière son fauteuil. gr. in-4to.
11. Un vieux philosophe, assis à sa table en profonde méditation. in-fol.
12. Un vieux philosophe lisant à la lueur d'une lampe. in-4to.
13. Un vieux homme qui cajeolant une jeune fille, est observé par sa femme à la fenêtre. in-fol.
14. Une jeune personne nue sur un lit, devant lequel est assise une femme qui dessine, planche imparfaite de *Rembrandt*, achevée par *Watelet*. in-4to.

Divers sujets gravés dans différentes manières.

1. Caricature d'un Monsieur avec un ordre, marchant le chapeau sous le bras. in-fol.
2. Le Cuisinier de l'académie de Rome tenant une casserole. *Saly del.* in-fol.
3. Ecusson d'armes avec un coq qui chante au lever du soleil, et la devise : *Non sine murmure*. in-8.
4. Vénus allaitant les Amours; d'après *Rubens*, sujet souvent gravé. in-4to.
5. Corps-de-garde de singes habillés; d'après *Teniers*. p. in-fol. en t.
6. Paysage où se voit un âne chargé; d'après *K. du Jardin*. p. in-fol. en t.
7. Le Mai, paysage d'après *Watteau*. in-fol.

8. Grand paysage d'Italie; d'après *Jean Both*. gr. in-fol. en t.
9. Deux grandes Vues d'Italie, faisant pendans, ornées d'architecture et de figures; d'après *Pannini*. gr. in-fol.
10. Paysage avec un grand monument. p. in-fol.
11. Monument érigé à Rome à M. Savalette de Buchelai, 1764. p. in-fol.
12. Le petit Marchand de Gimblettes avec sa corbeille; d'après *Boucher*. in-4to.
13. Deux pièces, d'après *le même*, l'une un soldat chinois, l'autre une jardinière chinoise. in-fol.
14. Retour de nourrice avec son nourrisson, et plusieurs figures; d'après *Greuze*. gr. in-fol.
15. La Fontaine avec deux Nayades; d'après *J. B. M. Pierre*. gr. in-fol.
16. A l'Immortalité. Des Génies ornant de guirlandes un monument, d'après *le même*. gr. in-fol.
17. La Tête de St. Roch; d'après *J. B. M. Pierre*. gr. in-fol.
18. La Tête d'un vieillard avec de la barbe; d'après *le même*. gr. in-fol.
19. Trois Têtes, un vieillard, un enfant et une femme, grouppées avec une tête d'âne, 1756. in-4to.
20. Trois autres Têtes, un vieillard, un homme et une jeune fille, grouppées avec une tête de bœuf. De même.
21. Deux Têtes de jeunes garçons, avec la tête d'un chien, 1758. in-4to.

Watelet a exécuté ces trois morceaux en manière noire.

22. Sei Vasi dal Signor Pierre, intagliate dal suo amico Watelet, 1749. 6 feuilles in-4to.
23. Raccolta di Vasi, dedicata alla Signora illustriss. Daronserai. *Vien*, *Lorrain* et *Pierre inv*. 1752. Six feuilles in-4to.

24. Raccolta di Vasi, dedicata alla A. M. Signora Geoffrin.
  Lorrain inv. 1752. 6 feuilles in-4to.
25. Suite de dessins peints et gravés par H. Watelet du cabinet de Me. le Comte, 1754. gr. in-4to.
26. La Maison de Marguerite le Comte, Meunière du Moulin-joli. in-4to. Rare.

MARGUERITE LE COMTE, graveuse à l'eau-forte, née à Paris vers 1719, maitresse du beau séjour, connu sous le nom du Moulin-Joli, embelli par M. Watelet. Madame le Comte, la femme d'un Procureur au Chatelet, s'est distinguée par son esprit et par son goût pour les arts. Elle a gravé à l'eau-forte des têtes et des paysages; elle a composé une suite de Papillons copiés d'après nature, dont elle faisoit présent à ses amis. Qu'il me soit permis de parler ici des jolies vignettes dont elle a embelli ma traduction de Daphnis et du premier Navigateur de Gefsner, imprimée à Paris chez Vincent en 1764. Le souvenir de l'accueil que j'ai reçu au Moulin-Joli, tant d'elle que de M. Watelet, ne s'effacera jamais de mon cœur. —

J'ai sous les yeux son portrait, dessiné par M. Watelet et gravé par *L. Lempereur*, avec cette inscription: *Marguerite le Comte, des Académies de Peinture et de Belles-Lettres de Rome,*

Boulogne et Florence. Au bas on lit ces vers caractéristiques de M. Watelet:

L'heureux talent de plaire en n'y pensant jamais;
Un bon cœur, un sens droit et le don d'être amie;
Une humeur franche et libre embellissant les traits;
La grace enfin à la raison unie:
Le Comte, c'est pour toi ce que nature a fait.
Et que l'Art ne peut rendre, en gravant ton portrait.

Le Cardinal Alexandre Albani. *L. Poussin del. M. le Comte sc.* Rome, 1764, avec le motto: *Dignum laude virum Musa vetat mori.* in-4to.

Plusieurs artistes ont célébré les sites romantiques du Moulin-Joli, entr'autres M. *le Prince*, par six dessins, gravés par M. l'Abbé *de Saint-Non*, avec une dédicace italienne à la belle Meunière.

JACQUES DASSONVILLE, peintre et graveur à l'eau-forte, né au Port St. Ouen, près de Rouen, en 1719. Nous avons de sa main une cinquantaine de petits sujets rustiques, ou de bambochades dans le goût d'*Ostade*, qui, bien qu'inférieurs à son modèle pour l'esprit et pour l'effet, ne laissent pas d'avoir leur mérite. Il réussit mieux dans l'expression de ses têtes, que dans l'exécution des extrémités de ses figures.

ANT. RADIGUES.

1. Figure d'un homme en pied, habillé à l'espagnole et portant des sabots. p. in-4to.
2. Figure d'un officier, vu par le dos, avec une pique et son chapeau à terre. Pendant.
3. Le Marchand de lunettes. in-4to.
4. Danse de Paysans. in-4to.
5. Femme qui allaite son enfant. in-4to.
6. Femme qui pouille son enfant.
7. Quatre petites pièces en carré, savoir: 1) Compagnie de paysans, où l'un joue du flageolet. 2) Compagnie de paysans, où l'un joue du violon et chante. 3) Autre où se voit un paysan qui joue de la cornemuse. 4) Autre où se voit un paysan qui chante, en tenant son violon.
8. Suite de six pièces petit in-4to. en t. numérotées et marquées *Dassonville*. 1) Compagnie de paysans, où l'un joue du violon. 2) Autre, où l'un joue de la cornemuse. 3) Autre, où se voit une femme assise qui donne le sein à son enfant. 4) Autre, où se voit un paysan qui joue de la guitarre. 5) Autre, où se voit un homme assis, un pot sur ses genoux et un verre dans sa main. 6) Autre, où se voit un paysan qui lit la gazette.

ANTOINE RADIGUES, graveur au burin, né à Rheims en 1719. Selon Basan il a voyagé en Angleterre et en Hollande. En 1765 il s'étoit rendu en Russie, où il a gravé différens morceaux, sur-tout des portraits. L'Estampe la plus connue de cet artiste est celle qu'il a gravé pour la galerie de Dresde.

1. Darie, Princesse Maréchale de Galitzin, peinte par *Roslin*, gravée par *Radigues* en 1778. petit in-fol.

2. Michael Princeps a Galitzin, *Imp. Russ. Supr. Class. Præf.* Peint par *Argunoff*, gravé par *A. Radigues*, Aggrégé de l'Académie des Beaux-Arts de St. Petersbourg 1774. petit in-fol.
3. Alexandre Prince de Galitzin, Maréchal-général des armées de Russie; peint par *Roslin*, gravé par *Radigues* en 1778. petit in-fol.
4. Angélique et Médor; d'après le tableau d'*Alexandre Tiarini*, pour le recueil de la galerie de Dresde. in-fol. en t.

JACQUES-FRANÇOIS SALY, statuaire et graveur à l'eau-forte, naquit à Valenciennes vers 1720, et mourut à Paris en 1776. Il fit la statue du Roi Louis XV. pour sa ville natale, et celle de l'Amour pour le château de Bellevue. En 1753 il fut appelé à Copenhague pour faire la statue équestre en bronze du Roi Christiern V, érigé au milieu de la place d'Amalienbourg. *Saly*, défrayé de tout, reçut pour son travail une récompense de cinquante mille Rixdals. Il fit aussi pour la compagnie des négocians du Levant la statue équestre du Roi Fréderic V, qui fut érigé en 1771 sur la place de Fredrichstaett à Copenhague, et dont *J. M. Preisler* nous a donné une superbe estampe. *Saly* fut membre des Académies de Paris, de Florence et de Bologne. Le Roi de Dannemarc le nomma directeur de son Académie à Copenhague. Après une longue absence de sa patrie, il alla finir ses jours à Paris.

Cet artiste, étant à Rome en 1748, grava à l'eau-forte une suite de 30 Vases, non compris le titre. En outre quatre dessins de Tombeaux, toutes pièces in-fol.

Saly se plaisoit à dessiner des carricatures, dont *M. de la Live* a gravé une suite.

PIERRE-FRANÇOIS BEAUMONT, graveur à la pointe et au burin, né à Paris vers 1720. On a peu de notices de cet artiste; tout ce qu'on sait de lui, est qu'il a gravé plusieurs sujets d'après *J. Breughel* et sur-tout d'après *Ph. Wouwermans*. Sur l'adresse de ses estampes il se nomme P. Fr. Beaumont, et prend le titre de graveur ordinaire de la ville de Paris.

1. Trois Paysages, représentant des vues de Flandres; d'après *Breughel*. in-4to. en t.
2. L'Apparition de l'Ange aux Bergers; d'après *Wouwermans*, du cabinet de Winckler à Leipzig. P. F. Beaumont sc. in-fol.
3. Le Voyageur altéré; d'après *le même*. Même grandeur.
4. Course de Bague flamande; d'après *le même*. in-fol. en t.
5. Les Nageurs, Marine; d'après *le même*. in-fol. en t.
6. Défilé de cavalerie; d'après *le même*. De même.

7. Halte de cavalerie; d'après *le même*. De même.
8. Le Maréchal en exercice; d'après *le même*. De même.
9. Quatre sujets de chasse, savoir: 1) Préparatifs. 2) Départ. 3) La Chasse. 4) Retour; d'après *N. N. Coypel*. p. in-fol. en t.

I. Augustin de Saint Aubin, dessinateur, graveur à la pointe et au burin, né à Paris vers 1720. Membre de l'ancienne Académie de peinture, il est un des artistes le plus ingénieux de nos tems. Il est élève pour la gravure de *Laurent Cars*, et il s'est fait une manière de dessiner très-expéditive et pleine de goût. L'œuvre de cet artiste est un des plus considérables, et infiniment intéressant pour la variété des sujets. Il a gravé quantité de sujets, des ornemens de livres, des portraits, des morceaux d'histoire et de genre, tant de sa composition que d'après celle d'autres maîtres. Je fais ici un ample extrait de ses estampes diverses.

Portraits d'après Cochin fils, la plupart in-4to.

1. Charles-Nicolas Cochin, fils. 1771.
2. Antoine Beaumé, Apoticaire à Paris. 1772.
3. Esprit-Joseph-Antoine de Blanchard, Maître de musique.
4. Guillaume le Blond, Maître de mathématique.
5. Marie-Joseph Lavalette de Buchelay.
6. Jean-Jacques Caffieri, Sculpteur.
7. Guillaume Coustou, Sculpteur.

8. Antoine Deparcieux, Mathématicien.
9. Jacques Dumont le Romain, Peintre.
10. Madame le Norman d'Estiolles, (Pompadour) 1764.
11. Benjamin Francklin, avec des lunettes, 1777.
12. Benjamin Francklin, jusqu'aux genoux, lisant un papier.
13. L'Abbé Charles Ganzargues, Maître de musique.
14. Guerin, Chirurgien.
15. Pierre Jéliot, Chanteur de l'opéra et de la chambre du Roi, gravé à l'eau-forte par *Cochin*, et terminé par *St. Aubin*.
16. Jean-Antoine Rigoly de Juvigny, Conseiller au Parlement de Dijon.
17. Joseph-Marie-François de Lassone, premier Médecin de la Reine, 1770.
18. Pierre-Jean Mariette, Amateur.
19. J. F. Marmontel, de l'Académie françoise.
20. Jean-Joseph Cassana de Mondonville, Maître de musique.
21. Monet, ancien Directeur de l'opéra comique.
22. Sauveur-François Morand, Chirurgien, 1768.
23. Jean-Baptiste Pigale, Sculpteur.
24. Guillaume de la Motte-Piquet, Marin.
25. Alexis Piron, Poëte, mort en 1773.
26. M. Philidor, Compositeur.
27. L'Abbé Pommier, Conseiller au Parlement, gravé à l'eau-forte par *Cochin*, et terminé au burin par *St. Aubin*.
28. Jean-Philippe Rameau, Compositeur.
29. L'Abbé Raynal, Historien.
30. Roetiers le père, Orfèvre.
31. Léonard le Roux, Architecte.
32. Charles des Brosses, Comte de Tournay, Président au Parlement de Dijon.
33. Thomas Walpole.
34. George Washington.

AUG. DE ST. AUBIN.

Autres portraits tant de son dessin que de celui des autres.

1. Le Prince Charles de Saxe, Duc de Courlande, 1769. in-4to.
2. Charles-Henri de Heinecken, Amateur, 1769. in-4to.
3. Linguet, fameux Avocat, 1774. in-4to.
4. P. L. de Belloy, auteur de la tragédie du siège de Calais, portrait allégorique, soutenu par un Génie sur le tombeau de six héros de Calais. in-8.
5. Pierre le Grand, pour la grande édition de Voltaire.
6. Portrait de M. Pellerin, célèbre Antiquaire, mort centenaire.
7. Le Duc de Chevreuse debout, en habit militaire.
8. Buste de Languet de Guercy, Curé de St. Sulpice, gravé en 1767.
9. Claude-Joseph Dorat, sans son nom, avec cette inscription: *Le plaisir est son Dieu* etc. D'après *Denon*.
10. Salomon Gefsner, Poëte et Peintre; d'après *le même*.
11. François Arrouet de Voltaire; d'après *le même*.
12. M. Worlock, Médecin anglois; d'après *le même*.
13. Denis Diderot; d'après *J. B. Greuze*.
14. Buste de Voltaire, en profil; d'après *J. B. le Moine*, Sculpteur.
15. Buste de Crebillon, vu de face; d'après *le même*.
16. Jean-Jacques Rousseau; d'après *de la Tour*.
17. Claude-Adrien Helvétius; d'après *Louis-Michel Vanloo*. in-4to.
18. Charles XII. Roi de Suède; d'après *Cardelle* pour la grande édition de Voltaire. in-fol.
19. Portrait du Roi de Sardaigne; d'après *J. P. Boucherat* de Turin. gr. in-fol.

Divers

AUG. DE ST. AUBIN.

Divers sujets de sa composition et d'après différens artistes.

1. Suite de six pièces sous le titre: *C'est ici les différens jeux des petits polissons de Paris.* gr. in-4to.
2. Deux pièces pour l'Histoire romaine de Philippe de Prétot; d'après *Gabriel de St. Aubin.* in-4to.
3. Vertumne et Pomone; d'après *Fr. Boucher.* in-fol. en t.
4. Amphion sauvé par un Dauphin; d'après *le même.* in-fol. en t.
5. La Fontaine de Grenelle, en quatre morceaux; d'après *Edme Bouchardon.* in-fol.
6. Vénus sur l'onde, en forme de Cornaline, commencée à l'eau-forte par *Marguerite-Louise du Ronserai*, et terminée au burin par *Aug. de St. Aubin*; d'après *le même.* in-4to.
7. Les cinq Sens de nature; d'après *Pierre Dumesnil*, gravés par *St. Aubin, le Vasseur* et *Tillard*.
8. Concert des Graces et des Nymphes, en présence de Vénus et d'Apollon; d'après *Cochin*, gravé en 1777. in-4to.
9. Vénus et Adonis, couchés sous des arbres, d'où Cupidon s'envole pour couronner une colonne; d'après *D. le Fevre.* 1762. p. in-4to. en t.
10. Usage des Russes après le mariage et avant les noces; d'après *J. B. le Prince*, pièce gravée en 1767. in-fol.
11. Vénus à la coquille, d'un tableau du palais royal; d'après *le Titien.* in-fol.
12. Léda avec le Cigne; d'après *Paul Véronèse.* p. in-fol.
13. Une Bataille dans les Gorges des montagnes de la Chine.
14. Un Camp chinois, investi et entouré de redoutes auxquelles les Chinois mettent le feu.

Ce sont deux des seizes grandes planches

VIII. M

dont les dessins ont été envoyés à Paris par l'Empereur de la Chine.

Cet artiste laborieux a gravé près de 3000 Médailles pour *le Recueil de médailles et de monnoies des Peuples et des Villes*, par M. *Pellerin*, fameux Antiquaire. Son cabinet, composé de trente mille Médailles a passé dans celui du Roi de France pour la somme de 300,000 livres.

L'ouvrage qui fait le plus d'honneur à St. Aubin, pour le goût et la précision, c'est la précieuse Collection des Pierres gravées antiques du Duc d'Orléans, ouvrage qui fait suite pour le format avec celui de Mariette. Les savans qui sont les redacteurs de cette belle Collection, sont l'Abbé *de Lachau* et l'Abbé *le Blond*.

Saint Aubin a encore gravé un grand nombre de frontispices, de vignettes et d'ornemens qui décorent plusieurs ouvrages du tems.

II. CHARLES-GERMAIN DE SAINT AUBIN, dessinateur et graveur à la pointe, né à Paris en 1721, et mort dans la même ville en 1786. Frère d'*Augustin*, il étoit dessinateur du Roi pour le costume moderne, et il a gravé à l'eau-forte diverses petites fleurs et sujets de fantaisie, de sa composition.

1. Premier essai de Papilloneries humaines; six pièces in-fol. en t.
2. Autre suite semblable de six pièces.
3. Mes Fleurettes, livre de fleurs. in-fol.
4. L'Art du Brodeur en dix planches, gravées chez *Aug. de St. Aubin*, pour la suite des Arts et Métiers, en 1770.

III. GABRIEL - JACQUES DE SAINT AUBIN, peintre et graveur à l'eau-forte, frère des précédens, né à Paris en 1724, et mort en 1780. Il peignoit l'histoire et a gravé à l'eau-forte divers petits sujets de sa composition.

1. Six statues des Vertus chrétiennes sur une planche. in-4to.
2. Vue de l'Exposition des tableaux du Salon du Louvre en 1753, moyenne pièce en t.

JEAN-BAPTISTE-JOSEPH DE LA FOSSE, graveur au burin, né à Paris en 1721. Il fut élève de *Fessard*, et il a beaucoup travaillé pour les libraires. Il s'est principalement attaché à graver d'après les dessins de *Carmontelle*, amateur qui, outre la ressemblance frappante de ses portraits, réussit sur-tout à saisir le maintien de ses originaux. C'est là aussi le mérite des gravures de

R. GAILLARD.

de la Fosse. Les morceaux suivans sont les plus recherchés.

1. Le Duc d'Orléans à cheval, allant à la chasse. in-fol.
2. Le Duc d'Orléans, assis dans un fauteuil, et le Duc de Chartres son fils, assis sur le bras du même fauteuil, dans un salle de billard, gravé en 1759. in-fol.
3. M. Rameau, caractérisé par la longueur de sa taille et par son maintien courbé. petit in-fol.
4. L'Abbé de Chauvelin, assis dans un fauteuil tenant un grand livre, où on lit *Pragac 1757*. Au bas: *Non sibi sed patriae natus.* in-fol.
5. M. de Bourneville, figure debout, tenant son chapeau de la main droite. Au bas: *Hilaritate beatus etc.* in-fol.
6. Me. Hérault assise dans un fauteuil, faisant des noeuds, et Me. de Séchelle assise vis-à-vis sur une chaise, ayant les mains dans son sac à ouvrage. in-fol.
7. L'Abbé Duresnel, assis dans un fauteuil, sa canne entre les genoux, le fond offre un jardin, 1761.
8. Léopold Mozart, accompagnant ses enfans du violon. Marianne sa fille, âgée d'onze ans, chante, et Wolfgang son fils, âgé de sept ans, touche le clavecin. 1764.
9. La malheureuse famille Calas, composée de la Mère, des deux Filles, avec Jeanne Viguere, leur bonne Servante, du Fils et du jeune Lavaysse. *D. Carmontelle del.* 1765. *De la Fosse sc.* gr. in-fol. en t.

ROBERT GAILLARD, graveur au burin, né à Paris en 1722. Il a gravé avec beaucoup de propreté un assez grand nombre d'estampes, tant portraits que sujets historiques.

R. GAILLARD.

Portraits.

1. Christophe de Beaumont, Archevêque de Paris; d'après *Chevalier.* in-fol.
2. Jean-Joseph Languet, Archeveque de Sens; d'après *le même.* in-fol.
3. Etienne-René Potier de Gesvres, Cardinal. *Pompeo Batoni pinx. in Roma* 1758. *R. Gaillard Parisiensis sc.* 1761. gr. in-fol.
4. François Castanier, à mi-corps; d'après *Rigaud.* gr. in-fol.
5. Le Portrait de la Reine de Suède; d'après *Latinville.* in-fol.

Divers sujets, d'après différens maîtres.

1. Vénus et l'Amour; d'après *Fr. Boucher.* gr. in-fol. en t.
2. Jupiter et Calisto; d'après *le même.* Pendant.
3. Les Bacchantes endormies; d'après *le même.* gr. in-fol.
4. Le Moineau apprivoisé; d'après *le même.* gr. in-fol.
5. Les Villageois à la pêche; d'après *le même.* gr. in-fol.
6. Sylvie délivrée par Aminte; d'après *le même.* gr. in-fol. en t.
7. Le Cabaret; d'après *J. B. le Prince.* gr. in-fol. en t.
8. Le Moineau retrouvé; d'après *le même.* gr. in-fol.
9. Le Concert russien; d'après *le même.* Pendant.
10. La Malédiction paternelle; d'après *J. B. Greuze.* gr. in-fol. en t.
11. Le Fils puni; d'après *le même.* Pendant. Deux pièces distinguées.
12. L'Ouvrière en dentelle; d'après *Schenau.* in-fol.
13. La belle Fileuse; d'après *le même.* in-fol.
14. L'Ecureuil content; d'après *le même.* in-fol.
15. L'heureux Serin; d'après *le même.* in-fol.
16. Le Perroquet mignon; d'après *le même*, gravé par *Louise Gaillard*, apparement la fille de *Robert*, morte fort jeune.

P. Et. Moitte.

I. PIERRE-ETIENNE MOITTE, graveur à la pointe et au burin, né à Paris en 1722, et mort dans la même ville en 1780, avec le titre de graveur du Roi. Il apprit la gravure chez *Beaumont*, et a gravé le portrait et l'histoire. Ce qu'il a fait de plus considérable, ce sont les morceaux qu'il a gravés pour la galerie de Dresde et celle du Comte de Bruhl, qui a passé à Petersbourg.

Portraits.

1. Claes Grill, Directeur de la compagnie des Indes, peint à Stockholm par *Gustave Lundberg*, et gravé à Paris par *P. Et. Moitte*. in-fol.
2. Anna-Johanna Grill, épouse du Directeur Claes Grill. *Id. pinx. Id. sc.* Pendant.
3. Louis-René Caradem de la Chalotais, Procureur général du Parlement de Rennes. *C. N. Cochin del.* in-4to.
4. Clignot de Biervache, Inspecteur du commerce. *Id. del.* in-4to.
5. Jean-Baptiste Moreau, Musicien. *Id. del.* in-4to.
6. Claude-Leger Sorbeck, Chirurgien. *Id. del.* in-4to.
7. Charles-Jean-François Hénault, Historien de France. *St. Aubin pinx. Moitte sc.* in-fol.
8. Jean Restout, Peintre ordinaire du Roi, peint par *de Latour*, gravé par *Moitte* pour sa réception à l'Académie en 1771. gr. in-fol.
9. La Statue pédestre de Louis XV, d'après le monument exécuté en bronze par Pigalle et érigé à Rheims, gravé sur le dessin de *Cochin*. tr. gr. in-fol.

10. La sainte Famille ; d'après *André del Sarto*. gr. in-fol. en t.   De la galerie de Dresde.
11. Sainte Famille ; d'après *F. Vanni*. gr. in-fol. De la même galerie.
12. Les Fiançailles de Ste. Catherine ; d'après *le Corrège*, de la galerie du Comte de Bruhl. in-fol.
13. Le Sauveur sur la montagne des Olives ; d'après *le même*, de la même galerie. in-fol.
14. Le Repos des Voyageurs ; d'après *Wouwermans*. gr. in-fol. en t. *Ibid.*
15. Les Chevaux à l'abreuvoir ; d'après *le même*. Pendant. *Ibid.*
16. La Cuisinière flamande ; d'après *G. Douw*. p. in-fol. *Ibid.*
17. La Marchande de poissons hollandoise ; d'après *le même*. gr. in-fol. *Ibid.*
18. Enée sauvant sa Famille de l'embrasement de Troie ; d'après *Mich. Corneille*. gr. in-fol. *Ibid.*
19. L'Hymen secret d'Enée et de Didon ; d'après *le même*. gr. in-fol. *Ibid.*
20. L'heureux destin d'Enée ; d'après *le même*. gr. in-fol. De la galerie de Bruhl.
21. Vénus sur les eaux ; d'après *Fr. Boucher*. gr. in-fol. en t.
22. Les Douceurs de l'Eté ; d'après *le même*. gr. in-fol. Pendant.
23. La Mère en couroux ; d'après *Greuze*. in-fol.
24. Le Repentir ; d'après *le même*. Pendant.
25. Le Donneur de Sérénade ; d'après *le même*. in-fol.
26. La Paresseuse ; d'après *le même*. Pendant.
27. Le Geste napolitain ; d'après *le même*. gr. in-fol.
28. Les Oeufs cassés ; d'après *le même*. Pendant.
29. Jupiter foudroie les Géans, tableau de réception à l'Académie de peinture par *Jean Leblond* en 1681, et gravé par *P. Et. Moitte* en 1780. gr. in-fol.

Moitte a laissé quatre fils et deux filles, qui tous exercent différens arts, soit peinture, sculpture et architecture.

Angélique, la fille aînée, grave le paysage; *Elisabeth-Mélanie*, la cadette, grave dans le goût du crayon et dans le genre pointillé anglois.

Nous ferons un article séparé ci-après de *F. A. Moitte*, un de fils de Pierre Etienne.

II. F. A. MOITTE, graveur au burin, né à Paris vers 1748, et florissant dans la même ville vers 1770. Il est élève de son père et a gravé d'après différens maîtres, sur-tout d'après Greuze. Il s'est fait connoître par un morceau rendu avec beaucoup de propreté, portant pour titre:

1. Récréation de table; d'après *Jac. Jordaens*. gr. in-fol. en t.
2. Deux jolis morceaux, dessinés par *Greuze*, la Musique, et la Poésie. p. in-fol.
3. Deux morceaux semblables, par *le même*, la Fleuriste, et la Fileuse. De même.
4. Deux jolis morceaux; d'après *Greuze*, la jeune Nourrice, et la petite Mère. p. in-fol.
5. Suite de 24 feuilles portant pour titre: Divers habillemens suivant le Costume d'Italie, dessinés d'après nature par *J. B. Greuze*, ornés de fonds par *J. B. Lallemand*, et gravés d'après les dessins tirés du cabinet de l'Abbé Gougenot, et publiés par cahiers de 6 feuilles chacun, suite très-amusante par la variété des objets.
6. L'Instruction, ou le Catéchisme; d'après *Baudouin*.

Dom. Sornique. P. A de Machy.

Dominique Sornique, graveur au burin et à la pointe, naquit à Paris en 1722, et mourut dans la même ville en 1756. Elève de *Charles Simonneau*, il manioit son outil avec beaucoup de facilité et d'intelligence. Il a gravé des portraits et des sujets historiques sur-tout nombre de jolies vignettes.

1. Armand Jean du Plessis, Cardinal de Richelieu. *Nanteuil del,* chez Odieuvre. petit in-4to.
2. Jean-Louis de Nogaret de la Valette, Duc d'Epernon. De même.
3. Louis de Bourbon, Comte de Vermandois, Amiral de France. *P. Mignard pinx.* De même.
4. Maurice de Saxe, Maréchal de France. *H. Rigaud pinx.* De même.
5. Jean-Baptiste de Santeuil, Chanoine de St. Victor. *Dumée pinx.* De même.
6. Philippe Quinault, Poëte françois. in-4to.
7. L'Enlèvement des Sabines; d'après *Luca Jordano,* pour la galerie de Dresde, planche que Sornique, en mourant, avoit laissé imparfaite, et que *Beauvarlet* a terminée. gr. in-fol. en t.
8. Jo changé en Diane endormie; d'après *le Correge.* gr. in-fol. en t.
9. Les Délices de la Tabagie; d'après *Teniers.* in-fol.
10. Le jeune Symphoniste; d'après *Jeaurat.* p. in-fol.

Pierre-Antoine de Machy, peintre d'architecture et graveur dans le goût du bistre, né à Paris vers 1722. Elève de *Jean Servandoni*, il s'est distingué dans son genre et a été reçu membre de l'Académie de peinture. Il a peint trois morceaux de perspectives sur le grand escalier du palais royal, que Content avoit ordonné en 1767. Basan a gravé six pièces de Ruines d'après les dessins de Machy. On estime sur-tout les Vues que *Janinet* et *Descourtis* ont exécutées en couleurs d'après le même maître. Lui même a gravé d'après son dessin plusieurs sujets d'architecture ruinée, exécutés au bistre. Il a un fils qui a gravé en couleur plusieurs sujets pittoresques d'après son père.

1. Ruines d'un ancien Arc de triomphe sous lequel s'entretiennent des Villageois. gr. in-4to.
2. Ruines d'un Monument antique, et de Villageoises à une Fontaine; deux morceaux qui font pendans, exécutés au bistre.

I. GILLES DEMARTEAU, le vieux, graveur dans le goût du crayon et du pastel, né à Liège en 1722, et mort à Paris en 1776, pensionnaire du Roi. *Demarteau* fut reçu à l'académie royale en 1764 sur un morceau d'après *Cochin*, représentant Licurgue blessé dans une sédition. Il a été du nombre des graveurs qui ont prétendu être les inventeurs de la gravure imitant le dessin. *Demarteau* jouit de la réputation d'avoir perfectionné ce genre. Au reste c'étoit un

G. DEMARTEAU.

artiste très-laborieux : son œuvre contient plus de 560 morceaux.

1. L'Education de l'Amour, d'après *Boucher*, au crayon rouge, ovale gr. in-fol.
2. Vénus couchée avec deux Amours ; d'après *le même*. in-fol.
3. Paysanne avec un enfant sur les bras et un autre dormant à terre. *Id.* in-fol.
4. Bergère sortant du bain, surprise par son Berger. *Id.* gr. in-fol.
5. Berger et Bergère surpris. *Id.* Pendant.
6. Paysage représentant la basse-cour d'une grande ferme. *Id.* gr. in-fol.
7. Tête d'Héliodore, dessinée par *M. Pierre*, d'après le tableau de *Raphael*. gr. in-fol.
8. Tête de femme à cheveux flottans, gravée au crayon rouge; d'après *les mêmes*. gr. in-fol. en t.
9. Buste de la Vierge. *Ecce mater tua*. D'après *J. B. M. Pierre*, au crayon rouge. gr. in-fol.
10. Carle Vanloo, Peintre du Roi, avec une dédicace à Madame Vanloo, par *Demarteau l'aîné*, au crayon rouge. gr. in-fol.
11. Suite de six Paysages, représentant de jolies vues de la Seine et d'autres endroits ; d'après *Jean Houël*. in-4to. en t.
12. Belle Tête de Femme, les cheveux ornés de lauriers; d'après *Doyen*, en crayon noir et rouge. gr. in-fol.
13. Jésus mis au tombeau, dessiné à Rome par *Cochin*, d'après le tableau de *Stellaert*, au crayon rouge; in-4to.
14. La Justice protégeant les arts; d'après *Cochin*. in-4to.
15. Sujet allégorique sur la mort du Dauphin; d'après *le même*. in-4to.

16. Lycurgue blessé dans une sédition; d'après *le même*, pièce capitale et de réception; d'après *le même*. in-fol. en t.
17. Beau Paysage représentant des parties d'un jardin anglois; d'après *Houel*, au crayon rouge. gr. in-fol. en t.

II. GILLES-ANTOINE DEMARTEAU, le jeune, graveur dans la manière du dessin et en couleur, originaire de Liège et établi à Paris. Neveu et élève du précédent; il a gravé avec succès dans la même manière et a augmenté considérablement le fond de son oncle.

1. Le Plaisir innocent; d'après *Huet*, au crayon noir et rouge. petit in-fol. en t.
2. Le Mouton chéri; d'après *le même*. Pendant.
3. Deux morceaux représentant des Chasses; d'après *le même*, et de même exécution. in-fol. en t.
4. L'Amour couché qui pleure; d'après *le même*. De même.

NOEL LE MIRE, graveur au burin, né à Rouen en 1723. Il apprit les principes de son art chez *Ph. le Bas*, et se distingua par la netteté de son burin. Il a gravé dans différens genres, mais il réussit préférablement dans celui des vignettes.

Portraits.

1. Alexis Piron. *N. B. Lépicié* del. *N. le Mire* sc. 1773. in-4to.

2. Mlle. Clairon couronnée par Melpomène, avec quatre vers françois de Garrick. *H. Gravelot inv.* in-4to.
3. Le Général Washington, en pied: d'après le *Paon*. gr. in-fol.
4. Le Marquis de la Fayette debout, conclusion de la campagne de 1781 en Virginie, peint par *le Paon*. gr. in-fol.
5. Le Partage de la Pologne, ou le Gâteau des Rois. *The Troelsth Cache. Erimel sc.* petit in-fol.

Divers sujets, d'après différens maîtres.

1. St. Sébastien; d'après *le Parmesan*, gravé pour la galerie de Dresde. in-fol.
2. Jupiter et Danaé; d'après *le Carrache*. in-fol.
3. La Mort de Lucrèce; d'après *André del Sarto*. petit in-fol.
4. Latone vengée; d'après *Teniers*. gr. in-fol. en t.
5. Les Nouvellistes flamands; d'après *le même*. p. in-fol.
6. L'Etang du château de Teniers; pendant de la pièce précédente.
7. La Curiosité, ou la Lanterne magique; d'après *Reinier Brakelenbourg*. in-fol. en t.
8. Vue du Mont Vésuve, tel qu'il étoit en 1757; d'après *G. de la Croix*, gravé en 1762. gr. in-fol. en t.
9. Restes d'un Temple de Vénus dans l'île de Nisida; d'après *le même*, gravé en 1761. gr. in-fol. en t.
10. Arc de Triomphe de Tite Vespasien; d'après *le même*. gr. in-fol. en t.

PIERRE-FRANÇOIS BASAN, graveur et marchand d'estampes, né à Paris en 1723. Il apprit les principes de son art chez Etienne Fessard et Jean Daulé. L'article qui le concerne dans son

Dictionnaire des graveurs, est ainsi conçu : „Il „s'occupa d'abord de la gravure, mais la viva- „cité de son caractère, et la patience nécessaire „pour ce talent, lui firent préférer le commerce. „Aussi lui donna-t-il toute l'extension." A la tête de notre Manuel on peut voir ce que nous avons dit de ses écrits artistiques. Basan a été un homme fort actif et très-laborieux. Il résulte d'après le catalogue de son fond, que son œuvre consiste en 450 morceaux, divisés en quatre grands volumes in-fol. La plupart des pièces de cet œuvre sont marquées simplement *Basan exc.* ou *chez Basan*, parce qu'il employoit plusieurs jeunes graveurs qui ne mettoient pas leurs noms sur les planches. Nous ne rapporterons ici qu'un petit nombre de ses portraits, et les sujets qu'il a insérés lui même dans son *Dictionnaire*. Il aimoit fort le trivial dans les titres de ses estampes.

1. Louis XV. Roi de France, tenu par Diogène. *Le Moine effigiem pinx. Basan sc.* in-fol.
2. Le Cardinal Prince de Rohan, ovale, armes au bas. in-fol.
3. Christophe Lemenu de St. Philbert, peint par *le Fevre l'aîné*, gravé par son ami *Basan.* petit in-fol.
4. Michel Schuppach, Médecin praticien très-renommé à Langnau dans le Canton de Berne, chez Basan. p. in-fol.

5. Carle Vanloo, décédé en 1765. A Paris, chez Basan.
6. Mademoiselle du T. pièce gravée en couleur; chez Basan.
7. Un *Ecce Homo*, d'après *Michel-Ange de Caravage*, in-fol. en t. De la galerie du Comte de Bruhl.
8. St. Maurice, en demi-figure; d'après *Luca Jordano*. in-fol. en t. De la même galerie.
9. Bacchus et Ariadne abandonnée; d'après *Luca Jordano*. in-fol. en t. De la galerie de Dresde.
10. Le Sauveur faisant la fraction du pain; d'après *Carlo Dolce*. in-fol. De la même galerie. Une des meilleurs pièces de Basan.
11. Le Grimoire d'Hypocrate; d'après *Teniers*. in-fol. en t.
12. Les Joueurs de Cartes; d'après *le même*. Même grandeur.
13. La Lecture diabolique; d'après *le même*. in-fol.
14. Le Chanteur gothique; d'après *And. Both*. in-fol.
15. La Jardinière; d'après *Fr. Mieris*. in-fol.

Diverses copies de plusieurs estampes rares de *Rembrandt*, dont le Bourguemestre Six etc. ainsi que plusieurs pièces qu'il a gravées dans la manière de ce maître.

ANTOINE MARCENAY DE GHUY, peintre et graveur à la pointe, gentilhomme Bourguignon, né vers 1723. L'amour inné pour les beaux arts le rendit artiste, sans négliger pour cela la culture des lettres. Il a copié différens tableaux d'après de grands maîtres; mais en quoi il a excellé c'est dans la gravure à l'eau-forte et dans le maniement de la pointe séche. Marcenay a été un des plus heureux imitateurs de *Rembrandt*. Indépendamment de ses talens, il possédoit toutes les vertus sociales. C'étoit un homme, dont le souvenir m'est cher, d'une probité et d'une bienfaisance reconnue. Vers 1770 il a fait l'héritage d'une terre en Bourgogne, où il s'est retiré et où vraisemblablement il est mort. Son œuvre, assez considérable, consiste en portraits et en sujets divers.

Portraits.

1. Charles V. dit le Sage. *N. pinx.* in-8.
2. Charles VII. dit le Victorieux. *N. pinx.* in-8.
3. Henri IV. *Jannet pinx.* in-8.
4. Le Duc de Sully. *Porbus pinx.* in-8.
5. Michel de l'Hôpital. in-8.
6. Le Chevalier Bayard. *N. pinx.* in-8.
7. La Pucelle d'Orléans. in-8.
8. Le Président de Thou. *Ferdinand pinx.* in-8.
9. Le Vicomte de Turenne. *Champagne p.* in-8.
10. Le Prince Eugène. *Kupetzki pinx.* in-8.
11. Le Maréchal de Villars. *Rigaud pinx.* in-fol.
12. Le Général Paoli. *N. del.* in-8.
13. Stanislao Augusto Poloniæ Regi offerebat de Marcenay de Ghuy. *M. de Baciarelli pinx.* in-8.
14. Le Maréchal de Saxe. *Liotard pinx.* in-8.
15. Portrait d'un homme avec un collet blanc. *Ant. van Dyck pinx.* in-8.

16. Portrait

16. Portrait à mi-corps du Tintoret, *peint par lui même*. petit in-4to.
17. Portrait à mi-corps de Rembrandt la palette à la main, *peint par lui même*. petit in-4to.
18. Le Vieillard atrabilaire; d'après *Rembrandt*. p. in-4to.
19. La Dame aux perles; d'après *le même*. p. in-4to.
20. Le Vieillard à la toque; d'après *le même*. p. in-4to.
21. Marc-Pierre de Voyer de Paulmy, Comte d'Argenson. *Nattier pinx.* p. in-4to.
22. Henri, Comte de Berghe. *van Dyck pinx.* p. in-4to.
23. Victor de Riqueti, Marquis de Mirabeau, surnommé l'Ami des hommes. *Aved pinx.* petit in-fol.
24. Marie-Antoinette, Electrice de Saxe, en médaillon, avec des attributs, peinte en pastel *par elle même*. petit in-fol.

Sujets divers.

1. Deux Paysages sur une même feuille: la Forêt; la Cabane. petit in-4to. en t.
2. Le Coucher du Soleil. *Vernet pinx.* in-8. en t.
3. Le Repos; d'après *le même*. De même.
4. Beau Paysage orné de roches et d'eaux avec des Pêcheurs; d'après *le même*. Dédié à M. de Marcenay de la Brauce. in-fol. en t.
5. Commencement d'orage: Le ciel se couvre, hâtons-nous! *Luc. van Uden pinx.* gravé en 1755. in-fol. en t.
6. Combat de Cavalerie; d'après *Joseph Parrocel*. in-fol. en t.
7. Le Testament d'Eudamidas; d'après *le Poussin*. in-fol. en t.
8. L'Amour fixé; d'après *le Brun*. gr. in-fol.
9. Tobie recouvrant la Vue; d'après *Rembrandt*. in-4to.
10. La Fleuriste, jeune Fille à la fenêtre avec un pot d'œillet; d'après *G. Douw*. in-fol.
11. Régulus quitte sa famille pour retourner à Carthage: de sa composition. gr. in-fol. en t.

LES OZANNES.

NICOLAS ET PIERRE OZANNE, frères, dessinateurs et graveurs à la pointe et au burin, nés à Paris vers 1724. Ces artistes ont gravé une quantité de Vues et de Marines, de leurs compositions. Ils ont la réputation, particulièrement *Nicolas*, d'entendre parfaitement toutes les parties qui concernent la marine : tout y est rendu avec une vérité surprenante. On a de ces artistes une suite de 90 pièces de ce genre. Ils ont été aidés par leurs deux sœurs, personnes avantagées de grands talens pour la gravure. Toutes deux élèves d'Aliamet, l'aînée, *Jeanne-Françoise*, a gravé d'après différens maîtres et est occupée maintenant à graver les Vues des colonies françoises. *Marie-Jeanne*, sœur cadette, et épouse d'*Yves le Gouaz*, a aussi gravé divers sujets. Elle est morte à Paris en 1786 âgée de 52 ans.

1. Vue ornée d'eaux, avec un vaisseau. *N. Ozanne fecit*, en rond. in-8.
2. Quatre Paysages et Marines. *Ozanne fec.* in-4to. en t.
3. Deux Vues du port de Brest. *Id. fec.* in-fol. en t.
4. Vue prise dans le port de Dieppe ; d'après *Ph. Hackert*, gravée par *Jeanne-Françoise Ozanne*, chez *Aliamet*. gr. in-fol. en t.
5. Vue de St. Valery sur la Somme ; par *les mêmes*. *Aliamet direx.* Pendant.
6. Première Vue du port de Livourne ; d'après *Vernet*, par *Marie-Jeanne Ozanne*, *le Gouaz*. in-fol. en t.

7. Seconde Vue du port de Livourne; d'après *le même*, par *Jeanne-Françoise Ozanne*. Pendant.
8. Tems serein; d'après *le même*, par *Marie-Jeanne, femme le Gouaz*. gr. in-fol. en t.
9. Les Relais flamands; d'après *Wouwermans*, par *Marie-Jeanne Ozanne*. gr. in-fol. en t.
10. La Ferme flamande; d'après *le même*, par *la même*. Pendant.

JEANNE-ANTOINETTE POISSON, MARQUISE DE POMPADOUR, graveuse à l'eau-forte, née à Paris en 1720, et morte dans la même ville en 1764. Fille d'un Financier, elle étoit mariée à M. d'Etioles, quand elle succéda auprès de Louis XV. à la faveur de Madame de Châteauroux. Madame de Pompadour jouit d'un grand crédit, et ne fut pas plus heureuse que Madame de Maintenon. Elle favorisa les beaux-arts qu'elle avoit cultivés dès son enfance. Parmi les artistes elle aimoit *Carle Vanloo*, qui avoit composé un joli tableau allégorique sur sa convalescence apparente, lors de sa dernière maladie, et elle a été constamment la bienfaitrice de Cochin; mais son goût n'étoit pas ferme, et elle ne faisoit pas de différence de ces deux hommes vraiment habiles, chacun dans son genre, avec un *Boucher*, un *Eisen*.

Madame de Pompadour, non contente de protéger les arts, s'est mise sur les rangs comme artiste. Un graveur en pierres fines, *Jacques Guai*, avoit son touret chez elle, et elle se plaisoit à le voir travailler. Elle a gravé un grand nombre de petits sujets d'après des pierres gravées par *Guai*, qui forment un volume composé de 63 pièces, non-compris le frontispice, et divers autres petits morceaux d'après *Boucher* et *Eisen*. Madame de Pompadour mourut avec plus de résignation qu'on ne devoit en attendre d'une femme qui avoit joui en apparence de tant de bonheur. Pour conclusion, Diderot fait cette question : „ Qu'est-il resté de cette femme „ célèbre ? Le Traité de Versailles et ses effets, „ l'Amour de *Bouchardon* de Choisy qu'on ad- „ mirera à jamais ; quelques pierres gravées qui „ étonneront les antiquaires à venir, un bon „ petit tableau allégorique de *Vanloo* qu'on regar- „ dera quelquefois, et une pincée de cendres."

JEAN OUVRIER, graveur au burin, né à Paris en 1725, et mort dans la même ville en 1784. Il a gravé des vignettes et des paysages. Dans ses estampes il a souvent donné dans le noir, ce qui nuit à l'harmonie de l'ensemble.

1. Les Villageois de l'Appenin ; d'après *Pierre*.
2. Vue des Alpes ; d'après *Vernet*. gr. in-fol.
3. Vue des Appenins ; d'après *le même*. Pendant.
4. La Lanterne magique ; d'après *Schenau*. gr. in-fol.
5. Les Défauts corrigés par l'affront ; d'après *le même*. gr. in-fol.
6. L'Ecole flamande ; d'après *Eisen le père*. gr. in-fol.
7. L'Ecole hollandoise ; d'après *le même*. gr. in-fol.
8. Le Génie du dessin, avec un grouppe d'enfans ; d'après *Cochin*. in-8.
9. Isabeau qui déterre la tête de son ami ; d'après *le même*, pour la belle édition de Boccace. in-8.

GUILLAUME-PHILIPPE BENOIT, ou BENOIT, graveur au burin, né dans le diocèse de Coutances en Normandie en 1725, et florissant à Paris en 1760. Il a gravé plusieurs petits portraits, in-8. la plûpart d'après les médailles de Dassier.

1. Galilée Galilei, d'après *Fr. Villamena*.
2. Le Président de Montesquieu.
3. Alexandre Pope.
4. Rosen de Rosenstein, Médecin.
5. Isaac Newton.
6. Blaise Pascal.
7. Albert Haller.
8. Jupiter et Junon, d'après *Julien de Parme*. in-fol
9. Bethzabée au bain par *Bounieu*, et gravé par *Benoit*, gr. in-fol.

ANGE-LAURENT DE LA LIVE DE JULLI, Introducteur des Ambassadeurs, Membre honoraire de l'académie de peinture, peignant en mignature, et gravant à l'eau forte. Riche amateur il possédoit un beau cabinet de tableaux de peintres des Pays-Bas et d'Italie ; mais il s'étoit attaché sur-tout de rassembler les morceaux les plus choisis de l'école françoise. Il naquit à Paris en 1725 et mourut dans la même ville en 1775. A sa mort son cabinet fut dispersé. Il a gravé à l'eau forte une centaine de morceaux, dont il faisoit présent à ses amis.

1. Jeune paysanne portant un enfant sur le dos et un coq dans son tablier, accompagnée de quatre autres enfans ; d'après *F. Boucher*, in-fol.
2. La jeune Jardinière, d'après *le même*, in-fol.
3. La Correction d'un petit garçon, d'après *le même*, p. in-fol.
4. Un Enfant sur un Dauphin, d'après *le même*, p. in-fol.
5. Bacchus assis sur un tonneau, figure automate, d'après *le même*, p. in-fol.
6. Une suite de Carricatures, d'après *Saly*, plusieurs pièces, p. in-fol.
7. Les Fermiers brûlés, grouppe de Gueux d'après *Greuze*, in-fol.
8. Une suite de Portraits d'hommes illustres dans tous les genres, in-4to.

LOUIS-SIMON LEMPEREUR, graveur au burin, né a Paris vers 1725, et membre de l'académie de peinture. Il a appris la gravure de

Pière *Aveline*, et a gravé d'un meilleur goût que son maître. Les belles estampes que nous avons de sa main, témoignent qu'il a réfléchi sur son art, et qu'il s'est attaché à rendre le caractère des tableaux qu'il gravoit. Il réussit également dans le portant et l'histoire.

Portraits.

1. Etienne Jeaurat, Peintre du Roi, peint par *A. Roslin*, gravé par L. S. Lempereur pour sa réception à l'Académie en 1775, in-fol.
2. P. L. Buirètte de Belloy, médaillon tenu par la France et le génie de la Poësie qui présente une feuille sur laquelle est écrit: *Le Siège de Calais*, *Tragédie*. 1765. *N. R. Jollain fec. L. Lempereur sc.* gr. in-fol.
3. Philippe Cayeux, sculpteur, d'après *Cochin*, in-4to.
4. Claude-Henri Watelet, avec des attributs, d'après le même, petit in-fol.

Sujets historiques.

1. Le Triomphe de Silène; d'après *Carle Vanloo*. in-fol. en t.
2. Titon et l'Aurore; d'après *Pierre*. in-fol. en t.
3. Sacrifice au Dieu Pan; d'après *le même*. gr. in-fol.
4. Bacchus et Ariadne; d'après *le même*. Pendant.
5. Les Forges de Vulcain; d'après *le même*. gr. in-fol. en t.
6. L'Enlèvement d'Europe; d'après *le même*. gr. in-fol. en t.
7. Les Baigneuses; d'après *Carle Vanloo*. gr. in-fol.
8. Pyrame et Thysbé; d'après *P. J. Cazes*. gr. in-fol.

9. Les Graces lutinant les Amours; d'après *Lagrenée l'aîné*. gr. in-fol. en t.
10. Les Amours lutinant les Graces; d'après *le même*. Pendant.
11. La Conversation entre plusieurs Amans, pièce connue d'après *Rubens*. gr. in-fol. en t.
12. Le Festin espagnol; d'après *Palamede*, pièce faisant pendant. Ces deux belles estampes sont recherchées.
13. Amusemens des Flamands; d'après *Teniers*. gr. in-fol.
14. Délices des Flamands; d'après *le même*. gr. in-fol.
15. L'Enlèvement de Proserpine, tableau de réception à l'Académie de *la Fosse* en 1673, gravé par Lempereur pour l'Académie en 1778. gr. pièce en t. d'une belle exécution.

II. CATHERINE-ELISABETH COUSINET, FEMME DE LEMPEREUR, née à Paris en 1726. Elève de *Cars* et de *Fessard*, elle s'est distinguée dans la gravure parmi les graveuses françoises. Elle a gravé plusieurs estampes, entr'autres les suivantes:

1. La Pyramide de Sextius; d'après *Pannini*. in-fol. en t.
2. Les trois Colonnes de Campo Vaccino; d'après *le même*. Pendant.
3. La crédule Laitière; d'après *Teniers*. in-fol. en t.
4. La Forêt dangereuse; d'après *Wouwermans*. in-fol. en t.
5. Les Travaux champêtres; d'après *le même*. Pendant.
6. Le Départ de Jacob; d'après *Boucher*. in-fol.
7. Départ de la Chaloupe; d'après *Vernet*. in-fol. en t.
8. L'heureux Passage, d'après *le même*. De même.
9. La belle Après-Dinée, d'après *le même*. gr. in-fol. en t.

10. Les Jetteurs de Filets, d'après *le même*. gr. in-fol.
11. Les Pêcheurs napolitains, d'après *le même*. gr. in-fol.
12. Les Pêcheurs florentins, d'après *le même*. Même grandeur.
13. Incendie d'un Port, d'après *le même*. gr. in-fol. en t.

CLAUDE-DONAT JARDINIER, graveur au burin, naquit à Paris en 1726, et mourut dans la même ville en 1774. Après avoir appris les élémens de la gravure de *Nic. Dupuis*, il se mit sous la direction de *L. Cars*, et devint un de ses meilleurs élèves; il a même beaucoup aidé son maître dans la planche du grand portrait de Mademoiselle Clairon d'après *Vanloo*. Les estampes qu'il a gravées ne sont pas nombreuses, mais elles sont exécutées d'un burin ferme et agréable.

1. Une Vierge et l'enfant Jésus, d'après *Carle Maratte*. in-fol. Du recueil de la galerie de Dresde.
2. Le Génie de la gloire et de l'honneur, représenté par une figure en l'air qui tient des couronnes, d'après *le Carrache*. gr. in-fol. Du même recueil et un de ses plus beaux morceaux.
3. La Mère avec trois enfans, d'après *Greuze*, gravée à l'eau-forte par *L. Cars*, et fini au burin par *Cl. D. Jardinier*. gr. in-fol.
4. La Fille qui s'endort en tricotant, d'après *le même*. petit in-fol.
5. Les Joueurs, ou deux Soldats, jouant aux cartes, d'après *M. Valentin*. gr. in-fol. en t.

P. CH. LEVESQUE.

PIERRE-CHARLES LEVESQUE, graveur au burin, aggrégé à l'Académie des Beaux-Arts de Saint-Petersbourg, et membre de celle des Inscriptions et Belles-Lettres de Paris, est né à Paris en 1727. Comme graveur on a de lui divers portraits et sujets d'après différens maîtres. Il a passé sept ans en Russie, où il s'est livré à la culture des lettres. En 1781 il publia une Histoire de Russie très-estimée. Mais en quoi il a singulièrement bien mérité du public, ami des arts, c'est en qualité de continuateur du *Dictionnaire des Beaux-Arts*, commencé par Watelet et laissé imparfait par sa mort, comme nous l'avons dit ci-devant. A la tête de l'ouvrage il rend compte de cette entreprise, et cela avec une modestie capable de lui concilier les suffrages. Voici comme il s'exptime: „Treize années entières de ma vie consacrée sans relache à l'étude et à la pratique de l'un des arts qui dépendent du dessin, m'ont donné la confiance d'accepter la proposition qui m'a été faite de remplir les lacunes laissées par M. Watelet. Ce n'est pas que je croie avoir acquis le droit de donner impérieusement des préceptes aux artistes; mais j'ai du moins l'avantage d'avoir appris leur langue, de ne pas ignorer les principes que les plus sages entr'eux ont établis, approuvés ou pratiqués, de connoître une partie de leurs procédés, de tenir quelques anneaux qui peuvent m'aider à suivre la chaîne entière des arts. J'en ai pratiqué un seul par état; mais j'ai fréquenté, j'ai entendu, j'ai vu pratiquer des artistes dans tous les genres, et j'ai pu me rendre leur théorie familière. Les ouvrages de cet artiste, parvenus à ma connoissance, ne sont pas fort nombreux, mais ils sont d'une bonne exécution.

1. Michel-François Sédaine, d'après *J. L. David.* gr. in-4to.
2. Jean Causeur, âgé de cent trente ans, d'après *Caffieri.* gr. in-4to.
3. Louis Phélippeaux, Duc de la Vrillière, d'après *L. M. Vanloo.* in-fol.
4. Jupiter en pluie d'or, et Danaé, d'après *J. Fr. de Troy*, pièce commencée par *Daullé*, et terminée par *Levesque.* gr. in-fol. en t.
5. La Douleur, Porcie avalant des charbons ardens, d'après *le Brun*, demi-figure. ovale in-fol.
6. Erigone vaincue par Bacchus sous la forme d'une grappe; d'après *Deshayes.* gr. in-fol. Ces deux pièces qui font pendant, ont paru sous le titre: *La Douleur*, et *la Gaité.*
7. Vénus et l'Amour, d'après *Pierre*, gravé en 1770. gr. in-fol. en t.
8. L'Amour aiguisant ses traits, d'après *Cazes.* gr. in-fol.

9. Le Sommeil et le Reveil, 2 pièces d'après *Boucher*, gravées en 1765. in-fol. en t.
10. La Toilette hollandoise; d'après *Metzu*. in-fol.
11. Loth avec ses deux filles; d'après *Diepenbeck*. in-fol.

LOUIS-JEAN-FRANÇOIS DE LA GRENEE, peintre et graveur à l'eau-forte, né à Paris vers 1727, et mort professeur de l'Académie de peinture, en 1786. *La Grenée* a peint avec un égal succès le portrait, l'histoire et l'allégorie. Aux différentes expositions du salon au Louvre, les tableaux de ce peintre agréable ont toujours été admirés pour les belles parties qu'ils renferment. Il a gravé d'une pointe spirituelle plusieurs petites estampes très-recherchées par les connoisseurs.

1. La Vierge avec l'enfant Jésus endormi; d'après *le Guide*, médaillon en t. in-4to.
2. La Vierge assise avec l'enfant Jésus. petit in-fol.
3. Saint Pierre et Saint Jérôme, 2 pièces in-4to.
4. La Charité et la Justice, 2 pièces in-8.
5. Un Vieillard assis, et le Sacrifice de Noé, 2 pièces in-12. en t.
6. Une Femme nue devant son miroir, d'après *Eisen*, au lavis en brun. in-8.
7. Sacrifice au pied de la statue de Pan, *Bacchanale*. in-fol. en t.

Les estampes gravées d'après ce peintre sont assez nombreuses. Les graveurs sont: *Helman*,

JAC. ALIAMET.

Beauvarlet, Voyez l'aîné, *Dennel, Fessard, Bouillard, Lempereur, Bonnet* en pastel et en couleur, etc.

I. JACQUES ALIAMET, l'aîné, graveur à la pointe et au burin, né à Abbeville en 1727, et mort à Paris en 1788. „Il a commencé sa réputation, selon M. Watelet, par la gravure de ces petites estampes qui servent à l'ornement des livres, et qu'on appelle vignettes. Il l'a augmentée par les belles estampes qu'il a gravées d'après *Vernet*. Il a perfectionné la manœuvre de la pointe sèche créée par *le Bas* dont il étoit l'élève. Sa gravure est suave: il connoissoit la valeur des touches, et les frappoit avec justesse. Ennemi des estampes poussées au noir, il comparoit leur effet au jeu de ces acteurs qui s'éloignent de la nature, crient et grimassent sur le théatre pour se faire applaudir de la multitude. La majeure partie des estampes d'*Aliamet* consiste en paysages et en marines; cependant il a gravé aussi quelques pièces de genres, qu'on trouvera notées ci-dessus.

1. Paysage avec toutes sortes d'animaux et de figures d'hommes, d'après *Berghem*, pour la galerie de Dresde. gr. in-fol.

JAC. ALIAMET.

2. Ancien Port de Gênes, riche paysage, d'après *le même*. gr. in-fol. en t.
3. Le Rachat de l'Esclave, riche paysage, d'après *le même*. Même grandeur.
4. Grande Chasse aux cerfs, beau paysage, d'après *le même*. gr. in-fol. en t.
5. Le Four à briques, d'après *le même*. in-fol. en t.
6. La Rencontre de deux Villageoises, d'après *le même*. in-fol. en t.
7. L'Abreuvoir champêtre, d'après *le même*. in-fol. en t.
8. Les Plaisirs du village, d'après *le même*. in-fol. en t.
9. Halte espagnole, d'après *Wouwermans*. gr. in-fol. en t.
10. Garde avancée des Houlans, d'après *le même*. gr. in-fol. en t.
11. Le Lever de la lune, d'après *A. van der Neer*. in-fol. en t. Le pendant de cette pièce est la lune cachée, gravée par *Zingg*.
12. Vue de Boom sur le Rupel, beau clair de lune, d'après *le même*. gr. in-fol. en t.
13. Première et seconde Vue du Pont de l'Arche, d'après *Ph. Hackert*, 2 pièces. gr. in-fol. en t.
14. Première et seconde partie du Jardin anglois de Villette, d'après *Jean Hackert*, 2 pièces. petit in-fol. en t.
15. Les Amusemens de l'Hyver, d'après *Ad. van de Velde*. in-fol. en t.
16. Tems orageux, d'après *Vernet*. in-fol. en t.
17. Tems de brouillard, d'après *le même*. Pendant.
18. Les Italiennes laborieuses, d'après *le même*. gr. in-fol. en t.
19. L'Incendie nocturne d'un Port, d'après *le même*. tr. gr. pièce in-fol. en t.
20. Première et seconde Vue du Levant, d'après *le même*, 2 pièces. gr. in-fol. en t.

21. Première et seconde Vue de Marseille, d'après *le même*, 2 pièces. gr. in-fol.
22. Deux Marines, les Pêcheurs à la ligne, le Retour de la Pêche, d'après *le même*, 2 pièces. gr. in-fol. en t.
23. Les quatre Parties du jour: le Matin, le Midi, le Soir, la Nuit; d'après *le même*, 4 pièces. gr. in-fol.
24. Le Départ pour le Sabbat: l'Arrivée au Sabbat, d'après *Teniers*, 2 pièces. in-fol.
25. La Naissance de Vénus, d'après *Et. Jeaurat*. in-fol.
26. La Place Maubert, d'après *le même*. gr. in-fol. en t.
27. La Place des Halles, d'après *le même*. gr. in-fol. en t.
28. Deux des seize grandes Batailles des Chinois, gravées par *Aliamet*, sous la direction de *Cochin*.

II. FRANÇOIS ALIAMET, frère cadet de *Jacques*, graveur au burin, né à Abbeville en 1734. Après avoir travaillé quelque tems à Paris, il passa à Londres, où il se perfectionna dans la gravure au burin, sous la direction de R. Strange. Les estampes de François sont gravées avec beaucoup de netteté et une bonne coupe du cuivre; mais on y désireroit le dessin et le goût qui caractérisent celles de son frère Jacques. Il a gravé des vignettes, des portraits et des histoires.

1. Portrait du Vicomte de Carlisle.
2. Portrait de la Comtesse d'Ormond.
3. Mist. Prittchard, Actrice, figure en pied dans le rôle de Sigismunda; d'après *Mr. Payne*.
4. Le Dr. Sharp, et plusieurs autres portraits pour l'histoire d'Angleterre du Dr. Smollet.

5. L'Adoration des Bergers; d'après *le Carrache*. gr. in-fol. en t. gravée pour Boydell.
6. La Circoncision; d'après *le Guide*. gr. pièce en ovale, gravée pour Boydell.
7. L'Annonciation; d'après *le Moine*, grande pièce, sur laquelle il se nomme *François-Germain Aliamet*. gr. in-fol. en t.
8. Saint Ignace à genoux, les mains levées vers le ciel; d'après *le même*, marqué de même.
9. Lapidation de St. Etienne, d'après *Eust. le Sueur*. gr. in-fol. en t. pour Boydell.
10. Sacrifice à Pan, d'après *André Sacchi*. gr. in-fol. en t. *Ibid*.
11. La Flatterie des Courtisans de Canut le grand réprimée; d'après *Pine*. gr. in-fol. en t. *Ibid*.
12. La Reddition de Calais à Edouard trois en 1347; d'après *le même*. Pendant.
13. Les Baigneuses, deux pièces sous le titre: *The Bathers and Bathing*, d'après *Watteau*. in-4to.
14. Suite de Figures chinoises, six grandes pièces d'après *Pillement*. gr. in-fol. en t.

JOSEPH GOUPY, dessinateur et graveur à l'eau-forte, né à Nevers en 1729. Depuis nombre d'années il réside à Londres, où il a publié plusieurs estampes, soit de sa composition soit de celle de quelques autres maîtres, gravées d'une pointe facile et spirituelle.

1. Mucius Scævola se brûlant la main devant le Roi Porsenna. gr. in-fol.
2. Xeuxis peignant Hélène pour les Agrigentins; d'après *Solimène*. gr. in-fol. en t.

3. Diane

3. Diane et ses Nymphes à la chasse du Cerf; d'après *Rubens*. gr. in-fol. en t.
4. L'Eunuque baptisé par St. Philippe; d'après *Salv. Rosa*. gr. in-fol. en t.
5. St. Jean prêchant dans le désert; d'après *le même*. Pendant.
6. Hieron, Roi de Syracuse, engage Archimède à défendre la ville; d'après *Seb. Ricci*. gr. in-fol.
7. Quatre Paysages, d'après *Salv. Rosa*, savoir: 1) les Devins; 2) les Voleurs; 3) Tobie; 4) le Songe de Jacob. gr. in-fol. en t.
8. Beau Paysage de Castel Gandolfo, avec une partie du lac et la vue sur la campagne de Rome; d'après *le Bolognèse*. tr. gr. in-fol. en t.
9. Beau Paysage avec la Vocation de St. André, et ces paroles de Jésus: *Suivez-moi, je vous ferai Pêcheurs d'hommes*; d'après *P. de Cortone*. tr. gr. in-fol. en t.
10. Beau Paysage, avec un grand orage sur terre, et l'histoire de Pyrame et de Thisbé; d'après *le Poussin*. tr. gr. in-fol. en t. Trois pièces capitales et du plus grand effet.

CLAUDE GALIMARD, graveur au burin, né à Troyes en Champagne en 1729. Il a passé quelque tems à Rome où il a gravé diverses pièces d'après *de Troy*, *Soubleyras* et autres maîtres. En Italie il fut reçu membre à l'Académie des Arcades et à son retour dans sa patrie il le fut à celle de peinture de Paris. Il a gravé un grand nombre d'ornemens de livres, sur-tout quatorze pièces de frontispices et de vignettes d'après

Cochin le fils, qu'on trouvera spécifiées dans le *Dictionnaire des Artistes de Heinecke*, à l'article *Cochin*.

1. Buste de Nicolas Vleughel, avec une inscription sur un monument d'architecture par *M. A. Slotz*. *Claudius Gulimard, Parisinus incidit* 1744. in-fol.
2. La Reine de Saba, visitant le Roi Salomon; d'après *J. Fr. de Troy*. gr. in-fol.

JOSEPH FRATREL, peintre, dessinateur et graveur à l'eau-forte d'un goût qui approche de celui de Rembrandt, naquit à Epinal, ville de Lorraine, en 1730, et mourut à Mannheim en 1783. Destiné au barreau par ses parens, il ne put d'abord se livrer à son inclination pour les arts et ne donner à l'étude du dessin que ses heures de loisir. Mais à force de persévérence, il sut vaincre tous les obstacles, et bientôt il se montra avec un tel degré de supériorité, qu'il excita l'admiration des connoisseurs. Bien qu'il se fut distingué par ses connoissances en jurisprudence, il ne quitta pas moins cette carrière, pour aller étudier à Paris les chef-d'œuvres des grands maîtres. Le peintre *Baudouin* qu'il avoit choisi pour son guide fut étonné du talent et de la masse de connoissance qu'il trouva dans un homme qui n'avoit travaillé jusque là qu'en miniature. Le premier emploi que ses talens lui méritèrent, fut celui de peintre de la cour du Roi Stanislas à Nancy. Plusieurs portraits historiques que l'Electeur Palatin eut occasion de voir, engagèrent ce Prince par la suite de l'attacher à son service en qualité de peintre de la cour.

Fixé à Mannheim, son génie prit dès-lors un nouvel essort; il ambitionna de devenir peintre d'histoire. La riche salle des antiques de cette résidence lui fournit ses formes. Il se fit avec goût une petite collection de gravures, notamment de celles d'après *Raphael* et du *Poussin*, et se proposa pour but d'imiter ces grands maîtres. Ses compositions sont simples, nobles et grandes. La vérité de l'expression et la vigueur de son coloris prouvent l'étude profonde qu'il a faite de la nature. Ses têtes sont traitées dans le style antique, leurs caractères sont bien prononcés et les contours décidés. Tous ses tableaux portent l'empreinte d'un extrême fini, et peut-être, si l'on vouloit y critiquer quelque chose, diroit-on que ce fini se fait un peu trop sentir dans les draperies. Il n'a peint qu'un petit nombre de grands tableaux, ne s'étant voué que dix ans avant sa mort au genre de l'histoire. Ce fut au moment le plus brillant de sa carrière que l'art le perdit, n'étant âgé que de 53 ans. Le nombre des tableaux qu'il a laissé n'est pas grand. Voici les principaux: Cornélie, un de ses plus beaux, orne la galerie électorale de Mannheim. Celui des Vestales a été acquis par M. Pigage. Sa Kora appartient à M. le Coadjuteur, Baron de Dalberg, ce zélé protecteur des talens, qui fait encore une pension à la famille de l'artiste. Mais son plus riche tableau, la Fuite en Egypte, a été acheté par M. le Comte de Truchses.

Fratrel a laissé dix-sept planches gravées à l'eau-forte, d'un goût original, dont quatorze représentent ses propres compositions, et une le Songe de St. Joseph, beau tableau de *M. Krahe*, Directeur de la galerie de Dusseldorf. On vient d'imprimer à Mannheim (1799) tout l'œuvre de cet artiste. Les gens de l'art ne méconnoitront pas, dans ces différens morceaux, l'émule du Poussin et de Raphael. Aujourd'hui la plupart des planches sont détruites, ou ont été gatées par des imprimeurs mal-habiles; il n'y a qu'un nombre d'exemplaires de cet ouvrage qui aient été sauvés.

Sujets divers de Fratrel.

1. Les Arts et les Sciences se dévouant à leur protecteur, Charles Théodore, riche composition allégorique, où se voit le médaillon du Prince, posé sur un autel antique et soutenu par Minerve. gr. in-fol.
2. Le même sujet avec des variations, ou plutôt la même planche, avec de fortes retouches et trop poussée au noir.
3. La Science, figure en pied, la tête ailée et drapée à l'antique, avec des attributs. in-fol.
4. La Sagesse, figure en pied, drapée de même, avec une lampe et un livre. in-fol.
5. La même figure, épreuve plus claire et chargée de moins de travaux.
6. Le Fils du Meunier, debout devant le mur du moulin, gros garçon d'une expression naïve. *Fratrel* a toujours eu de la prédilection pour ce tableau que sa famille possède encore. Pièce in-fol.
7. Le Songe de St. Joseph, où se voit la Vierge assise, tenant l'enfant Jésus sur une table, et vis-à-vis St. Joseph endormi et inspiré par un ange. *Lambert Krahe inv. et pinx. Jos. Fratrel exar.* L'original de grandeur naturelle est dans la galerie électorale à Mannheim. Bel effet de nuit. gr. in-4to. en t.
8. Le portrait du Prince Frédéric de Deux-Ponts, figure jusqu'aux genoux, à côté de lui un nègre. gr. in-fol.
9. Le portrait du Chevalier de Caux, à mi-corps. in-fol.
10. Le Baron de Hubens, en buste, dans un cadre d'architecture. in-4to.
11. Lambert Krahe, Directeur de la galerie de Dusseldorf, en buste, une palette en main.

P. Fr. Charpentier.

12. Jésus amabilis, en buste, tenant le globe de la terre. in-12.
13. Saint Nicolas, ajusté pontificalement, distribue l'aumône aux pauvres. in-fol. en t.
14. Le même sujet, la planche retouchée, et poussée fortement au noir, avec une dédicace à Nicolas Maillot de la Treille.
15. Figure allégorique de la Navigation. in-8.
16. Figure allégorique de l'Agriculture. in-8.
17. Figure allégorique du Commerce.

PIERRE-FRANÇOIS CHARPENTIER, graveur au lavis, né à Blois en 1730. Il y a eu plusieurs artistes qui ont porté le nom de *Charpentier* ; mais nous ne ferons mention ici que de *Pierre-François*, attendu que la notice des autres est fort embrouillée. Celui-ci, très-ingénieux pour la partie mécanique de son art, a prétendu à l'invention de la gravure au lavis par un nouveau procédé, plus expéditif que le premier. Il entra à ce sujet en contestation avec le Suédois *Floding*, et il l'emporta sur son rival par le jugement de l'Académie. Ce triomphe lui valut un logement au Louvre et une pension du Roi. Les pièces suivantes sont toutes au lavis.

1. L'Education de la Vierge ; d'après *Boucher*. in-fol.
2. Les Graces jouant avec les Amours ; d'après *le même*. in-fol.
3. L'Esquisse d'un tombeau ; d'après *le même*. in-fol.

J. L. HALBOU.

4. L'Elévation et le profil d'une prison; d'après le dessin de l'architecte *Bugniel*, 1766.
5. Le Retour de la Nourrice, ou le Préjugé de l'Enfance; d'après *Greuze*. gr. in-fol.
6. La Mort d'Archimède; d'après *Ciro-Ferri*. in-fol.
7. Les Travaux de la Bergère; d'après *Berghem*. gr. in-fol. en t.
8. Le Repos du Berger; d'après *le même*. Pendant.
9. Descente de croix; d'après *Carle Vanloo*. gr. in-fol.
10. Le petit Astianax, qu'Andromaque avoit caché dans le tombeau d'Hector, est arraché des bras de sa mère par les ordres d'Ulysse. gr. in-fol. en t.
11. Repos de Chasse, représenté par des enfans; d'après *Jac. de Wit*. in-4to.
12. Bacchanale d'enfans; d'après *le même*. Pendant.

JEAN-LOUIS HALBOU, graveur au burin, né à Paris en 1730, et florissant en 1760. Elève de Dupuis, il a gravé avec beaucoup de propreté diverses pièces de genre, d'après différens artistes. On a aussi de lui de jolies vignettes d'après *Marillier*.

1. Le jeune Aubergiste; d'après *Coquetet*. in-fol.
2. Le galant Boulanger; d'après *le même*. Pendant.
3. Le Buveur trop grave; d'après *Fr. Mieris*. in-fol.
4. La Toilette du Savoyard; d'après *Morillos*. in-fol.
5. Le Tems perdu; d'après *P. A. Wille*. in-fol.
6. Les Intrigues amoureuses; d'après *Schenau*. gr. in-fol.
7. Le beau Commissaire; d'après *Eisen le père*. gr. in-fol.
8. La jolie Charlatane; d'après *le même*. Pendant.
9. La Sultane favorite; d'après *Et. Jeaurat*, gravée en 1768. gr. in-fol.
10. Le Sultan galant; d'après *le même*. Pendant.

P. Chenu.

Pierre Chenu, graveur à la pointe et au burin, né à Paris en 1730. Elève de *le Bas*, il a gravé d'un style facile un grand nombre d'estampes d'après divers maîtres, et cela dans tous les genres, portraits et sujets divers.

Portraits.

1. François I. Roi de France, figure debout, avec ornemens; d'après *Nicolo del Abbate.* in-fol.
2. Antoine Perrenot, Cardinal de Granvelle. *Garand del. Chenu sc.* in-4to.
3. Pierre Carlet de Champlain de Marivaux, de l'Académie françoise. *Id. del. Id. sc.* De même.
4. Madame Favart, avec quatre vers françois. *Id. del. Id. sc.* De même.
5. Buste de Diderot, le visage appuyé sur sa main. *Garand del. Chenu sc.* in-4to.
6. Tombeau du Comte de Caylus, de la composition de *Vassé*, avec un médaillon en bronze du Comte, monument posé à l'église de St. Germain de l'Auxerois, avec cette épitaphe: *Hic jacet A. C. Ph. de Tubières, Comes de Caylus, utriusque etc. litterarum et artium Academiae socius: obiit, die VI. Septembris A. M. D. CC. LXV. aetatis suae LXXIII.* gr. in-fol.

Divers sujets, d'après différens maîtres.

1. L'Enfant Jésus adoré par les Bergers; d'après *François Bassan*, gravé par *P. Chenu* à Paris. in-fol. en t. De la galerie de Dresde.
2. Jésus chassant les Vendeurs du temple; d'après *le Bassan*, gravé par *P. Chenu* à Paris et par *Ph. And. Kilian* à Augsbourg. in-fol. en t. Ibid.

M. L. A. DE LORME DU RONSERAY.

3. Le Souper de Henri IV, chez le Meunier, d'après *Ol. Berrwick.* in-fol.
4. L'Entretien de Henri IV. et de Sully, d'après *le même.* in-fol.
5. Ancien Temple d'Ephèse, d'après *Barth. Breemberg.*
6. Ruines d'Ephèse, d'après *le même.* in-fol.
7. La Campagne, d'après *Ad. van de Velde*, de la galerie du Comte de Bruh. gr. in-fol. en t.
8. Le Forgeron militaire, d'après *David Teniers.* petit in-fol.
9. Les Amusemens des Matelots, d'après *le même.* gr. in-fol. en t.
10. Le Boulanger flamand cornant à sa porte, d'après *Ostade.* in-4to.
11. Le Buveur flamand, et le Grivois flamand, d'après *le même.* 2 pièces in-4to.
12. Bacchus et Prométhée, 2 figures académiques, d'après *M. Pierre.* in-fol.
13. Vue du château St. Ange du côté du port, d'après *Vernet.* in-fol. en t.

MARGUERITE-LOUISE-AMELIE DE LORME DU RONSERAY,

née à Paris en 1730. Elle a gravé à l'eau-forte avec beaucoup de goût, plusieurs études d'après *Bouchardon* et autres maîtres, entr'autres :

1. Une pauvre Vieille.
2. Un Aveugle conduit par un Aveugle.
3. Un Pauvre qui demande l'aumône.
4. Un Amour en l'air avec un rouleau.
5. Vénus sur l'onde, en forme de Cornaline, terminée au burin par *Aug. de St. Aubin.*

6. La Fontaine de Grenelle, en six pièces, retouchées ensuite au burin par *Tillard* et par *St. Aubin*. Toutes ces pièces sont d'après *Bouchardon*.
7. La Tête de St. Paul plus forte que nature; d'après le Carton fait par *Pierre*, pour la chapelle de St. Roch. tr. gr. in-fol.
8. Vue de la Tour de Palmerana; d'après *Cochin*.
9. Un Sultan et une Sultane à l'entrée d'un jardin; d'après *B. Picart*.

RICHARD, ABBE' DE SAINT-NON, Amateur, dessinateur et graveur à l'eau-forte et au lavis, né à Paris en 1730, et mort en 17.. Saint-Non mérite d'occuper un rang distingué parmi les artistes, soit par le goût de son travail, soit par la variété et le nombre de ses productions. La réputation dont il jouit, il ne la doit pas seulement au titre d'artiste, il la doit aussi à celui d'auteur; par-là il a singulièrement bien mérité de tout le public, mais sur-tout des amateurs éclairés. Ce bel ouvrage, distribué d'abord par livraison, parut sous le titre de *Voyage pittoresque d'Italie, ou des royaumes de Naples et de Sicile*, en cinq volumes, gr. in-fol. enrichis d'ornemens d'un goût exquis, et éclaircis par de superbes gravures, faites par les meilleurs artistes du tems. On peut avancer hardiment que c'est l'ouvrage le plus parfait de ce genre, sur-tout quant à la partie des arts de dessin, qui ait encore paru. Il a fallu sans doute à l'auteur toute sa constance pour conduire une pareille entreprise à une heureuse fin.

Revenons à *Saint-Non* graveur, et spécifions la partie majeure de ses estampes.

Eaux-fortes d'après le Prince.

1. Paysage où se voit un paysan qui tire un seau du puits et une villageoise qui verse de l'eau dans une auche devant laquelle sont deux bœufs, 1755. petit in-fol.
2. Paysage avec une baraque de pêcheurs et des filets étendus sur des perches, 1757. p. in-fol. en t.
3. Paysage avec la basse-cour d'une ferme, garnie d'ustenciles de pêche et autres. in-fol. en t.
4. Suite de six jolis paysages, représentant des amusemens et des occupations champêtres, en ovales. in-12.
5. Suite de sept paysages, ornés de maisons rustiques. in-8. en t.
6. Suite de huit paysages, dessinés au *Moulin-joli*, séjour appartenant à Me. le Comte et embelli par M. Watelet, portant pour titre: *Varie vedute del gentile Molino, dessegnate d'appresso natura dall' Principe, ed intagliate del Abbate di Sannone. Dedicate al amabile e legiadra Mulinara*, 1755. gr. in-4to. en t.
7. Suite de six belles Vues d'Italie, ornées de figures dans le goût de *Salv. Rosa* et de ruines diverses, sept pièces y compris une espèce de frontispice en grotesque de fleurs et d'arbustes, en ovales. in-fol.

Eaux-fortes d'après Robert.

1. Vue d'Italie, prise dans les jardins de la Villa Mattei, aux environs de Rome, 1761. petit in-fol. en t.

2. Vue d'un édifice dégradé, sur le devant cinq hommes roulant avec des machines une grosse masse de pierre, 1765. p. in-fol. en t.
3. Vue dessinée dans les jardins de la Villa Borghese à Rome, 1762. in-fol. en t.
4. Vue de l'entrée du temple de Sérapis à Pouzzuolo près de Naples, 1762. in-fol. en t.
5. Elévation d'un temple antique que l'on croit être celui de Jupiter-Sérapis à Pouzzuola. gr. in-fol. en t.
6. Suite complette de dix-neuf feuilles d'après l'antique, consistant en figures, médaillons, bas-reliefs, autels, trépieds, vases et quantité d'ustenciles à l'usage des anciens, dont plusieurs sujets sont de l'invention de *Robert.* gr. in-fol.

Estampes d'après Robert au lavis en noir et en brun.

1. Contrée de Tivoli, dans le lointain la vue de la coupole de St. Pierre de Rome. gr. in-4to.
2. L'Intérieur du temple de la Sibylle à Tivoli, sur le devant quelques figures, ovale. in-fol.
3. Puits pratiqué dans les ruines d'un Arc de triomphe, sur le devant un paysan avec trois chevaux de bats, 1766. in-fol.
4. Puits pratiqué dans les ruines d'un édifice antique, sur le devant se voit un paysan qui fait boire deux chevaux et sur le côté un grouppe de trois villageoises. gr. in-4to.
5. Vue prise dans les jardins de la villa Barberini à Rome. p. in-fol. en t.
6. Vue d'une partie de la villa Borghese, sur le devant un jardinier qui arrange de jeunes orangers, et des jeunes filles qui jouent avec des enfans, 1766. in-fol. en t.
7. Vue d'une belle Fontaine antique, sur le devant des Lavandières, 1767. Pendant.

1. Vue prise dans les jardins de la villa Albani, 1768.
   gr. in-fol. en t.
2. Vue de l'Arc de Constantin, prise de dessous une
   Arcade etc. du Collége, à Rome, 1768. Pendant. (...)
3. Vue de jardin, ornée de belles et de jolies figures,
   1757. gr. in-fol. en t.
4. Première pensée du tableau de Robert, fait pour
   l'Académie de Peinture, à Paris, riche composition,
   avec des fabriques et de figures, 1766. gr. in-fol.
   en (...)

Eaux-fortes d'après Fragonard.

1. Vue prise dans le jardin de la villa d'Est à Tivoli, 1764.
   gr. in-4to. en t.
2. Vue de l'entrée de Tivoli, et des murs de la villa d'Est.
   Pendant.
3. Vue prise dans les jardins de la villa d'Est à Tivoli,
   1764. gr. in-4to. en t.
4. Vue prise dans les jardins de la villa Madama auprès de
   Rome. petit in-fol. en t.
5. Vue de Campagne d'Italie, sur le plan du milieu un
   homme fait danser un ours, et aux deux côtés beaucoup
   de spectateurs, 1762. gr. in-fol. en t.
6. Vue de jardin d'Italie, ornée d'un temple à colonnes
   doriques, et de jolies figurines, 1764. gr. in-fol. en t.
7. Suite de six figures en caricature: 1) Cavalier napolitain voulant se donner un tour françois. 2) Laquais
   napolitain portant l'épée de son maître à la promenade.
   3) Maître de chapelle se promenant au môle. 4) Prince
   napolitain prenant le frais sur le bord de la mer. 5) Duc
   napolitain. 6) L'un des plus fameux Paillasses de Naples.
   6 pièces, petit in-4to. les marges ornées de jolis
   griffonemens.

R. ABBÉ DE ST. NON.

Estampes d'après Fragonard au lavis noir et brun.

1. Trois ovales avec des Satyres et des Bacchantes, sujets libres. petit in-4to.
2. Deux ovales, sur l'un l'intérieur du théatre d'Herculanum, et sur l'autre la Statue équestre de Nonnius Balbus. gr. in-4to.
3. Berger qui fait sortir ses brebis de l'étable, pour les conduire aux champs. in-fol. en t.
4. Jeune personne assise sur son lit ensévelie dans la refléxion, devant elle un petit chien accroupi sur une table. in-fol. en t.
5. Vue d'une contrée d'Italie, ornée de ruines et de figurines. in-fol. en t.
6. Deux sujets de plafonds, avec quantité d'Enfans et d'Amours.
7. Dix feuilles, chacune composée de différens sujets antiques, soit bas-reliefs, médaillons et grouppes, soit autels, lampes, trépieds, vases etc. petit in-fol.

Eaux-fortes d'après différens maîtres.

1. Paysage avec la basse-cour d'une ferme et une fermière qui allaite son enfant; d'après *Boucher*. p. in-fol. en t.
2. Paysage d'après le tableau de *Boucher*, dans l'appartement du Dauphin à Versailles. gr. in-fol. en t. et en octogone.
3. Paysage avec un bâtiment rustique sous une grande arcade, et sur le devant un dessinateur et un chevrier; d'après *Berghem*, 1757. in-fol.
4. Paysage, intitulé; *le petit Palet*, ou Foire de bestiaux à la campagne; d'après *Bernard*. in-fol. en t.
5. Paysage avec une fête de village, et une danse sur la place de l'église; d'après *le même*. Pendant.
6. Pensionaires françois de l'Académie, allant de Rome à

Naples par le *Procaccio* et passant de nuit la forêt de Forli. *Doyen fecit* en brun. in-4to.

7. Famille villageoise, où se voit une jeune femme assise qui apprend à lire à ses enfans. *Boucher del. S. Non*, à Henonville 1766. p. in-fol. en brun.
8. Cupidon et Psiché soutenus dans les nues par des Amours, sujet de plafond. *Boucher del.* 1776 au lavis en ovale. in-fol. en t.
9. Nymphes et Faunes nues, couchées sous une grotte. *Boucher del. S. Non sc.* 1766. gr. in-fol. en t. au bistre.
10. Buste de Benjamin Franklin appuyé sur le globe de *l'Amérique*. La Liberté lui apporte les couronnes de chêne et de laurier : un génie tient sous son bras une épée nue et une pancarte renversé avec mots : Résolution du Gouvernement de Pensylvanie. Art. 1.
11. Choix de quelques monumens des peintures antiques d'Herculanum, extraits du Muséum de Portici, 20 morceaux. p. in-fol.

JEAN-JACQUES DE BOISSIEU, peintre, dessinateur et graveur à l'eau-forte, né à Lyon en 1725. Il a peint plusieurs sujets dans le genre d'Ostade et a fait avec succès le portrait; mais ce qui établit encore plus solidement sa réputation, ce sont les têtes, les paysages et les sujets champêtres qu'il a gravés d'un goût très-pittoresque d'après plusieurs maîtres et sur-tout d'après ses propres compositions. Son œuvre, composé d'un soixantaine de morceaux, est très-intéressant par la variété des sujets, le goût

J. J. DE BOISSIEU.

et l'intélligence de la manœuvre. Les estampes de *Boissieu* feront certainement époque dans l'histoire de la gravure à la pointe sèche.

Voici les pièces les plus recherchées et la majeure partie de son œuvre, marquées d'ordinaire de son chiffre DB et de la date de leur composition.

1. Tête de caractère; d'après *van Dyck*. gr. in-4to.
2. Tête de caractère avec un bonnet. gr. in-4to.
3. Tête semblable, mais nue. gr. in-4to.
4. Buste d'un homme âgé a tête chauve. gr. in-4to.
5. Buste d'une femme âgée en coiffe blanche. gr. in-4to.
6. Le Vieleux, en demi-figure. gr. in-fol.
7. Etude de douze têtes de caractère. in-fol.
8. Etudes de deux bustes et de deux têtes. in-fol.
9. Deux jeunes Garçons, jouant avec un chien devant leurs parens. in-4to.
10. Un Vieillard assis faisant lire à côté de lui un petit garçon, dans le goût de *Rembrandt*. in-4to.
11. Le Tonnelier travaillant dans une cave, dans le même goût. in-4to. en t.
12. Un vieux homme assis avec son chapeau sur les genoux, gravé à l'eau-forte, combinée avec *l'aqua tinta*. in-fol.
13. Les Lavandières, dans un beau paysage d'Italie, orné de ruines. in-4to. en t.
14. Les Bergers au bord de l'eau, dans un agréable paysage; d'après *Berghem*. in-4to. en t.
15. Vue de St. Romain en Lyonnais. in-4to. en t.
16. Vue du grand chemin de Fontainebleau. in-4to. en t.
17. Vue de la forêt de Fontainebleau. in-4to. en t.

18. Vue

J. J. DE BOISSIEU.

18. Vue d'une contrée champêtre avec des roches et des ruines. in-4to.
19. Vue d'une contrée semblable, avec un château sur la crête d'une montagne. in-4to.
20. Vue d'une contrée semblable, avec un acqueduc. in-4to.
21. Paysage avec un chasseur près d'un bois. gr. in-4to. en t.
22. Paysage avec un jeune garçon qui fait passer l'eau à un bœuf; d'après *Ruysdael*. gr. in-4to. en t.
23. Paysage avec un couvent devant lequel une nonne et une femme sont en conversation. gr. in-4to. en t.
24. Paysage avec un petit bois au bord de l'eau, sur le devant un bateau et deux figures. in-fol. en t.
25. Paysage montagneux avec trois cascades au bord d'un fleuve navigable. in-fol. en t.
26. Paysage ouvert, sur le devant des bêtes à cornes et au milieu des brebis couchés. gr. in-fol. en t.
27. Première Forêt, paysage bouché, avec une chaumière appuyée contre un rocher, et parmi des figures rustiques un cavalier à l'entrée d'un bois. gr. in-fol. en t.
28. Seconde Forêt, paysage semblable, avec une maison de paysan et plusieurs figures rustiques, parmi lesquelles un villageois à cheval. gr. in-fol. en t.
29. Paysage orné d'animaux et de figures champêtres, au milieu une haute colonne surmontée d'une croix, au pied de laquelle un vieillard est à genoux. gr. in-fol. en t.
30. Paysage richement orné, où se voit une fête de village, avec le Seigneur et la Dame du château. gr. in-fol. en t.
31. Vue d'*Aqua pendente*, sur la route de Sienne à Rome. gr. in-fol. en t.
32. Vue du temple du Soleil, de l'arc de Titus etc. gr. in-fol. en t.

VIII. P

33. Vue du pont Lucano, sur la route de Rome à Tivoli. gr. in-fol. en t.
34. Veduta del Sepolcro di Cecilia Metella, a Capa di Bove. gr. in-fol. en t.
35. Beau paysage des environs de Tivoli, orné de ruines, à gauche un temple rond, sur le devant un villageois et une villageoise, montée sur un âne, traversant une rivière et conduisant devant eux deux bœufs. gr. in-fol. en t.
36. Beau paysage, où se voit sur le devant un paysan qui se repose, ayant près de lui son chien; d'après *Ruysdael*. gr. in-fol. en t.
37. L'Intérieur d'une école de village, morceau orné de figures. gr. in-fol. en t.
38. L'Intérieur d'une étable, sur le devant un fermier assis, entouré de cinq enfans. gr. in-fol.
39. La voûte d'une grande Cave, avec quatre figures, dont un tonnelier. gr. in-fol. en t.
40. L'Ecrivain public, morceau d'un grand effet. gr. in-fol. en t.
41. Le Peintre assis à son chevalet, peignant un vieillard, en demi-figure, grande proportion. gr. in-fol. en t.
42. Un vieux berger jouant du hautbois devant deux jeunes villageois, dont l'un tient un agneau dans un panier et l'autre un autre, lié par les quatre pattes, pendu à son bras, grandes figures jusqu'aux genoux. gr. in-fol. en t.
43. Le petit Charlatan, paysage orné de beaucoup de figures et de belles fabriques. in-fol. en t.
44. Le grand Charlatan, très-beau paysage, orné de beaucoup de figures; d'après *Karl du Jardin*. gr. in-fol. en t.
45. Le petit Moulin de *Ruysdael*, charmant paysage, orné de fabriques et de figures en bateau, le moulin à droite et un bois à gauche. gr. in-fol. en t.

46. Le grand Moulin de *Ruysdael*, superbe paysage avec de beaux accessoires. tr. gr. in-fol. en t.
47. Les Cascades, superbe paysage, avec de hautes montagnes et un tems orageux, d'après *Asselyn Crabbetje*. tr. gr. in-fol. en t.
48. Famille de paysans, superbe paysage, où se voient deux vaches dans l'eau, les figures de grande proportion. tr. gr. in-fol.
49. Les Pères du désert, paysage sauvage, où se voit devant l'entrée d'une sombre caverne un anachorète debout en extase, et un autre assis à côté, méditant sur un livre, 1797. gr. in-fol. Ces quatre derniers morceaux sont les pièces capitales de l'artiste.
50. Suite de dix paysages d'une agréable variété, dont huit sont de la composition de Boissieu, et deux de celles de *Ruysdael* et de *Claude le Lorrain*, 10 pièces. gr. in-4to. et petit in-fol. en t.

Pierre-Philippe Choffart, dessinateur, graveur à la pointe et au burin, né à Paris en 1730. Cet artiste ingénieux s'est formé un genre particulier d'ornemens allégoriques, qu'il rend, soit dans ses dessins, soit dans ses gravures, avec un goût et un esprit infini. Son œuvre est assez considérable et fort piquant, tant par la variété des sujets, que par la beauté de l'exécution. Outre ses frontispices et ses vignettes, il a gravé plusieurs morceaux d'une plus grande proportion. Voici le précis de ses différens ouvrages.

J. F. GAUTIER DAGOTI.

1. C. M. de la Condamine, dessiné par *Cochin* en 1758. in-4to.
2. Deux Vues de la nouvelle place de Rheims, les figures de *Cochin*. gr. in-fol. en t.
3. Quatre Vues de Bourdeaux; d'après le *Chevalier Bassemont*, gravées en 1755. in-fol. en t.
4. Vue de la Bourse de Dunkerk. in-fol. en t.
5. Vue de la Cascade de Brumoy; d'après *Gravelot*. in-fol. en t.
6. Vue du Pont d'Orléans; d'après *Desfriches*. gr. in-fol. en t.
7. Cinq pièces d'Architecture; d'après *Cuviller le père*, projet d'un bâtiment.
8. Deux Cayers de jolies Fleurs; d'après *Bachelier*. in-4to.
9. Deux jolies pièces un peu libres, les Amours champêtres, et les Amans surpris; d'après *Baudoin*. in-fol.
10. Les planches des ornemens et des morceaux d'Herculanum pour le Voyage pittoresque d'Italie par l'Abbé de *St. Non*, d'une belle exécution.
11. Une des grandes Batailles pour la suite des estampes, gravées à Paris sous la direction de *Cochin*, d'après les dessins envoyés de la Chine.
12. Ornemens typographiques pour le Recueil des Pierres gravées du cabinet du Duc d'Orléans.

JEAN-FABIAN GAUTIER-DAGOTI, graveur en couleur, né à Paris vers 1730. Il s'étoit annoncé comme devant renouveller l'impression des estampes en couleur, déjà tentée par *Jacques le Blond*; mais il n'a pas été plus heureux, et l'effet n'a jamais répondu à sa promesse. On a de lui, en ce genre, divers morceaux d'anatomie et d'histoire naturelle, dont les connoisseurs ont été généralement mécontens. Les portraits de Louis XV et du Cardinal de Fleury, dans lesquels il avoit été assisté de son fils, lui avoient donné quelque réputation.

EDOUARD DAGOTI, fils de Iean-Fabian, avec infiniment plus de talens, a cherché à perfectionner l'art de la gravure en couleurs avec plusieurs planches. Vers 1780 il publia dans cette manière, une suite de douze estampes, la plupart d'après les tableaux de la galerie du Duc d'Orléans. Tout l'ouvrage devoit contenir cinquante morceaux, et couter 900 livres, à 18 livres la feuille. Cette entreprise, qui auroit pu réussir à Londres, ne fit aucune sensation à Paris. L'artiste, dégouté de sa patrie, se retira en Italie et mourut à Milan en 1784.

La première livraison, et la seule qui ait paru, contient les pièces suivantes:

1. 2. Les deux Vénus du *Titien*.
3. Avec Jo, *du même*.
4. La Madeleine de *le Brun*.
5. Saint François de *van Dyck*.
6. La femme de Putiphar, d'*Alexandre Véronese*.
7. La Baigneuse, de *le Moine*.
8. La Bethzabée, de *Bougnieu*.

D. NEE.

9. L'Amour et Psyché, du *Guide*.
10. Vénus à la coquille, du *Titien*.
11. Cupidon qui façonne son arc, du *Correge*.
12. La Léda, de *P. Véronese*.

Je ne connois d'ailleurs de cet artiste que les pièces suivantes gravées en couleurs et d'une brillante exécution.

1. Repos en Egypte; d'après *le Correge*. in-fol.
2. La fameuse Vierge *della Sedia*, de Raphael, tableau de Florence, en rond, et de la grandeur de l'original. gr. in-fol.
3. Le Portrait de Madame Dubary.

DENIS NEE, graveur au burin, né à Paris vers 1732. Elève de *le Bas*, il s'est appliqué à la gravure des vignettes et des paysages. Il a gravé beaucoup de vues de la Suisse d'après *Chatelet* et autres.

1. La nuit de la St. Barthélemi; d'après *Gravelot*. gr. in-4to.
2. La Danse des Ours; d'après *Mayer*. in-fol. en t.
3. La Vue du Mont St. Gothard; d'après du *Chatelet*. in-fol. en t.
4. I. II. III. Vue du Fort royal de la Martinique; d'après le *Chevalier d'Epernay*, 3 pièces. gr. in-fol. en t.
5. Benjamin Franklin, assis dans un fauteuil; d'après *Carmontel*, chez D. Née. in-fol.
6. Francklin en pied, avec l'inscription: *On l'a vu désarmer les Tyrans et les Dieux*; d'après *le même*, chez D. Née. in-fol.

7. Vue de la ville de Lyon et du château de Pierre-Encize, près du bureau des Coches. *Lallemand del. Née direx.*
8. Vue des environs de Frescati; d'après *J. B. Lallemand.* gr. in-fol.
9. Vue de la Fontaine des environs de Tivoli; d'après *le même.* Pendant.

JEAN-BAPTISTE PERRONEAU, graveur à la pointe et au burin, né à Paris en 1731. Elève de *Laurent Cars*, il a gravé d'après quelques maîtres François un assez petit nombre de pièces.

1. Le Serviteur d'Abraham auprès de Rebecca; d'après *Fr. Boucher.* in-fol.
2. L'Air et la Terre; d'après *Natoire*, 2 pièces, dont les pendans sont le Feu et l'Eau, gravées par *Aveline*, d'après *le même maître.* in-fol. en t.

NICOLAS PERIGNON, peintre et graveur à l'eau-forte, né à Paris vers 1730. Il peignoit avec goût en détrempe des fleurs et des paysages. En outre il a dessiné pour le grand voyage de la Suisse, quantité de Vues très-pittoresques des divers cantons. En gravure à la pointe on connoit de lui les morceaux suivans:

1. Une suite de six jolis Paysages, gravés dans la manière des peintres. in-4to. en t.
2. Deux Paysages, l'un avec une chaumière au milieu, sur le devant de l'eau et trois canards, l'autre avec une maison rustique au milieu, sur le devant une rade et des mariniers occupés. in-4to. en t.

VISPRÉ. ET. FICQUET.

3. Deux Paysages avec des chaumières; à l'un se voit un villageois suivi de son chien, à l'autre deux chèvres couchés contre un hangar. *Perignon fecit.* 1771.

VISPRÉ, peintre, graveur à la pointe, au burin et en manière noire, né à Paris vers 1730. Il a gravé sur ses propres dessins, plusieurs petits portraits de la famille royale, dont celui de Louis XV.

En 1765 il travailla à Londres en manière noire, et y grava entr'autres:

Le Portrait du fameux Chevalier Déon, in-fol.

On le croit auteur d'une petite brochure qui courut à Paris en 1756 sous le titre: *Méthode pour devenir peintre en trois heures.*

ETIENNE FICQUET, graveur au burin, né à Paris en 1731. Il s'est fait de la réputation par sa suite de petits portraits des hommes célèbres de France dans les sciences et les lettres. On admire dans sa gravure la netteté et la délicatesse de l'exécution, jointes à la précision et à la facilité de son burin. Ce qui rend encore cette suite plus précieuse, ce sont les ornemens ou accessoires ingénieux qu'y ont ajouté *Cochin* et *Choffart*. Il a aussi gravé en 1753 une partie des petits portraits en médaillon qui ornent les Vies des peintres Flamands par Descamps, et parmi lesquels ceux de Rubens et de van Dyck se distinguent singulièrement. Tous les morceaux de cette suite sont de format grand et petit in-8.

Un des premiers et des plus beaux portraits de *Ficquet* dans le même format est celui de Madame de Maintenon, d'après *Mignard*, très-difficile à trouver aujourd'hui.

1. Jean de la Fontaine. *Rigaud pinx.*
2. Jean-Baptiste Rousseau. *Aved pinx.* 1736. *Ficquet sc.* 1763.
3. Jean-François Regnard. *Rigaud pinx.*
4. François Arrouet de Voltaire. *De la Tour pinx.* 1736. *Ficquet sc.* 1762.
5. Pierre Corneille. *Le Brun pinx. Ficquet sc.*
6. Jéliot de Crébillon. *Aved pinx. Ficquet sc.*
7. Jean-Baptiste Pocquelin de Moliere. *Coypel pinx. Ficquet sc.*
8. René Descartes. *Fr. Hals pinx. Ficquet sc.*
9. Michel Montagne. *Dumoustier pinx.* 1636. *Ficquet sc.* 1772.
10. De la Mothe le Vayer. *Nanteuil del. Ficquet sc.* 1775.
11. De la Mothe Fenelon. *Vivien pinx. Ficquet sc.*
12. Jean-Joseph Vadé. *Richard pinx. Ficquet sc.*
13. Les Portraits des quatre Prélats, appelant au futur concile général, savoir: Pierre de la Broue, Evêque de Mirepoix; Jean Soanen, Evêque de Senez; Charles-Joachim Colbert, Evêque de Montpellier; Pierre de Langle, Evêque de Boulogne. Pièce sans aucun nom

d'artistes, attribuée à Ficquet pour la finesse du burin. in-fol. et rare.

Ficquet a gravé encore un grand nombre de portraits pour la suite d'Odieuvre, entr'autres:

Le Jésuite Maimbourg, Vavasseur, Chirurgien de François premier, le Cardinal la Balue, Alexandre Farnese, le Roi Charles XII. la Duchesse de Fontanges.

CHARLES CAMPION et son frère CAMPION DE TERSAN, amateurs et graveurs à la pointe et au burin, nés à Paris vers 1740. Les ouvrages des deux frères ne sont pas toujours indiqués clairement; on les rapporte ici comme ils sont marqués sur leurs estampes.

1. Alexis-Claude Clairault; d'après *Cochin*, gravé par *C. P. C. de Tersan*. in-4to.
2. Aignan Thomas Desfriches, Négociant d'Orléans, par *Campion. Id. del.*
3. Sauveur François Morand, Chirurgien. *C. P. Campion Tersan f. aqua forti.*
4. François Regny, Consul à Gênes, par *Campion.*
5. Le Prince Louis de Rohan Guémenée. *Campion sc.*
6. Nicolas de Verri, par *Campion de Tersan.*
7. Le Cardinal Commandon, par *C. C.*
8. St. Amatrante, Fermier général, peint par *Mlle. Loyr*, gravé par *C. C.*
9. Un Orage, petite pièce. *C. C. fecit.* 1769.
10. La Reconnoissance, dans le goût d'une pierre fine, gravée par *C. Campion* pour son frère l'Abbé, et présentée à la Marquise de Pompadour.

11. Abraham caressant Isaac, petite pièce ; d'après *Rembrandt*.
12. Job avec sa femme et ses amis ; d'après *le même*, petite pièce.
13. Corps de Jésus-Christ, avec la Vierge et des Anges ; d'après *van Dyck*. gr. in-fol. en deux planches.
14. Deux petits paysages en ovale : 1) Des Laveuses. *C. Campion*. 2) Jeune fille montant à un colombier.
15. Cinq Paysages en rond, sur des fonds blancs.

BLAISE-LOUIS HENRIQUEZ, graveur au burin, né à Paris en 1732. Elève de Dupuis, il fut reçu à l'Académie de peinture en 1779. Il a fait quelque séjour à Pétersbourg et prend le titre de graveur de S. M. I. de toutes les Russies. Il a gravé le portrait et l'histoire.

Portraits.

1. Claude Cadet, célèbre Pharmacien à Paris, dessiné par *F. Bourgoin*, gravé par *B. L. Henriquez*, graveur de S. M. I. de toutes les Russies, 1776. in-fol.
2. Michel-Philippe Bouvart, Médecin de la faculté de Médecine de Paris. *Id. del. Id. sc.* 1776. in-fol.
3. Denis Diderot, peint par *L. M. Vanloo*, gravé par *B. L. Henriquez*. in-fol.
4. Jean d'Alembert, dessiné par *N. R. Jollain*, gravé par *B. L. Henriquez*. in-fol.
5. François-Marie Arouet de Voltaire, du cabinet du Comte d'Argental, peint à Fernaix en 1774 par *Barat*, et gravé par *Henriquez* en 1777. in-fol.
6. Louis XVI. Roi de France. *J. Boze pinx*. gr. in-fol.

Jac. F. Beauvarlet.

Sujets historiques.

1. Le Joueur de Balalaye; d'après *le Prince*. in-fol.
2. L'Amour; dédié au beau sexe; d'après *Greuze*. gr. in-fol.
3. Honneurs rendu au Connétable du Guesclin; d'après *Brenet*. gr. in-fol. en t.
4. Minerve écarte le Dieu de la Guerre; d'après *Rubens*. gr. in-fol. en t.
5. La Chasseuse aux cœurs; d'après *Nattier*, faisant pendant avec la belle Source; d'après *le même*, par *Mélini*. in-fol.
6. Mercure et Argus; d'après *Gerb. van Eckhout*. in-fol.

JACQUES-FIRMIN BEAUVARLET, graveur au burin, né à Abbeville en 1733, et reçu membre à l'Académie de peinture en 1765. On a vu qu'Abbeville a donné naissance à plus d'un habile graveur, témoins les *Poilly*, les *Aliamet*, et nombre d'autres. *Beauvarlet* étoit venu jeune à Paris. Elève de *Charles Dupuis* et de *Laurent Cars*, on peut dire qu'il a fait honneur à ses maîtres. Sa première manière de graver étoit dans un style large et pittoresque, estimée préférablement par bien des connoisseurs. Il s'est attaché ensuite à un fini précieux, singulièrement recherché par les amateurs de nos jours. Aux ventes publiques les morceaux de *Beauvarlet* exécutés dans cette dernière manière sont poussés d'ordinaire à un très-haut prix. Nous avons de lui des portraits et des sujets historiques.

Portraits.

1. L'Abbé Nollet, Professeur de physique expérimentale ; d'après *de la Tour*. in-8.
2. Edme Bouchardon, Sculpteur, peint par *Drouais*, gravé par *Beauvarlet* pour sa réception à l'Académie en 1776. gr. in-fol.
3. Jean-Baptiste Poquelin de Molière, assis à mi-corps, avec des attributs ; d'après *Seb. Bourdon*. gr. in-fol.
4. Le Marquis de Pombal, assis au bord de la mer ; d'après *Roslin et Vernet*. gr. in-fol. en t.
5. Catherine, Princesse de Galizin, en médaillon, sans nom de peintre. in-fol.
6. Le Prince Ferdinand de Brunswic. De même.
7. Le Général des Mathurins. De même.

Divers sujets, d'après différens maîtres.

1. Loth avec ses filles ; d'après *Luc. Jordane*, pour la galerie de Dresde. gr. in-fol. en t.
2. Susanne surprise par les Vieillards ; d'après *le même*. Ibid. gr. in-fol. en t.
3. Persée combattant Phinée, lui présente la tête de Méduse ; d'après *le même*. Ibid. gr. in-fol. en t.
4. Acis et Galathée ; d'après *le même*. gr. in-fol. en t.
5. Jugement de Pâris ; d'après *le même*. De même grandeur.
6. Enlèvement d'Europe ; d'après *le même*. Même grandeur.
7. Enlèvement des Sabines ; d'après *le même*. Même grandeur. Ces quatre estampes sont généralement estimées.
8. Susanne tentée par les Vieillards ; d'après *Guide Cagnaci*. in-fol. en t.

9. Les Couseuses; d'après *le Guide*, le tableau à la galerie de St. Petersbourg. gr. in-fol. en t. Pièce d'une extrême finesse de burin.

10. L'Incrédulité de St. Thomas; d'après *Matthieu Preti*, dit *le Calabrese*, pour la galerie de Dresde, pièce commencée par *Canale* et terminée par *Beauvarlet*. gr. in-fol. en t.

11. Vénus pleurant la mort d'Adonis; d'après *Alex. Turchi*, dit *le Véronese*, de la galerie de Dresde. gr. in-fol. en t.

12. La Femme rusée; d'après *Corn. Bega*. in-fol.

13. La double Surprise; d'après *Ger. Douw*. gr. in-fol.

14. La Marchande de poissons; d'après *H. Carré*. in-fol.

15. Le Jeu de Tric-trac; d'après *Teniers*. in-fol.

16. Le Joueur de Cornemuse; d'après *le même*. in-fol. en t.

17. Le Bourguemestre; d'après *Ostade*. in-fol.

18. Diane et Actéon; d'après *Rotenhammer*. petit in-fol. en t.

19. Les Baigneuses; d'après *Boucher*. gr. in-fol.

20. La Bascule; d'après *le même*. gr. in-fol.

21. La Rêveuse; d'après *le même*. gr. in-fol.

22. L'Amour enchaîné par les Graces; d'après *le même*.

23. Les Enfans du Comte de Bethune; d'après *Drouais*. in-fol. en t. faisant pendant avec l'estampe qui représente les enfans du Prince de Turenne, gravée par *Melini*; d'après le même peintre.

24. Le Colin-Maillard; d'après *Fragonard*. in-fol.

25. La Chasteté de Joseph; d'après *Nattier*. gr. in-fol. en t.

26. Susanne au bain; d'après *Vien*, pièce qui fait pendant avec la précédente.

27. Offrande à Vénus; d'après *Vien*. in-fol.

28. Offrande à Cérès; d'après *le même*. Pendant. Les

bonnes épreuves de ces deux pièces sont aujourd'hui fort rares.

29. La Marchande d'Amours, *du même*, d'après une peinture antique d'Herculanum. gr. in-fol. en t.
30. L'Amour en repos tenant son arc détendu. Qu'il est malin ! — d'après *Carle Vanloo*. in-fol.
31. La Confidence ; d'après *le même*. gr. in-fol.
32. La Sultane ; d'après *le même*. Pendant.
33. Lecture espagnole ; d'après *le même*. gr. in-fol.
34. Conversation espagnole ; d'après *le même*. Pendant.
35. Télémaque dans l'île de Calipso ; d'après *Raoux*. gr. in-fol. en t.
36. La Toilette, et le Retour du bal ; d'après *J. Fr. Detroy*, 2 pièces in-fol. faisant pendant.
37. L'Histoire d'Esther. en sept grandes pièces, gravées par *Beauvarlet* ; d'après les sept beaux tableaux peints à Rome par *J. F. de Troy*.

Ces pièces, gravées d'un burin très-brillant, sont fort recherchées des amateurs, et les bonnes épreuves dans les ventes se payent des prix considérables.

C. RIOLET, troisième femme de BEAUVARLET, morte en 1788, a gravé avec esprit divers paysages d'après différens maîtres, entr'autres :

1. Le mauvais Riche ; d'après *Teniers*. gr. in-fol. en t.

HONORÉ FRAGONARD, ou FRAGO, peintre et graveur à la pointe, né dans le Comté de Nice en 1733. Pensionnaire du Roi, il a étudié et peint plusieurs années à Rome. Ses dessins sont pleins de feu; l'Abbé de *St. Non* en possédoit plus de trois cents. De retour à Paris il fut reçu en 1765 membre de l'Académie de peinture, et exposa la même année au salon du Louvre son grand tableau, représentant le grand-prêtre Corésus et Caliroé, tableau fort applaudi à l'exposition, et très-bien gravé par *Danzel*. Les autres graveurs de *Fragonard* sont *Flipart, Saint-Non, Beauvarlet, Halbou, de Launay, Macret, Matthieu, Miger, Vidal, Ponce* etc.

Fragonard a gravé lui même à l'eau-forte plusieurs fragmens d'après divers beaux tableaux de l'italie, indépendamment de quelques Bacchanales de sa composition, qui sont également recherchées par les connoisseurs.

1. La Circoncision; d'après *Tiepolo*. in-8.
2. Le même Sujet; d'après *Seb. Ricci*. in-8.
3. Les Disciples d'Emaüs; d'après *le même*. in-8.
4. Les Disciples au sépulcre du Christ; d'après *le même*. in-8.
5. L'Institution de la Ste. Cène; d'après *le même*. in-8.
6. Un Ange avec une couronne et la palme du martyre; d'après *le même*.
7. Deux figures d'hommes, peintes par *le Carrache*, à la coupole de la cathédrale de Plaisance. in-8. en t.
8. Saint Roch; d'après *le Tintoret*. in-8.
9. La Conception de la Vierge; d'après *le même*. in-8.

10. Au-

10. *Auguste à table auprès de Cléopâtre*; d'après le *Cavalier Libri*. in-8.
11. *Deux figures de femmes dans les nues*; d'après *le même*. in-8.
12. *Quatre Bacchanales dans le goût antique*, en forme de bas-reliefs, de sa composition. in-4to. en t.
13. *L'Armoire*, composition ingénieuse de l'artiste. gr. in-fol. en t.

JEAN-BAPTISTE LE PRINCE, peintre, graveur à l'eau-forte et au lavis, naquit à Paris en 1733, et mourut dans la même ville en 1781. Ses maîtres, en fait de peinture, furent *Boucher* et *Vien*. Après avoir travaillé quelque tems à Paris, il passa en Russie, où il fit un séjour de près de sept ans. De Petersbourg il alla à Moscou; delà il parcourut plusieurs provinces de ce vaste empire. Par-tout il dessinoit d'après nature les sites les plus piquans, les physionomies les plus marquées et les costumes les plus singuliers de ces peuples du nord. Muni d'une ample provision de dessins ou d'études, il revint à Paris, où il ne tarda pas d'être reçu membre de l'Académie de peinture. *Le Prince* étoit un des artistes qui a le plus aimé son art. Il peignoit avec succès dans tous les genres, il dessinoit avec goût et il gravoit avec un esprit particulier.

VIII. Q

soit à la pointe, soit à l'imitation des dessins lavés au bistre, le tout d'après ses compositions, sur-tout d'après ses études apportées de Russie. *Le Prince* a poussé le procédé du lavis au plus haut degré de perfection. Ses estampes gravées dans cette manière, qui est toute à lui, ont une force et une précision qui font le charme des connoisseurs.

Son œuvre consiste en plus de cent soixante estampes gravées par lui même. Il se vend à Paris chez Basan, soit en entier dans un grand volume atlas, soit séparément, au gré des amateurs.

Estampes à l'eau-forte par le Prince.

1. Dix pièces de diverses figures in-4to. dans le costume de Russie, sous le titre: Divers ajustemens russes, dédié à M. Boucher, Peintre du Roi, etc. par son très-humble serviteur et élève *le Prince*.
2. Huit pièces in-4to. des différens grades du corps des Strelits, ancienne milice de Russie, détruite par Pierre I.
3. Dix feuilles in-4to. des divers habillemens des Prêtres en Russie, les mêmes qui étoient en usage avant la désunion des deux églises.
4. Première suite de cris des divers Marchands du peuple de Petersbourg et de Moscou, 6 feuilles de figures in-4to. avec des lointains très-pittoresques.
5. Seconde suite de divers cris des gens de la campagne qui apportent des provisions à la ville, 6 feuilles petit in-fol. en t. dans de beaux paysages.

J. B. LE PRINCE.

6. Troisième suite de divers cris de Marchands de provision en Russie, 6 feuilles petit in-4to. avec de beaux lointains.
7. Suite de divers habillemens des peuples du nord, 6 feuilles gr. in-4to. sur des fonds de paysages.
8. Deux sujets in-4to. en travers, le Marchand de Cowasse, espèce de ptisane, et le Remouleur.
9. Deux Paysages des environs de Petersbourg, deux Vues différentes, l'une ouverte l'autre bouchée. petit in-fol. en t.
10. Six Vues diverses de Livonie, gravées en 1765. 6 pièces p. in-8. en t.
11. Deux jolis Paysages en hauteur, intitulés la Basse-Cour et le Colombier. p. in-4to.
12. Habillemens de divers nations, en six figures avec de jolis lointains. in-12.
13. Divers habillemens de femmes de Moscovie, en six feuilles, avec de jolis lointains. p. in-4to.
14. Autre suite d'habillemens des femmes de Moscovie, en 6 feuilles, avec de jolis lointains. p. in-4to.
15. Deux sujets rustiques: le Cabaret livonien; la Cuisine livonienne. p. in-4to. en t.

Estampes au lavis par le Prince, presque toutes au bistre.

1. Deux sujets russes au lavis noir: la Vertu au cabaret; le Chartier et la Laitière. gr. in-4to.
2. Suite d'Habillemens de diverses nations, d'hommes et de femmes, 6 pièces in-12.
3. Suite de Coeffures originales, dessinées d'après nature, 6 bustes. gr. in-8.
4. Deux Ecclésiastiques russes, l'un debout, l'autre assis. gr. in-8.
5. Suite de cinq sujets satyriques sur le nouveau Tra-

gique, portant pour titre : 1) La nouvelle Poésie.
2) La Catastrophe. 3) Les Tragiques. 4) Les Pleureuses. 5) Le Guet. petit in-4to.

6. Suite de cinq sujets, les cinq Sens de nature, les figures dans le costume russe. petit in-4to.

7. Deux pièces, le Joueur de Balalay; le Joueur de Chalumeau. p. in-4to.

8. Trois pièces de Guerriers : 1) Calmouck. 2) Officier des Janissaires polonois. 3) Janissaire polonois. gr. in-4to.

9. Deux pièces sur des fonds de paysage : 1) Le Marchand de gâteaux russe. 2) Halte de Calmoucks. gr. in-4to.

10. Deux pièces sur des fonds de paysage : 1) La Musicienne. 2) La Jardinière. gr. in-4to.

11. Deux sujets rustiques : Le Poëte russe; la Lampe polonoise. in-4to. en t.

12. Deux sujets rustiques : La Nourrice; les Nouvellistes. gr. in-4to. en t.

13. Deux sujets champêtres : Les Oeufs cassés; le Berceau russe, jolis paysages. gr. in-4to. en t.

14. Quatre sujets russes : Le Paysan; la Ménagère; la Servante; le Page. in-8.

15. Deux jolis Paysages : Les Barques; la Cuisine d'Eté. petit in-fol. en t.

16. Deux jolis Paysages : La Ferme; la Pompe. in-fol. en t.

17. Deux belles Marines : La Cascade; les Filets. in-fol. en t.

18. Deux beaux Paysages : Vue des Environs de Nerva; Vue d'un cabaret de Moscou. in-fol. en t.

19. Deux jolis Paysages : Le Pont russe; la Baraque russe. in-4to. en t.

20. Deux jolis petits Paysages : Le Chariot; le Port. in-8. en t.

J. B. LE PRINCE.

21. Deux jolis petits Paysages : L'Art de plaire ; la Gazette. in-12.
22. Deux belles Marines : Les Bateaux russes ; le Coche d'eau. in-fol. en t.
23. Deux Paysages intitulés : Ire. Pastorale. IIe. Pastorale. gr. in-fol. en t.
24. Deux petits Paysages montagneux dans le goût de *Salv. Rosa*, intitulés : Les Soldats ; les Voyageurs. in-8.
25. Deux grands Paysages, intitulés : Les Laveuses ; les Pêcheurs. in-fol.
26. La Danse russe, dans un riche Paysage. in-fol.
27. La Récréation champêtre, dans un beau Paysage. in-fol.
28. L'Intérieur d'une maison rustique où se voit une jeune personne endormie, et deux vieilles gens qui l'observent, pièce intitulée le Repos. gr. in-fol.
29. Grande Pastorale, au milieu un Satyre endormi, et le vers de Virgile : *O fortunatos nimium, sua si bona norint Agricolas.*
30. Jésus dans le temple au milieu des Docteurs, grande composition. in-fol. en t.
31. L'Adoration des Anges. *Joseph Vien del. J. B. le Prince sc.* petit in-fol.
32. La Maîtresse d'école donnant le fouet à un enfant. in-4to.
33. Le Cabaret ambulant, Paysage. gr. in-4to.
34. Le Bœuf dans un Paysage. petit in-4to.
35. Les Génies de la Guerre, dans un cercle ovale de laurier. in-8. en t.

Les meilleurs graveurs de son tems ont exercé leurs instrumens sur les compositions de *le Prince*; tels sont les *Longueil, Gaillard, Tillard, Helman,*

L. GERMAIN. J. C. LE VASSEUR.

Chevillet, Bonnet, Demarteau, Henriquez, Parizeau, de Launay, St. Aubin, Godefroy, le Mire, Masquelier, Lienard, le Veau et l'Abbé de St. Non.

LOUIS GERMAIN, dessinateur, graveur à l'eau-forte et au burin, né à Paris en 1733. Il a gravé avec esprit plusieurs petits paysages et sujets de genres d'après différens artistes.

1. Cahier de divers petits paysages; d'après *Sarasin*, spirituellement touchés. in-4to. en t.
2. Cahier de divers petits paysages; d'après *Weirotter*. in-4to. en t.
3. Paysage montagneux, avec une chasse aux cerfs; d'après *F. M. Borzoni*, du cabinet du Duc de Choiseul. in-4to. en t.
4. Les Balanceuses, jeux d'enfans; d'après *Schenau*. petit in-fol. en t.
5. Le Marchand de rogome; d'après *le même*. Pendant.

JEAN-CHARLES LE VASSEUR, graveur au burin, né à Abbeville en 1734. Elève de *Beauvarlet* et de *Daullé*, il s'est sur-tout distingué de ses confrères par le choix des pièces qu'il a gravées. La plupart de ses estampes sont d'après des maîtres modernes françois, mais les sujets sont presque toujours intéressans.

1. Les Fruits du ménage; d'après *Boucher*. gr. in-fol.
2. La Mort d'Adonis; d'après *le même*. gr. in-fol.
3. Les Amans curieux; d'après *E. Aubry*. gr. in-fol. en t.
4. L'Amour paternel; d'après *le même*. Pendant.

J. Ch. Le Vasseur.

5. La Laitière; d'après *J. B. Greuze*. gr. in-fol.
6. Thaïs ou la belle Pénitente; d'après *le même*. in-fol.
7. Le Testament déchiré — *Arrête malheureux!* d'après *le même*. tr. gr. in-fol. en t.
8. La Belle-Mère. *Oui, elle lui donne du pain, mais elle lui brise les dents!* d'après *le même*. Pendant.
9. La Veuve et son Curé; avec une dédicace à tous les bons Curés; d'après *le même*. gr. in-fol. en t.
10. La Bienfaisance du Roi, sujet allégorique; d'après *Barbier le jeune*. gr. in-fol.
11. L'Occasion favorable; d'après *L. Lagrenée*. gr. in-fol. en t.
12. Tarquin et Lucrèce; d'après *A. de Peters*. gr. in-fol. en t.
13. Triomphe de Galathée; d'après *J. F. de Troy*. gr. in-fol. en t.
14. Diane et Endymion; d'après *J. B. Vanloo*. gr. in-fol.
15. Apollon et Daphné; d'après *Lucas Jordane*. gr. in-fol.
16. Le Satyre amoureux; d'après *Mettais*. gr. in-fol. en t.
17. Les Plaisirs des Satyres; d'après *Poelenburg*. gr. in-fol. en t.
18. L'Approche du camp, avec des soldats dans un paysage montagneux; d'après *Dietrich*. gr. in-fol.
19. Les Soldats en repos, dans un paysage semblable; d'après *le même*. Pendant.
20. Le Médecin Erasistrate découvrant l'amour du Prince Antiochus; d'après *Collin de Vermont*. gr. in-fol. en t.
21. Glaucias Roi d'Illyrie prend le jeune Pyrrhus sous sa protection; d'après *le même*. Pendant.
22. Les Adieux d'Hector et d'Andromaque; d'après *Restout*, gravé en 1769. gr. in-fol. en t.
23. Confiance d'Alexandre en son Médecin Philippe; d'après *le même*. Pendant.
24. La Continence de Scipion; d'après *le Moine*, gravé en 1767. tr. gr. in-fol.

J. HOUEL.

Jean Houel, peintre et graveur au lavis, né à Rouen en 1735. Il fut élève de *le Mire* pour la gravure; mais il ne s'en occupa pas longtems; il la quitta pour se livrer à la peinture dans l'école de *Casanova*. Il fit un voyage en Italie, et sur-tout en Sicile et dans ses îles. Il s'occupa pendant longtems à faire des dessins des monumens les plus intéressans et des vues les plus piquantes que lui offroient de toutes part l'art et la nature. De retour à Paris, il fut reçu à l'Académie de peinture. Ensuite il se mit à graver, dans la manière du lavis couleur de bistre, les dessins qu'il avoit faits d'après nature. Il publia son *Voyage pittoresque de Sicile* par souscription en 44 livraisons, gr. in-fol. et chaque livraison accompagnoit le texte de six grandes planches. Cet ouvrage, qui fait honneur au goût et soins de l'auteur, eut tout le succès qu'il méritoit: il est toujours fort recherché, mais les bonnes épreuves des estampes se font rares.

1. Le Char de Ste. Rosalie, inv. et gravé par lui même, dans la manière du lavis, gr. in-fol. en t.

Demarteau et *Janinet* ont gravé d'après lui au crayon rouge; les premier six jolis petits paysages, le second les environs de Gênes en gr. in-fol. en t.

Le Bas, sous la direction de *Houël*, a gravé : Vue de la ville de Messine, de son port et de ses environs, gr. in-fol. en t.

Jean Deny, sous la direction de Houël, a gravé six Vues de l'intérieur de Messine, in-4to. en t.

CLAUDE-ANTOINE LITTRET, dessinateur et graveur au burin, né à Paris en 1735, et mort à Rouen. Il a gravé tant d'après ses dessins que d'après ceux d'autres artistes plusieurs portraits, ainsi que divers sujets, d'après différens maîtres.

Portraits.

1. Me. la Marquise de Pompadour; d'après *Schenau*, en médaillon. gr. in-8. Le plus ressemblant de ses portraits.
2. Mlle. Clairon en buste; d'après *le même*. gr. in-8.
3. Jean-Baptiste Sauvé de la Noue; d'après *C. Monnet*, gravé par *Littret* 1763. gr. in-8.
4. J. J. Rousseau; d'après *de la Tour*. gr. in-8.
5. Charles-Simon Favart; d'après *J. E. Liotard*. p. in-4to.
6. Pierre-Laurent de Belloy. *Littret fecit*. in-4to.
7. Charles-Jean-François Hénault. *Id. fecit*. in-4to.
8. M. de Sartine, Lieutenant de police; d'après *Viger*. in-4to.
9. Antoine de Malvin de Montazet, Archevêque, Comte de Lyon; d'après *J. M. Vanloo*. gr. in-fol.

J. LE VEAU.

Sujets divers.

1. Vénus endormie; d'après *St. Quentin*, gravé en 1764. in-fol. en t.
2. Diane endormie; d'après *le même*. Pendant.
3. L'Amour conduit par la Fidélité; d'après *Schenau*. petit in-fol.
4. L'Amour distribuant ses dons; d'après *le même*. Pendant.
5. Première et seconde Vue du Rhin; d'après *Weirotter*. in-fol. en t.
6. Le Concert du grand Sultan; d'après *Carle Vanloo*. gr. in-fol. en t. Les figures principales sont les portraits du peintre, de sa femme, de sa fille et de ses deux fils, estampe capitale qui fait pendant avec la pièce de *Lepicié*: Le Bacha qui fait peindre sa Maitresse.

JEAN LE VEAU, graveur à la pointe et au burin, naquit à Rouen vers 1736, et mourut à Paris en 1785. Il fut un des meilleurs élèves de *le Bas*, et a excellé dans la gravure du paysage, ainsi que dans les sujets de genre.

1. Vue d'un Moulin sur la rivière d'Etampes. *Le Veau fecit.* in-fol.
2. La Rencontre dangereuse; d'après *Baudouin*. in-fol.
3. Le Juge, ou la Cruche cassée; d'après *Debucourt*. gr. in-fol. en t.
4. La Consultation appréhendée; d'après *Biley*. gr. in-fol. en t.
5. Le Retour de la Consultation; d'après *le même*. Pendant.
6. Vue de Lillo sur l'Escaut; d'après *A. van der Neer*. petit in-fol. en t.

7. Vue du Canal d'Ypres à Furnes; d'après *le même*. Pendant.
8. La Cuisine ambulante des Matelots; d'après *Vernet*. gr. in-fol. en t.
9. La Pêche en eau douce; d'après *le même*. gr. in-fol. en t.
10. Vue proche du Montferrat; d'après *Vernet*. gr. in-fol. en t.
11. Vue de la Cascade de Tivoli; d'après *la Croix*, élève de *Vernet*. gr. in-fol. en t.
12. Vue de Naples du côté du châteu neuf. Pendant.
13. Les Bergers romains; d'après *Mettai*. gr. in-fol.
14. Le Maréchal de Campagnes; d'après *Berghem*. gr. in-fol.
15. Vestiges d'anciens monumens romains; d'après *Poelenburg*, gravé par *Weisbrod* et *le Veau*.
16. Paysage, sur le devant un Berger avec cinq Brebis; d'après *Ruysdael*. in-fol. en t.
17. Vue de la Seine, proche de Meulun; d'après *Weirotter*. in-fol. en t.
18. Le jeune Piqueur vénitien; d'après *Ferg*. in-fol. en t.
19. Agar renvoyée par Abraham; d'après *Dietrich*. in-fol. en t.
20. La Bergère des Alpes; d'après *Et. Aubry*. gr. in-fol. en t.

Louis BONNET, dessinateur et graveur dans toutes les manières de graver, né à Paris en 1735. Il a travaillé quelque tems à St. Petersbourg, où il a gravé plusieurs portraits. A son retour dans sa patrie il s'est appliqué à graver des estampes à l'imitation des dessins en pastel, au lavis et au crayon. Il a publié une brochure dans laquelle il veut prouver qu'il est d'inventeur de cette manière. Sa brochure porte pour titre: *Le Pastel en gravure inventé et exécuté par Louis Bonnet en 1769*, composé de huit épreuves qui indiquent les différens degrés qu'il a employés pour parvenir à la perfection de la planche. — Il a publié un catalogue d'estampes dans ce nouveau genre, qui contient plus de 800 articles, tant de sa composition que d'après différens maîtres. Les pièces suivantes sont sans le nom d'autres artistes que le sien.

1. Grand Portrait de Paul Petrowitz.
2. Louis XVI, Roi de France, en manière noire.
3. Le Duc de Holstein-Gottorp, en crayon rouge.
4. Le Général de Paoli, en habit de Corse.
5. L'Amour fait l'offrande de son cœur à Vénus.
6. Le Concert des trois Graces, chez *Bonnet*.
7. Buste d'une jeune personne, à quatre crayons, d'après *Boucher*. p. in-fol.
8. Autre buste d'une jeune personne; d'après *le même*, traité de même.
9. La Sagesse et la Justice, au crayon sur papier bleu; d'après *le même*. in-fol.
10. Vénus surprise par l'Amour; d'après *le même*, au crayon rouge et noir. in-4to.
11. Vénus caressée par l'Amour; d'après *le même*, traité de même.
12. L'Amour prie Vénus de lui rendre les armes; d'après *le même*. in-fol.

L. J. CATHELIN.

13. Le Rendez-vous; d'après *le même*, en manière de pastel. in-fol.
14. La petite Ecole; d'après *le même*, au crayon rouge. in-fol.
15. La petite Lessive, traitée de même. Pendant.
16. Hercule debout, figure académique de *Boucher*. gr. in-fol.
17. Bustes de deux jeunes personnes; d'après *La Grenée*, dans le goût du pastel, en 2 feuilles ovales in-fol.
18. La tendre Mère, jeune femme légèrement drapée et entourée de trois enfans nuds, belle pièce imprimée en couleur. *Bonnet direxit*. gr. in-fol. en t.
19. Buste d'un jeune homme, dans le goût du crayon, sur papier gris, rehaussé en blanc; d'après *Carle Vanloo*. gr. in-fol.
20. Buste d'une jeune fille, dans le goût du crayon, sur papier bleu, rehaussé en blanc; d'après *le même*. gr. in-fol.
21. Deux jolis bouquets de fleurs dans des verres; d'après *Carl*, gravés en couleurs naturelles par *Bonnet*. in-4to.

LOUIS-JACQUES CATHELIN, graveur à la pointe et au burin, né à Paris en 1736. *Cathelin* est un des bons élèves de le Bas, et se distingue parmi les graveurs françois vivans. Il a gravé avec succès nombre de portraits et de divers sujets d'après différens artistes.

Portraits.

1. L'Abbé Terray, Contrôleur général des finances, peint par *Roslin*, gravé par *Cathelin* pour sa réception à l'Académie de peinture en 1777. gr. in-fol.

L. J. CATHELIN.

2. Louis XV. Roi de France, dit le bien-aimé, figure en pied ; d'après *L. M. Vanloo.* tr. gr. in-fol.

3. Joseph Vernet, célèbre peintre de marines, peint par le même en 1768, gravé par *Cathelin* en 1770.

4. Fréderic-Guillaume Boers, Directeur de l'Académie de Harlem ; d'après *Cochin fils.* gr. in-fol.

5. Paris de Montmartel, fameux Financier ; d'après *le même.* gr. in-fol.

6. Henri IV. Roi de France, d'après un dessin de *Cochin.* in-fol.

7. Pierre Jeliote de l'Opéra, jouant de la lyre ; d'après *L. Tocqué.* in-fol.

8. Jean-Jacques Balechou ; d'après un tableau d'*Arnavon*, Chanoine d'Avignon. in-fol.

9. Marie-Thérese, Impératrice, Reine de Hongrie ; d'après *Ducreux.*

10. Joseph II. Empereur des Romains ; d'après *le même.*

11. Portrait de M. de Marmontel ; d'après *Cochin.*

12. Portrait de Louis-Joseph Bourbon, Prince de Condé ; d'après *Lenoir.*

13. Portrait d'Antoine Sachini ; d'après *Jay.*

14. Portrait d'Antoine Pluche, auteur du Spectacle de la nature ; d'après *Blakey.*

15. Claude-Henri de Fusée, Abbé de Voisenon ; d'après *Cochin.*

16. Françoise d'Happoncourt, veuve de Hugues de Grafigny ; d'après *J. B. Garand.*

17. Statue équestre de Louis XV. faite par *Edme Bouchardon.*

Divers sujets, d'après différens maîtres.

1. Deux sujets de genre, d'après deux tableaux d'*Eisen le père* ; les petits Bouffons et le petit Espiègle, faisant pendans.

2. Le Revers de la Fortune ; d'après *le Valentin.* in-fol.

JOS. DE LONGUEIL. 255

3. La Mort de Lucrèce; d'après *Pellegrini*. gr. in-fol.
4. Latone vengée; d'après *Ph. Lauri*, pièce commencée par *Balechou* et terminée par *Cathelin*. gr. in-fol.
5. Erigone, peinte par *Monsiau*, et gravée par *Cathelin*. in-fol.
6. Vue d'une chûte d'eau avec des pêcheurs; d'après *Jos. Vernet*. gr. in-fol. en t.
7. Les quatre parties du Jour, 4 belles Vues, peintes par *Vernet*. gr. in-fol. en t.
8. La Nouvelle affligeante; d'après *Wille le fils*. gr. in-fol.

JOSEPH DE LONGUEIL, graveur au burin, né à Lille en Flandres en 1736, et mort à Paris en 1790. Il a gravé avec beaucoup de succès un grand nombre de vignettes pour les Contes de la Fontaine, pour la Henriade de Voltaire, ainsi que pour les pièces fugitives de Dorat, de Pesai etc. Il a traité avec un égal succès de plus grands sujets d'après différens maîtres.

1. Deux sujets allégoriques à l'honneur du Roi et de la Reine de France; d'après *Cochin*. petit in-fol.
2. Fidélité héroïque à la bataille de Pavie; d'après *Moreau le jeune*. in-fol.
3. Deux sujets rustiques, dont le Ménage des bonnes gens, et son pendant; d'après *Lépicié* et *Aubry*. in-fol. en t.
4. Deux sujets rustiques, dont le Cabaret flamand et son pendant; d'après *Ad. Ostade*. in-fol.
5. Les Pêcheurs; d'après *Vernet*, belle pièce gravée par de *Longueil* et *B. A. Nicolet*. tr. gr. in-fol.
6. Vue des environs de Naples, avec le mont Vésuve dans le lointain; d'après *Mettai*. gr. in-fol. en t.

7. Vue des Côtes de Campanie, avec un nauffrage sur le devant; d'après le même. Pendant.
8. Les Modèles où se voit le peintre assis dessinant des figures nues; d'après le Prince. tr. gr. in-fol. en t.

JEAN-AUGUSTIN PATOUR, graveur à la pointe et au burin, né à Paris vers 1736, et florissant en 1760. Il est élève de Hallé le jeune, et Flipart, et a gravé particulièrement d'après son premier maître.

1. Le doux Sommeil; d'après Hallé. in-fol.
2. Le doux Repos; d'après le même. in-fol.
3. Le Pauvre dans son réduit; d'après le même. in-fol.
4. Le petit Menteur; d'après Alb. Durer. in-fol.
5. Première Vue des environs de la Rochelle, représentant un calme; d'après Lallemand. gr. in-fol. en t.
6. Seconde Vue des environs de la Rochelle, représentant une tempête; d'après le même. Pendant.

JEAN PELLETIER, graveur au burin et à la pointe, né à Paris vers 1736. Il a gravé quelques paysages, et divers sujets d'après différens maîtres.

1. L'Abreuvoir; d'après Berghem. in-fol. en t.
2. La Masure; d'après le même. in-fol. en t.
3. La bonne femme qui savonne, d'après Francisque. in-fol en t.
4. Le Fumeur interrompu, d'après Bega. in-fol.
5. Le Marché aux poissons, d'après Pierre. in-fol.
6. Le Marché aux légumes, d'après le même. in-fol.

7. Le

J. J. PASQUIER.

7. Le Repos de Diane, d'après *Boucher*. in-fol.
8. L'Enlèvement d'Europe, d'après *le même* pendant.
9. La Fontaine, d'après *le même*, in-fol. en t.
10. Le Berger, d'après *le même*. in-fol. en t.
11. L'Alliance de la Peinture et du Dessin, d'après *Natoire*, in-fol.
12. La Tête d'un jeune Bacchus, d'après *C. Vanloo*, in-fol.
13. Les Voyageurs, d'après *Wouvermens*. in-fol. en t.
14. Les Dames allant à la chasse, d'après *le même*. gr. in-fol.
15. Les Plaisirs des buveurs, d'après *Ostade*, gr. in-fol.

L'Epouse de *Pelletier* a gravé d'après le même maître les deux morceaux suivans.

1. L'Oisiveté flamande, petit in-fol.
2. Le fumeur, de même Format.

JEAN-JACQUES PASQUIER, dessinateur et graveur au burin né à Paris vers 1736 et mort dans la même ville en 1784. Il apprit la gravure chez *L. Cars*, et travailla d'après différens maîtres. On a de lui diverses vignettes dont plusieurs sont de sa composition.

1. Arion, transporté dans l'île de Ténare par un dauphin, d'après *Boucher*, gravé à l'eau forte par *St. Aubin*, et terminé par *Pasquier*. gr. in-fol. en t. Pendant de Vertumne et Pomone de *St. Aubin*.
2. Elle mord à la grappe, d'après *Boucher*, ovale. in-fol.
3. De trois choses en ferez-vous une? d'après *le même*. Pendant.
4. Les graces, d'après *Carle Vanloo*, pièce gravée par *Pasquier* en 1769. gr. in-fol.

VIII.   R

5. La même pièce a été gravée en 1773, par *F. Éléonore Hemery*. petit-in-fol.
6. Douze feuilles de figures académiques, d'après *Natoire*. gr. in-fol.

ANNE-PHILBERT COULET, graveuse au burin, née à Paris en 1736. Elle est éleve d'*Aliamet* et de *Lempereur*, et elle a gravé avec goût des paysages et des marines.

1. Le Rendez-vous à la colonne, d'après *Berghem*. gr. in-fol.
2. Départ de la chaloupe, d'après *Vernet*. in-fol. en t.
3. L'heureux Passage, d'après *le même*. Pendant.
4. La belle Après-dînée, d'après *le même*. gr. in-fol. en t.
5. Les Jetteurs de filets, d'après *le même*. gr. in-fol.
6. Les Pêcheurs napolitains, d'après *le même*. gr. in-fol.
7. Incendie d'un Port, d'après *le même*. gr. in-fol. en t.
8. Les Plaisirs champêtres, d'après *Loutherbourg*, in-fol. en t.
9. La Partie de plaisir à la campagne, d'après *le même*. Pendant.
10. Départ pour le Marché, d'après *van der Goyen*. in-fol.

JEAN-BAPTISTE DE LORRAINE, graveur au burin, né à Paris en 1737. Son pere étoit imprimeur en taille douce et se nommoit Auguste. De-la Fuefsli en fait deux graveurs, *Auguste* et *Jean-Baptiste de Lorraine*. Ce dernier seul étoit graveur et a travaillé d'après divers maîtres.

J. B. DAUDET.

1. Le Comédien Chanville dans le rôle de Calas, d'après *de Lorme*. gr. in-fol.
2. Sujet allégorique sur le mariage du Dauphin, Louis-Auguste et de la Dauphine, Marie-Antoinette, d'Autriche, d'après *Simon Beauvais*, gravé par *Auguste de Loraine*. in-fol.
3. Vénus, se préparant pour le jugement de Paris, reçoit d'avance la pomme des mains de l'Amour, d'après *Boucher*, gravé par *de Lorraine* 1764. gr. in-fol.
4. L'Onde tranquille, d'après *Vernet*. gr. in-fol. en t.
5. Hommage à l'Amour, D'après *Carle Vanloo*, gravé par *de Corraine* en 1772. gr. in-fol.
6. Dans la vie de St. Grégoire, sept tableaux peints par *Vanloo* pour l'Impératrice de Russie, *de Lorraine* a gravé quelques sujets, conjointement avec *Romanet*, *Molès*, *Voyez l'aîné* et *Miger*.

JEAN-BAPTISTE DAUDET, graveur à la pointe et au burin, né à Lyon en 1737. Son pere, qui étoit graveur et marchand d'estampes, lui enseigna les premiers élémens de la gravure. Puis il vint à Paris, où il acheva de se perfectionner dans son art en travaillant chez *Wille* pour qui il grava plusieurs planches d'après *Dietrich*. On connoit de lui des paysages et des marines d'une exécution agréable et spirituelle.

1. La pleine Vendange, d'après *Berghem*. gr. in-fol. en t.
2. Le Troupeau hollandois, d'après *le même*. gr. in-fol. en t.
3. Paysage pittoresque, orné d'animaux et de figures, peint par *Both* et *Berghem*. gr. in-fol. en t.

4. La grande Chasse au cerf, gravée à l'eau forte par *Dunker* et terminée au burin par *Daudet*, d'après *Wouwermans*, petit in-fol. en t.
5. Ruines d'une ville d'Italie, d'après *Pœlenbourg*. in-fol. en t.
6. Les Pêcheurs Corses, d'après *Vernet*, gravé en 1767. gr. in-fol. en t.
7. Les jeunes Blanchisseuses, d'après *le même*, pendant.
8. Vue de Pausilyppe près de Naples, d'après *le même*, t. gr. in-fol. en t.
9. Troisième Ruine romaine, sur le devant des villageois conduisant des ânes, d'après *Dietrich*. Du Cab. de *Wille*. gr. in-fol. en t.
10. Quatrième Ruine romaine, sur le devant un berger et une bergere, d'après *le même*. Ibid. pendant. Les deux premières Ruines d'après *le même*, sont gravées par *Delaunay*.
11. L'Après-midi, sur le devant une danse de bergeres d'après *le même*. Du Cab. de *Wille*. in-fol. en t.
12. Le Matin, qui fait le pendant, est gravé par *Guttenberg*.

NICOLAS DELAUNAY, l'aîné, graveur au burin, né à Paris en 1739, agréé à l'académie de peinture en 1777. Eleve de *L. Lempereur*, il se distingue parmi les graveurs françois modernes. Ses ouvrages décèlent du goût et de la correction.

1. L'Abbé Raynal, d'après *Cochin*. in-4to.
2. Le Triomphe du goût, pour l'Histoire du théâtre françois. in-8.

3. Les Vierges sages et les Vierges folles, d'après *Schalken*, gr. in-fol. en t.
4. La Marche de Silène, d'après *Rubens*. gr. in-fol. en t.
5. Les Vendeurs chassés du Temple, d'après *Jac. Jordaens*. petit in-fol. en t.
6. La Partie de plaisir, pièce ornée d'architecture et de figures, d'après *Wœninx* gr. in-fol. en t.
7. Angélique et Médor, d'après *J. Raoux* gr. in-fol.
8. Le Bonheur du ménage, d'après *le Prince*. in-fol. en t.
9. L'Enfant chéri, d'après *le même*, pendant.
10. La bonne Mere, d'après *Fragonard*. gr. in-fol. en t.
11. Les Baignets, d'après *le même*. gr. in-fol. en t.
12. Les Hazards heureux de l'Escarpolette, d'après *le même*. gr. in-fol.
13. Premiere leçon de l'Amitié fraternelle, d'après *Etienne Aubry*. gr. in-fol. en t.
14. L'Abus de la Crédulité, d'après *le même*. in-fol. en t.
15. La Reconnoissance de Fonrose, d'après *le même*. in-fol. en t.
16. L'Acte d'Humanité, d'après *J. de Fraine*. Pendant.
17. L'heureux Moment, d'après *Lavreince*. gr. in-fol.
18. Le Billet doux, d'après *le même*. in-fol.
19. Le petit Jour, d'après *Freudenberg*. gr. in-fol.
20. La Complaisance maternelle, d'après *le même*. gr. in-fol.
21. Le Four à chaux, d'après *Loutherbourg*. gr. in-fol. en t.
22. La Chute dangereuse, d'après *Fr. Meyer*. gr. in-fol.
23. L'Epouse indiscrète, d'après *Baudouin*. gr. in-fol.
24. La Sentinelle en défaut, d'après *le même*. Pendant.
25. Premiere Ruine romaine, paysage de *Dietrich*. gr. in-fol. en t.
26. Seconde Ruine romaine, paysage *du même*. Pendant.

II. Robert Delaunay, le cadet, graveur au burin, né à Paris en 1754. Eleve de son frere, il se distingue comme lui par le goût et la netteté de son travail. Comme son aîné il a gravé divers sujets d'après différens maîtres, et comme lui il a excellé dans le genre des vignettes.

1. Le Malheur imprévu, d'après *Greuze*. gr. in-fol.
2. Les Adieux de la Nourrice, d'après *Et Aubry*. gr. in-fol. en t.
3. Le Mariage rompu, d'après *le même*. in-fol. en t.
4. Le Mariage conclu; d'après *Ant. Borel*. Pendant.
5. J'y passerai! d'après *le même*, même grandeur.
6. Les Vendeurs d'œufs, d'après *van der Werf*. in-fol.
7. Bain public des femmes mahométanes d'après *Barbier l'aîné*. gr. in-fol. en t.

Marguerite-Therese Delaunay, femme Mangeins, graveuse au burin, née à Paris en 1736. Elle n'est pas de la famille des deux artistes précédens. On a de sa main différens jolis paysages.

1. Sacrifice au Dieu Pan, paysage d'après *Lallemant*. gr. in-fol.
2. Le Bain troublé, paysage d'après *le même*. Pendant.

Pierre Maloeuvre, graveur au burin, né à Paris en 1740. Eleve de *Beauvarlet*, il a passé plusieurs années chez *Strange* à Londres, où

P. MALOEUVRE. L. F. PETIT-RADEL. 263

il a gravé quelques estampes. A son retour à Paris, il a gravé divers portraits, et différens sujets. En portraits, on a de lui ceux du Comte d'Aranda, du Roi de Suède, de d'Alembert et de Lalande. Et en sujets divers :

1. Le Roupilleur d'après *Crœsbeck*. in-fol.
2. Le Satyre et le Villageois ; d'après *Dietrich*. in-fol.
3. L'Enfant gâté ; d'après *Greuze*. gr. in-fol.
4. Aux Mânes de J. J. Rousseau ; d'après *Paul*, grande estampe allégorique, gravée par *Malœuvre*.
5. Ecueil des côtes de Norwège, grande tempête ; d'après *L. Backhuysen*. gr. in-fol. en t.
6. Le Curieux ; d'après *P. A. Baudouin*. gr. in-fol.
7. Les Paysans du Mortyck, d'après *Ad. Brouwer*. gr. in-fol.
8. Les Bains de Diane ; d'après *Marillier*. gr. in-fol.

LOUIS-FRANÇOIS PETIT-RADEL, dessinateur et graveur à l'eau-forte, né à Paris en 1740. Il dessine avec goût l'architecture, dont il a gravé plusieurs morceaux.

Cinq feuilles des Sonnets, avec des accessoires, pour le Voyage de Rome de Watelet. in-8.

D. P. PARISET, graveur, à l'eau forte et dans la manière angloise, né à Lyon en 1740. fils et élève d'un graveur de ce nom, qui a gravé un livre à dessiner en 40. feuilles. Après avoir travaillé quelque tems à Paris, il passa à Londres en 1769 et grava différentes planches pour Ryland dans le goût du crayon noir, en médaillon in-4to. d'après *Falconet*.

1. Sir Joshua Reynolds, *P. Falconet del.* 1768.
2. Sir Benjamin West, *id. del.* 1768.
3. François Cotes, *id. del.*
4. William Ryland, *id. del.*
5. Pierre Sandby, *id. del.*
6. O. Humphri, Miniat. Pictor. *id. del.* 1768.
7. J. Meyer, Encausticæ Pictor. *id. del.*
8. J. Kirbi, Prospectus Professor etc. *Id. del.* 1768.
9. Horace Walpole, *Id. del.*
10. L'instant de la mort de l'Amiral de Coligny, à Paris, la nuit du 23 au 24 août 1572, sous le règne de Charles IX.
11. La Mort du Duc de Guise, à Blois, le 20. Décembre 1588, sous le règne de Henri III.

PHILIPPE PARIZEAU, peintre et graveur à l'eau forte, né à Paris en 1740. Il avoit eu envie d'apprendre la gravure au burin de *Jean-George Wille*, mais ne se sentant pas la patience de suivre la lenteur de cet instrument, il s'en tint au dessin avec des rehauts et à la gravure à la pointe. Il a gravé d'après ses compositions plusieurs cayers de figures iconologiques, et celles de quelques autres maîtres.

Fr. Hubert.

1. Corps de garde de Soldats romains, d'après *Salv. Rosa*. gr. in-fol.
2. Marius assis sur les ruines de Carthage, d'après *le même*, de même.
3. Le Martyre de St. André, d'après J. B. *Deshayes*. gr. in-fol.
4. Le Martyre de St. Barthélemi, d'après *le même*. Pendant.
5. Achille près d'être submergé par le Xanthe et le Simoïs, est secouru par Junon et Vulcain, d'après *le même*, pièce exécutée en brun. gr. in-fol. en t!
6. Le Berceau russe, d'après *le Prince*. gr. in-fol. en t!
7. Psiché refusant les honneurs divins, d'après *Boucher*. gr. in-fol.
8. Horatius Coclès arrêtant seul l'armée de Porsenna, d'après *le Barbier*, gravé au bistre. gr. in-fol. en t!
9. Suite de gravures à l'eau forte, d'après les dessins de *L. S. de la Rue*, sculpteur du Roi, par *Ph. L. Parizeau*. Cette suite consiste en 110 feuilles, distribuées en dix cahiers, dont trois offrent des compositions historiques, telles que des bacchanales, des jeux d'enfans, des sacrifices etc. les sept autres renferment des formes d'autels, des tombeaux, des tables, des trepieds, des vases etc. le tout dans le gout antique.

Fr. Hubert, graveur au burin, né à Abbeville en 1740. Elève de *Beauvarlet* il a gravé plusieurs portraits et divers sujets d'après différens maîtres.

1. L'Enfant de retour de Nourice, d'après *Greuze*. *Hubert sc.* 1767. *Beauvarlet exc.* gr. in-fol.
2. La nouvelle Héloïse, d'après *le Febure*, peintre moderne. in-fol.

J. B. TILLARD.

3. Honni-soit qui mal y pense, d'après *le même*. Pendant,
4. La Tante de Gerard Douw, peinte par le neveu. in-fol.
5. Suite des grands hommes de France, particulierement des célèbres Marins, dessinés par *Craincourt* et gravés par *Hubert*. in-4to.
6. Le Maréchal de Tourville.
7. Le Maréchal de Vivonne.
8. Le Maréchal de Château-Regnault.
9. Le Maréchal Duquesne.
10. Le Comte de Forbin.
11. Le Comte de Toulouse.
12. Le Duc de Brezé.
13. Le Duc de Beaufort.
14. Mahé de la Bourdonnais.
15. De la Galissonnière.
16. Du Guay-Trouin.
17. Le Chevalier Jean Bart.
18. Le Chevalier de la Roche de St. André.

JEAN-BAPTISTE TILLARD, graveur à l'eau forte et au burin, né à Paris en 1740. Eleve de *Fessard*, il a gravé avec plus de goût que son maître, et ses ouvrages sont assez considérables.

1. Suite de Savoyards à Paris, sous le titre: *Mes gens, ou les Commissionaires ultramontains au service de qui les veut payer*, d'après *Aug. de St. Aubin.* in 4to.
2. Planche pour la grande édition de Voltaire, avec l'inscription: *Que cette flâme pure te mette au nombre des vivans;* d'après le dessin de *Gravelot*.

3. La plûpart des estampes pour le Voyage en Sibérie, par l'Abbé Chappe, d'après *le Prince*. D'une belle exécution.
4. Les Bergers russes, d'après *le Prince*. gr. in-fol.
5. Le Réveil des Enfans, d'après *le même*, gravé à l'eau forte par *Tillard* et terminé au burin par *d'Embrun*. gr. in-fol.
6. Agar dans le désert, d'après *Vernet*. in-fol. en t.
7. Une partie des Vues du Voyage de la Grèce, par M. de Choiseul.
8. Les figures pour la belle édition du Télémaque, d'après *Monnet*. in-4to. en 72. planches.
9. Les Vignettes pour la superbe édition du Tasse, d'après les dessins de *Cochin*. in-4to.
10. La Paix en Europe: *Pax Europæ reddita*, 1763. d'après *Monnet*. in-fol.
11. Portrait en médaillon du Pape Clément XIV. d'après *Dominique Forva*. in-4to.
12. La Demoiselle Allard et M. Dauberval, dansant un Pas de deux dans l'opéra de Sylvie, d'après *Carmontelle*. gr. in-fol. en t.

CHARLES GAUCHER, dessinateur et graveur au burin, né à Paris en 1740. Eleve de *Basan* et ensuite de *le Bas*, il a gravé divers sujets, sur-tout de jolis portraits, tant d'après ses dessins que d'après d'autres maîtres.

1. Marie-Cecile, Princesse Ottomane, fille d'Achmet III. dessinée et gravée par *Ch. Gaucher*. in-4to.
2. Portrait de M. du Paty, célèbre Avocat, d'après le dessin de *Notte*.
3. Louis Gillet, Maréchal des Logis, avec quatre vers

françois qui expliquent la belle action de ce soldat, gravé en 1766. gr. in-4to. *Wille* le père a gravé ce sujet d'après *Wille* le fils. V. à l'article de cet artiste No. 41.

4. Louis-Auguste, Dauphin de France, d'après *Gauvier*, in-8.

5. Jean-Paul-Timoléon de Cossé, Duc de Brissac, d'après *Pougin de St. Aubin*, in-4to.

6. E. C. Freron, journaliste, d'après *Cochin*, in-4to.

7. Le Rappel de M. Necker, d'après un dessin par *Gaucher*.

8. Louis de Grimaldi, Evêque du Mans, gravé en 1767. in-4to.

9. Allégorie à la mémoire de Jacques-Philippe *le Bas*, dessinée par *Cochin*, et gravée par *Gaucher*, petit in-4to.

10. Le Couronnement de Voltaire, d'après *Moreau*, in-fol.

11. Les Joueurs de cartes, ou l'Après-dinée flamande, d'après *Tilborgh*, in-fol.

12. Le Repos, d'après *Gaspar Netscher*, de la galerie du palais royal.

DOMINIQUE-VIVANT DENON, amateur, dessinateur, et graveur à l'eau forte, né à Paris vers 1740. et membre de l'académie de peinture. En 1785 et 1786, il a gravé à l'eau forte avec beaucoup d'esprit, diverses pièces d'après le *Carrache*, plusieurs têtes d'après *van Dyck*, avec quelques sujets d'après *Rembrandt*. En 1787 il donné à l'académie une planche gravée à l'eau forte, d'après *L. Jordano*, représentant:

3. L'Adoration des bergers. in-fol. en t.

2. Saint Aubin a gravé d'après lui les portraits de Dorat, de Gessner et de Voltaire. *Né* et *Masquelier* ont encore gravé d'après *Denon* Le Déjeuné de Ferney, où le vieux Voltaire se voit au lit, accompagné de Mad. Denys et du P. Adam, pièce. in-fol. en t.

HUBERT ROBERT, peintre et graveur à la pointe, né à Paris en 1741. Il a fait un long séjour à Rome, qu'il a su mettre à profit. A son retour dans sa patrie, il fut reçu membre de l'académie de peinture à l'unanimité. Son tableau de réception représentoit le port de Rome, avec la vue perspective de la Rotonde, une aîle du Capitole et plusieurs belles ruines. Peintre de goût, il a excellé surtout dans le paysage, quil a orné de belles fabriques, et de figures analogues, grouppées avec art. *Robert* a gravé d'une pointe facile et spirituelle divers petits sujets de sa composition, entr'autres une suite de 10 morceaux portant pour titre: Les Soirées de Rome, jolis paysages, ornés de monumens antiques. in-8.

Plusieurs artistes ont gravé d'après Robert différens sujets, sur-tout l'abbé de *St. Non*.

JEAN-MICHEL MOREAU, le jeune, dessinateur et graveur à la pointe, né à Paris en 1741, et

F. M. I. QUEVERDO.

reçu à l'Académie de peinture en 1781, avec le titre de dessinateur du cabinet du Roi. Artiste d'un génie fécond, il a composé beaucoup de sujets françois dans le nouveau costume. Il a gravé à l'eau-forte d'après *Rembrandt* un sujet peu agréable et très-licencieux.

1. Bethzabée au bain. gr. in-fol. en t.
2. Le Sacre de Louis XVI. à Rheims, de sa composition. tr. gr. pièce en t.
3. Les Fêtes de la ville de Paris, faites en 1782 à l'occasion de la naissance du Dauphin, en 4 grandes planches.
4. Tombeau de Jean-Jacques Rousseau, avec la vue de l'isle des peupliers des Jardins d'Ermenonville. *J. M. Moreau fecit* 1778. in-fol. en t.
5. Vingt-cinq petits sujets de format in-8. pour le premier vol. des Chansons de la Borde.

Il a encore gravé quantité de jolies vignettes et d'ornemens pour différens ouvrages.

FRANÇOIS-MARIE-ISIDOR QUEVERDO, dessinateur et graveur à l'eau-forte, né en Bretagne en 1746, et établi à Paris. Il a gravé divers sujets à la pointe, tant de sa composition que d'après d'autres maîtres. Beaucoup d'artistes ont travaillé d'après lui, comme *de Longueil*, *Louise Martinet*, et autres.

1. L'Histoire de Henri IV. de sa composition. in-fol.
2. Quatre sujets d'Enfans, pensées de l'Amour etc. en ovale. in-4to.

2. Paysage avec une famille de paysans devant une chaumière. *Queverdo fecit.* in-4to.

Queverdo a eu part, comme dessinateur et graveur, au Voyage pittoresque d'Italie, de l'Abbé de St. Non.

Louis DENNEL, graveur au burin, né à Abbeville en 1741. Elève de son compatriote *Beauvarlet*, il a gravé d'un très-bon goût quantité de sujets d'après divers maîtres.

1. Galathée sur les eaux; d'après *Luc. Jordane*. gr. in-fol.
2. Pigmalion amoureux de sa statue; d'après *de Lagrenée*. gr. in-fol.
3. Triomphe de la Peinture, d'après *le même*. Pendant.
4. La Peinture chérie des Graces, d'après *le même*. gr. in-fol.
5. L'Attention dangereuse, d'après *Boucher*. in-fol.
6. La Vertu irrésolue, d'après *le même*. Pendant.
7. Les Appas multipliés, d'après *Challes*. gr. in-fol.
8. Jeune Femme sur un lit, et son chien devant elle sur une chaise avec cette inscription : S'il m'étoit aussi fidèle! D'après *Fragonard*. gr. in-fol.
9. L'Abandon voluptueux, d'après *Borel*. in-fol.
10. Le doux regard de Colin, d'après *Greuze*. petit in-fol.
11. Le doux regard de Colette, d'après *le même*. Pendant.
12. Dédicace d'un Poëme épique, d'après *P. A. Wille*. gr. in-fol.
13. Essai du Corset, d'après *le même*. Pendant.

FRANÇOIS-ANNE DAVID, dessinateur, graveur à la pointe et au burin, né à Paris en 1741. David, qu'on m'a dit être frère du célèbre peintre de ce nom, est un des meilleurs élèves de *le Bas*. Il a gravé plusieurs sujets qui portent le nom de son maître. *David*, qui avoit le titre de graveur de la chambre et du cabinet de Monsieur, est un des artistes les plus industrieux de nos jours. Par ses travaux assidus, il a transporté d'Italie en France les richesses des cabinets et des galeries de ces contrées des arts. Son burin est beau et ne manque pas de couleur. Il a gravé avec un égal succès le portrait et l'histoire.

Portraits.

1. Portrait de Monsieur, frère du Roi, d'après un tableau de *Drouais*, grand médaillon, gravé par *David*.
2. Denis Diderot, d'après *L. M. Vanloo*, gravé par *David*, élève de *le Bas*. in-fol.
3. César-Gabriel de Choiseul, Duc de Praslin. *Roslin pinx.* in-fol.
4. Catherine II. Impératrice de Russie, peinte par *Mlle. Rameau*. in-fol.
5. Gaspar Netscher, sa femme et son fils, peint par lui même. in-fol.
6. Charles I. avec sa famille, d'après un beau tableau de *van Dyck*. gr. in-fol.
7. Le même sujet gravé par *Strange* et *Massard*.

Divers sujets, d'après différens maîtres.

1. Le Chasseur hollandois, d'après *Gabriel Metzu*. in-fol.
2. Le Marché aux herbes d'Amsterdam, d'après *le même.* in-fol.

8. Le

3. Le Marchand d'Orviétan, fameux tableau de *Karel du Jardin*. gr. in-fol. en t.
4. Le Taureau, beau paysage d'après *P. Potter.* gr. in-fol. en t.
5. Le Vieillard joyeux, d'après *Ad. van Ostade.* in-fol.
6. Le Plaisir interrompu, d'après *le même.* in-fol.
7. L'agréable Désordre, d'après *Tischbein,* en forme de médaillon. in-fol.
8. La Promesse du retour, d'après *le même.* Pendant.
9. Le Médecin des Urines, d'après *le Prince.* gr. in-fol. en t.
10. La jeune Fille surprise par ses parens dans une intrigue amoureuse. Pendant.
11. Adam et Eve dans le Paradis terrestre, d'après *Santerre*, pendant de *la Susanne au bain* de *Porporaty*.
12. Première Vue du Golfe de Venise, d'après *Jos. Vernet.* in-fol. en t.
13. Seconde Vue du Golfe de Venise, d'après *le même.* Pendant.
14. Deux petites Vues des environs de Dunkerk, d'après *le même.* in-4to. en t.
15. Trait de bienfaisance de la Reine de France, petite anecdote champêtre, gravé par *David.* in-fol.
16. Inauguration de Louis XVI au temple de la Constitution nationale, journée du 4 Février 1790, tableau allégorique de *David.* gr. in-fol.
17. Louis XVI. à l'Assemblée nationale, accepte solemnellement la Constitution, d'après *le Jeune*, belle pièce gravée par *David* en 1792. gr. in-fol. en t.
18. Pièce appelée la Poule au pot de Henri IV, d'après *Diger.* in-fol.

Suites de différens ouvrages.

1. Antiquités d'Herculanum, avec leur explication en françois par *P. Sylvain Marechal*, gravées par *Fr. A. David.*

VIII.   S

2. Antiquités Etrusques, Grecques et Romaines, avec leurs explications par d'*Hancarville* en 4 Tomes, chacun de 72 planches.

3. Muséum de Florence, ou Collection des Pierres gravées, Médailles, Statues et Peintures du cabinet du Grand-Duc de Toscane, publié par cahier et gravé par David, en manière de crayon rouge.

4. L'Histoire d'Angleterre en estampes, gravées par *Fr. A. David*, d'après les dessins des plus célèbres artistes de l'Académie royale; accompagnées d'un précis historique de chaque sujet, ouvrage publié par cahier.

5. L'Histoire de France, représentée par des figures, accompagnées de discours : les figures gravées par les plus habiles artistes, par *M. David*; les discours faits par M. l'Abbé Guyot. Cette Histoire présentée en estampe, se distribue par cahiers et forme 2 volumes.

NICOLAS-JOSEPH VOYEZ, l'aîné, graveur à la pointe et au burin, né à Abbeville en 1742. Il vint jeune à Paris, et apprit la gravure de *Beauvarlet*, son compatriote. Il a gravé divers portraits et différens sujets d'après plusieurs maîtres.

Portraits.

1. Louis XVI. Roi de France; d'après *Boizot* sculpteur, gravé en 1785. in-4to.

2. Marie-Antoinette, Reine de France; d'après *le même*. Pendant.

3. Marie-Adélaïde-Clotilde-Xavière de France, née en 1759. gr. in-4to.

4. Le Prince Henri de Prusse, frère du Roi. in-fol.

5. Un Astrologue faisant des observations; d'après G. Douw. in-4to.
6. Le Vieillard en refléxion; d'après *le même.* in-fol.
7. Angélique et Médor; d'après *Blanchard.*
8. La Servante congédiée; d'après *Greuze.* in-fol.
9. Le Ramoneur; d'après *le même.* Pendant.
10. Les premières leçons de l'Amour; d'après *le même.* gr. in-fol.
11. Le Chemin de la Fortune; d'après *Baudouin.* gr. in-fol.
12. Le Fruit de l'amour secret; d'après *le même,* par *Voyez le cadet.* Pendant.
13. Le Directeur des toilettes; d'après *Lavrince.* in-fol.
14. Le Philosophe charitable; d'après *Caresme.* gr. in-fol. en t.
15. La Visite inatendue; d'après *S. Freudenberg.* in-fol.

JEAN-BAPTISTE SIMONET, graveur au burin, né à Paris en 1742. C'est un des artistes qui se distingue par le goût et la finesse de son burin. Il a gravé quantité de vignettes et plusieurs planches pour la suite des Métamorphoses d'Ovide, publiée par Basan. Mais il a gravé aussi de plus grands sujets, tels que les suivans:

1. Le Danger du tête-à-tête, d'après *Baudouin.* gr. in-fol.
2. La Soirée des Thuileries; d'après *le même.* gr. in-fol.
3. Rose et Colas, d'après *le même.* gr. in-fol.
4. Le Coucher de la Mariée, d'après *le même.* gr. in-fol.
5. Le Modèle honnête, d'après *le même.* gr. in-fol.
6. La Privation sensible, d'après *Greuze,* gravé en 1780. gr. in-fol.
7. L'heureuse Nouvelle, d'après *Et. Aubry.* gr. in-fol.

Y. LE GOUAZ. G. VIDAL.

YVES LE GOUAZ, graveur à la pointe et au burin, né à Brest en 1742. Il vint jeune à Paris, où il apprit la gravure sous *Jac. Aliamet*, puis sous *Nic. Ozanne*, dont il épousa ensuite la sœur. Il a gravé avec succès plus de 60 petites Vues des ports de mer de France d'après les dessins de son beau-frère.

1. Trois jolies Marines, les Ports de Toulon, de Brest et de Rouen. *Nic. Ozanne del. Yves le Gouaz fec.* petit in-fol.
2. Le Port d'Antibes. *Nic. Ozanne del. Y. le Gouaz fec.* in-fol. en t.
3. Vue du Port et du Golfe de Calvi en Corse, d'après *La Croix*. petit in-fol. en t.
4. Vue du Port de St. Florent en Corse, d'après *le même*. Pendant.
5. Marine avec un Orage, d'après *Bonav. Peters*. in-fol. en t.
6. Première Vue des environs de Caudebec en Normandie, d'après *Ph. Hackert*. gr. in-fol. en t.
7. Seconde Vue des environs de Caudebec, d'après *le même*. De même.

GERAUD VIDAL, graveur au burin et aux points, né à Toulouse en 1742. Il a gravé à Paris diverses bonnes estampes, pour la plupart des sujets d'après des maîtres françois. Son style de gravure est très-pittoresque.

1. P. J. Gerbier, célèbre Avocat. *Pujos del.*
2. La Soubrette confidente, d'après *Lavrince*. gr. in-fol.

ANT. J. DUCLOS.

3. Les Nymphes scrupuleuses, d'après *le même.* gr. in-fol.
4. La Marchande à la toilette, d'après *le même.* gr. in-fol.
5. Jupiter et Jo, d'après *Ch. Monnet.* ovale gr. in-fol.
6. Jupiter et Anthiope. *Id. inv.* De même.
7. Vénus et Adonis. *Id.* De même.
8. Salmacis et Hermaphrodite. *Id.* De même.
9. Renaud et Armide. *Id.* De même.
10. Les Baigneuses surprises. *Id.* De même.
11. Le Roi d'Ethiopie abusant de son pouvoir. *Id.* De même.
12. Allégorie aux mânes de J. J. Rousseau.
13. Memnon ou l'écueil du Sage, conte de Voltaire, d'après *J. M. Moreau.* in-fol.
14. Le Dédommagement de l'absence, d'après *Schenau.* gr. in-fol.
15. L'heureux Retour, d'après *le même.* Pendant.
16. Les Amours de Paris et d'Hélène. *P. David faciebat, Parisiis anno 1778. G. Vidal sculp.* Dédié à M. Vien par *David* son élève et *Vidal* graveur. tr. gr. pièce en t. Chef-d'œuvre de composition et de gravure.

ANTOINE-JEAN DUCLOS, graveur au burin, né à Paris en 1742. Il est élève d'*Augustin de St. Aubin*, et réussit supérieurement dans la gravure des vignettes et ornemens de livres. On distingue dans ce genre les vignettes qu'il a gravées pour l'édition de J. J. Rousseau.

1. Un saint Evêque, Martyre, tenu par deux Soldats. On voit vers la gauche la moitié de la statue de Mercure, d'après *St. Aubin.* in-12.
2. Deux morceaux, d'après *le même:* 1) le Bal paré. 2) Le Concert.

Is. St. Helman.

3. Trait de bienfaisance de la Reine au sujet de la liberté rendue à M. de Bellegarde en faveur de sa femme, d'après *Desfossée-Surugue*. in-fol.
4. Arrivée de Télémaque dans l'île de Calipso, d'après *Boucher*. in-4to. en t.

ISIDORE-STANISLAS HELMAN, graveur au burin, né à Lille en Flandres en 1743. Elève de le Bas il fait honneur à son maître. Il a gravé avec beaucoup de goût d'après plusieurs maîtres françois.

1. Joseph et Putiphar, d'après *Lagrenée*, gravé en 1780. in-fol. en t.
2. Susanne et les Vieillards, d'après *le même*. Pendant.
3. Cléopatre expirante, d'après *le même*. gr. in-fol. en t.
4. La Précaution inutile, d'après *le Prince*, gravé en 1779. gr. in-fol. en t.
5. Le Négromantien, d'après *le même*, gravé en 1785. gr. in-fol.
6. La Leçon inutile, d'après *le même*, gravée en 1781. gr. in-fol. en t.
7. Le Médecin clairvoyant, d'après *le même*. gr. in-fol.
8. Le Marchand de lunettes, d'après *le même*. Pendant.
9. Le Roman dangereux, d'après *Lavreince*. in-fol.
10. L'Accord parfait, d'après *J. M. Moreau*. in-fol.
11. Le galant Jardinier, d'après *Baudouin*. in-fol.
12. Le Charlatan françois, d'après *Bertaux*. in-fol.
13. Le Charlatan allemand, d'après *le même*. Pendant.
14. Les Chaumières en Saxe, d'après *J. G. Wagner*. petit in-fol. en t.
15. Le Temple de la Sibylle de Tivoli avec la grande cascade, d'après *H. Robert*. gr. in-fol. en t.
16. Immersion d'une Caisse conique dans la rade de Cher-

bourg, le 7 Juin 1785, d'après *Chatry de la Fosse.*
in-fol. en t.
17. Départ d'une Caisse conique en présence de Louis XVI.
le 22 Juin 1786, d'après *le même.* Pendant.
18. Vingt feuilles en cinq cahiers, Suite de seize estampes, représentant les conquêtes de l'empereur de la Chine avec une explication. Ouvrage complet, dont le cinquième cahier renferme un supplement, gravé par *Helman* et d'autres. gr. in-fol. en t.

Cet artiste a gravé encore nombre de vignettes d'après *Cochin* et autres.

ANTOINE BOREL, peintre, dessinateur, graveur à la pointe et en manière noire, né à Paris vers 1743. Plusieurs de ses compositions datent de la guerre d'Amérique, contre les Anglois, et notre artiste embrasse patriotiquement le parti de son pays. Les morceaux suivans sont de sa composition et de sa gravure.

1. Louis Gillet, Maréchal des logis. in-4to.
2. Deux pièces: le Bonheur de la France, et l'Etat actuel de l'Angleterre.
3. Pièce satyrique intitulée: Rodney arrivé à Londres.
4. Hyder-Ali corrigeant les Anglois, gravé en manière de dessin.
5. Expérience aërostatique faite à Versailles en 1783.
6. Allégorie sur la naissance du Dauphin, fils de Louis XVI.
7. Allégorie sur l'administration de Necker.

Les plus habiles graveurs du tems ont travaillé d'après les compositions de Borel, tels sont

V. M. PICOT.

Baquoy, Dennel, de Launay, Couché, Dequevauviller, l'Eveillé, de Mouchy, H. Guttenberg, Bartolozzi, le Vasseur, Avril, Voissard, Anselin etc.

VICTOR-MARIE PICOT, graveur aux points et au burin, né à Abbeville en 1744, et habile artiste établi à Londres, où il a gravé avec succès dans les deux manières.

1. Le Bonheur de la vie champêtre. *V. M. Picot exc.* 1783 en points. in-fol.
2. La Félicité de la Vie champêtre. *Id. exc.* au crayon rouge. in-fol.
3. Les Délices de l'Enfance. *Id. exc.* De même.
4. Les Evangélistes, d'après un tableau de *Rubens*, appartenant à *Picot*. in-4to.
5. Diane et ses Nymphes, d'après un tableau de *Rubens*, appartenant à *Picot*, gravé en 1780, dans la manière pointillée. gr. in-fol. en t.
6. La Nourrice et le Nourrisson, d'après *B. Schidone*. in-4to. Du recueil de Boydell.
7. Jeune Garçon tenant une flûte, d'après *B. Luti*. in-4to. Du cabinet d'Houghton.
8. Apollon tenant une branche de laurier, d'après *S. Cantarini*. in-4to. *Ibid.*
9. Beau Paysage, orné de grouppes de Nymphes, d'après *Zuccarelli*. tr. gr. in-fol. en t.
10. Deux belles Marines, le Soleil couchant, et le Clair de lune. *D. Serres pinx.* en médaillon. in-fol.
11. Deux beaux Paysages, le Matin et le Soir, d'après *Barralett*. in-fol.
12. Deux belles Marines, un Naufrage et un Port de mer d'Italie, d'après *le même*. in-fol.

13. Deux pièces, d'après *le même*, les Fumeurs et les Pêcheurs, in-fol. gravées en 1772.
14. Nymphes au bain, le paysage de *Barralett*, et les figures de *Cipriani*. *Picot* a gravé le paysage et *Bartolozzi* les figures. gr. in-fol. en t.
15. La Tempête, peinte par *les mêmes* et gravée par *les mêmes*. Pendant.
16. Présence d'esprit de Marguerite d'Anjou, femme de Henri VI. Roi d'Angleterre vis-à-vis d'un Voleur dans une forêt; dessiné par *Barralett*, gravé à l'eau-forte par *Lettor* et terminé au burin par *Picot*.

CHARLES MAUCOURT, peintre et graveur en manière, né à Paris vers 1743, et mort à Londres en 1768. Il a gravé en Angleterre plusieurs pièces en manière noire sur ses propres dessins. Les sujets qu'il a traités sont ordinairement satyriques et relatifs à quelque événement. La pièce suivante est devenue fort rare.

The expulsion of the Jesuites from Spain. *C. Maucourt fec. Mezzot.* tr. gr. in-fol. en t.

CLEMENT-PIERRE MARILLIER, peintre, dessinateur et graveur à l'eau-forte, né à Paris vers 1744. En fait de gravure à la pointe, ce qu'on a de plus considérable de lui, ce sont les planches qu'il a exécutées pour le Voyage pittoresque de la Suisse. D'ailleurs il a fait nombre de dessins, tant grands que petits, qui ont été gravés par les artistes du tems. Nous citerons de préférence les quatre morceaux suivans, tirés de l'histoire de France, et gravés par différens artistes, in-fol. en t.

1. Philippe-Auguste harangue les François avant la bataille de Bouvines. *Patas sc.*
2. Bataille de Bouvines, gagnée par Philippe-Auguste. *Avril sc.*
3. Dévouement des Bourgeois de Calais. *Dambrun sc.*
4. Le Roi Edouard accorde la vie aux six Bourgeois de Calais à la prière de la Reine. *Le Beau sc.*
5. Apollon et les neuf Muses, d'après autant de statues antiques, gravées à l'eau-forte par *Marillier* et terminées au burin par *Voyez l'aîné*, 10 pièces. in-fol.
6. Premier, second et troisième livre de chiffres et de fleurs, gravés en dix-huit morceaux d'après *Ch. G. de St. Aubin*, par *Marillier*. in-fol.
7. Livre de vingt-quatre bouquets champêtres, en deux parties, par *les mêmes*.

L'ouvrage le plus important de *Marillier* est celui qui a paru sous le titre : Edition complette de la Bible, en françois, contenant l'ancien et le nouveau Testament, ornée de 300 sujets, dessinés par *Marillier*, et gravés par les meilleurs artistes, sous la direction du graveur *Nic. Ponce* 12 volumes in 8. grand papier, imprimés par Didot le jeune. *Marillier*, suivant son prospectus, s'est proposé de traiter les sujets les plus intéressans de l'Ecriture sainte, en 12 livraisons. Chaque livraison renferme 12 estampes, accompagnées d'un titre en françois et en latin, en grand in-8. à raison de 12 liv. sur grand papier à 24 liv. et sur papier velin à 36 livres.

PIERRE-ADRIEN LE BEAU, graveur au burin, né à Paris en 1744. Il a gravé un grand nombre de portraits, et divers sujets d'après différens maîtres.

1. Louis XVI. Roi de France.
2. Marie-Antoinette, Reine de France.
3. Louis-Philippe, Duc d'Orléans, d'après *de Lorme*. gr. in-fol.
4. Hyder-Ali, d'après *J. Year*. in-4to.
5. Mlle. de Raucour, Actrice. in-4to.
6. M. l'Abbé Terray, Contrôleur général des Finances sous Louis XV. in-4to.
7. A. R. J. Turgot, Contrôleur général des Finances sous Louis XVI ; d'après *de Troy*, gravé en 1774. in-4to.
8. Necker, Directeur général de Finances de Louis XVI ; d'après *le Clerc*. in-4to.
9. Jeune Fille en corset devant un miroir ; d'après *Baudouin*. in-fol.
10. Sa Taille est ravissante ; d'après *le même*. in-fol.
11. L'Eplucheuse de roses ; d'après *le même*. in-fol.

JEAN-BAPTISTE PATAS, dessinateur et graveur au burin, né à Paris en 1744. On a de lui nombre de petites estampes, entr'autres plusieurs pièces historiques qui entrent dans le vol. in-4to. du

Sacre de Louis XVI. En outre il a gravé différens sujets d'après divers artistes françois.

1. Le Jugement de Paris, d'après *Queverdo.* ovale in-4to.
2. Le dangereux Modèle, d'après *le même.* in-fol.
3. La Fille surprise, d'après *le même.* in-fol.
4. Le Jour, conversation galante, d'après *Eisen.* gr. in-fol.
5. La Nuit, sujet galant, d'après *le même.* gr. in-fol.
6. Le Mari dupé et content, d'après *le Barbier.* in-fol. en t.
7. La Prudence en défaut, d'après *le même.* in-fol. en t.
8. Henri IV. laissant entrer des vivres à Paris, qu'il tenoit assiégé; d'après *Carême.* in-fol. en t.
9. Avénement de Louis-Auguste XVI, et de Marie-Antoinette d'Autriche au trône de France en mai 1774, estampe allégorique, dessinée et gravée par *Patas.* in-fol.

NICOLAS BOUNIEU, peintre et graveur en manière noire, né à Marseille en 1744. Il est disciple de *M. Pierre* et membre de l'Académie de peinture depuis 1775. Cet artiste a gravé en manière noire divers sujets de sa composition, parmi lesquels on distingue:

1. Avis aux lecteurs. *Bounieu fecit.* in-fol.
2. Adam et Eve chassés du paradis terrestre et livrés à leurs refléxions. *Id. fec.* gr. in-fol.
3. La Madeleine pénitente. *Id. fec.* gr. in-fol.
4. L'Amour conduit par la Folie. *Id. fec.* gr. in-fol.
5. Le Supplice d'une Vestale. *Id. fec.* 1779. gr. in-fol. en t.
6. Allégorie sur la Naissance du Dauphin, avec une grande inscription de la Naissance de Henri IV. gr. in-fol.
7. Cours de l'Orangerie des Thuileries. gr. in-fol. en t.
8. Amusement du Sultan. gr. in-fol.

Plusieurs autres graveurs ont travaillé d'après lui dans leurs différens genres, tels que *le Tellier*, *Godefroy*, *Benoît*, *Ponce*, *Parizeau*, *Marin* etc.

LOUIS BINET, dessinateur, graveur à la pointe et au burin, né à Paris en 1744, et un des bons élèves de *Beauvarlet*. Il a gravé d'après plusieurs artistes françois, entr'autres d'après Parocel, Vanloo, Monnet, Moreau etc. sur-tout plusieurs sujets pour les Métamorphoses d'Ovide, in-4to. publiées par Basan. Nous ne citerons que les deux morceaux suivans:

1. Le Retour sur soi-même; d'après *J. B. Creuze*.
2. Le Vaisseau foudroyé; d'après *Joseph Vernet*. gr. in-fol. en t.
3. Combat de cavalerie et d'infanterie; d'après *C. Vanloo*. tr. gr. in-fol. en t.

Dugast et *Maillet* ont gravé quelques morceaux d'après *Binet*.

JEROME PARIS, graveur au burin, né à Versailles en 1744. Elève de *Longueil*, il a gravé divers paysages d'après différens maîtres. Les Vues suivantes sont d'après *Desfriches*, et de format petit in-fol. en t.

1. Deux Vues de Blois.
2. Deux Vues de Nantes.

P. LAURENT.

3. Deux Vues de Noyon.
4. Deux Vues de Tours.
5. Quatre Vues des Moulins du Loiret.
6. Quatre Vues d'Essone. in-fol. en t.
7. Un Cahier de Vues de Provence, d'après *Hackert*. in-fol. en t.
8. Deux Vues des Environs de Besançon, d'après *Zingg*. in-4to. en t.
9. Deux Vues des Rochers d'Enans, d'après *le même*.

PIERRE LAURENT, graveur à la pointe et au burin, né à Marseille vers 1745. ét établi à Paris où il grave avec succès, sur-tout le paysage.

1. Le Pasteur galant; d'après *Boucher*. in-fol.
2. Le Pasteur complaisant, d'après *le même*. Pendant.
3. Le Moulin à eau, d'après *le même*, ovale. gr. in-fol.
4. Les Laveuses, d'après *le même*. Pendant.
5. Le Benedicité, d'après *Greuze*. gr. in-fol.
6. Le Troupeau egyptien en route, d'après *van der Dœs*. gr. in-fol. en t.
7. Le Passage du bac, d'après *Berghem*. gr. in-fol. en t.
8. L'Occupation de la Bergere, d'après *le même*. Pendant.
9. La Bohèmienne consultée, grande composition, d'après *Berghem*. gr. in-fol. en t.
10. Paysage orné de figures et d'animaux, d'après *Dietrich*. gr. in-fol.
11. Autre Paysage, orné de même, d'après *le même*. gr. in-fol.
12. Vue d'Italie, beau paysage, orné de pasteurs et de bestiaux, d'après *H. Roos*. gr. in-fol. en t.
13. Le doux Repos des Bergers, d'après *Loutherbourg*. gr. in-fol. en t.

14. Le Repos du Berger, d'après *le même*, de même.
15. Vue de Mondragon en Dauphiné, d'après *le même*. gr. in-fol. en t.
16. Marche d'animaux, paysage montagneux, avec une cascade, d'après *le même*. gr. in-fol. en t.
17. Port de mer, marine enrichie d'architecture, d'après *le même*. gr. in-fol. en t.
18. La Mort du Chevalier d'Assas, d'après *Fr. Casanova*, tr. gr. in-fol. Pièce qui a pour pendant la Valeur recompensée.

FRANÇOIS DEQUEVAUVILLER, graveur au burin, né à Abbeville en 1745. et un des meilleurs éleves de *Daullé*. Il a très-bien traité la figure et supérieurement bien le paysage.

1. L'Assemblée au salon, d'après *N. Lavrince*; gravée en 1783. t. gr. in-fol. en t.
2. Le Lever des ouvrieres en modes, d'après *le même*. De même.
3. L'Ecole de la Danse, d'après *le même*. De même.
4. Le Contre-tems. D'après *le même*. in-fol.
5. L'Indiscret, d'après *Borel*. in-fol.
6. Paysage avec des bestiaux au bord d'une rivière, d'après *van Bergen*. gr. in-fol. en t.
7. Le Midi, très-beau Paysage *de Berghem*. gr. in-fol. en t.
8. Le Soir, très-beau Paysage *du même*, l'eau forte de *Weisbrod*. Pendant.
9. Vue de l'Adige, d'après *Christian Brand*, l'eau forte *du même*. gr. in-fol. en t.
10. Vue de Landeck, d'après *le même*, Pendant.
11. Chemin de Cassel en Flandres, d'après *J. Breughel*, gravé par *Couché* et *Dequevauviller*. in-fol. en t.

12. Paysage où se voit une tour ruinée ; d'après *Fr. Decker*. in-fol. en t.
13. La Nourrice flamande, d'après *Pœlenbourg*, gravée par *Couché* et *Dequevauviller*. in-4to. en t.
14. Les Baigneuses flamandes, d'après *le même*, par les mêmes. Pendant.

Il a aussi gravé plusieurs sujets pour le Voyage pittoresque d'Italie de l'Abbé de St. Non, et pour la description générale et particuliere de la France.

CHARLES-NICOLAS VARIN, le jeune, dessinateur, graveur à la pointe et au burin, ainsi qu'au crayon, né à Châlons en Champagne en 1745. Eleve de *Choffard*, il a gravé les fêtes données à Rheims, à l'inauguration de la statue pédestre de Louis XV. par *Pigal*, en quatre grandes pièces en travers. Il a un frere aîné, *Joseph Varin*, qui a gravé dans le même genre, mais peu de pièces qui portent son nom.

1. Eléonore-Léon le Clerc de Juigné de Neuchelles, Archevêque de Paris, dessiné et gravé par *Varin*.
2. Vue perspective de la Gare, grand bassin d'eau au bord de la Seine au dessus de Paris pour mettre les bateau à l'abri, entreprise somptueuse qui n'a pas eu son effet. *Varin del. et sc.* Août 1764 gr. in-fol. en t.
3. Plan géométral du bassin de la Gare de Paris. *De la Fosse del. Varin sc.* gr. in-fol. en t.

4. Vue

4. Vue du nouveau jardin du Palais royal, *Varin fecit*. in-fol. en t.
5. Buste de femme, gravé dans le goût du crayon rouge, d'après *C. Vanloo*. gr. in-fol.
6. La Marchande d'Hannetons, d'après *Schenau*, in-fol.
7. Les plaisirs de l'Enfance, d'après *le même*. in-fol.

I. NICOLAS-FRANÇOIS REGNAULT, peintre et graveur dans la manière pointillée angloise, né à Paris en 1746. Il est élève de lui même, a peint et gravé avec goût divers sujets.

1. La Fidélité et la Tendresse, d'après le dessin de *Lagrenée*, gravée dans le goût du crayon rouge, in-fol.
2. La Fontaine d'Amour, d'après *Fragonard*. gr. in-fol. Au crayon noir.
3. Ah! s'il s'éveilloit. Dessiné et gravé dans la manière angloise par *Regnault*. in-fol.
4. Dors, dors! Par *le même*, pendant de la pièce précédente.
5. Le Vœu de la nature. Une mere qui allaite son enfant, dessiné et gravé à l'eau-forte par l'artiste.

II. GENEVIEVE NAUGIS, femme de Regnault, dessinatrice et graveuse en couleurs. Elle a gravé avec beaucoup d'intelligence un grand nombre de planches d'après ses dessins et ceux de son mari. Les deux ouvrages suivans sont ce qu'elle a fait de plus considérable:

1. La Botanique, mise à la portée de tout le monde ouvrage composé de plantes d'usage, de couleurs na

turelles, en 300 planches avec des notices instructives sur les propriétés, les vertus etc. de ces plantes. Paris 1774. in-fol. Toute la suite coute 18 louis neufs.

2. Les Monstres, ou les écarts de la nature, ouvrage qui renferme toutes les monstruosités que la nature produit, soit dans l'espece humaine, soit parmi le quadrupèdes, les bipèdes etc. en planches coloriées, peintes et gravées par Mr. et Mde. *Regnault*. Cet Ouvrage donné, par souscription livre tous les trois mois un cahier de 10 planches, qui coutent 15. livres. Paris 1775. in-fol.

JEAN-MARIE DELATRE, graveur au burin et au crayon, né à Abbeville en 1746. Après avoir travaillé quelque tems à Paris, il passa à Londres, où il s'appliqua principalement à la gravure de la manière du crayon, sous la direction *de Bartolozzi*.

1. Stefano Castriotto, Principe de Montenegro d'Albania. Castriotus amicus et inimicus usque mortem et ultra. in-4to.
2. Pierre-Augustin Caron de Beaumarchais. in-4to.
3. Jean-Joseph Cassanéa de Mondonville. Dessiné par *Cochin* 1768. Gravé par *Delatre*. in-4to.
4. Calais. La Tabatière de Yorick. *Angel. Kauffman pinx. J. M. Delatre sc. Fr. Bartolozzi dir.* 1781. en points rouges et en rond. in-fol.
5. Marie Moulines. Le Mouchoir. *Id. pinx.* par *les mêmes*. - Pendant.
6. Didon invoquant les Dieux avant de monter sur le fatal bucher. *Angel. Kauffmann pinx. J. M. Delat-*

M. DE MOUCHY. 291

[...] Fr. Bartolozzi div. 1778. au crayon rouge, en ovale. in-fol.

7. Pénélope pleurant sur l'arc d'Ulysse. *Id. pinx.* par les mêmes. Pendant.
8. La Beauté dirigée par la Prudence. *Id. pinx. Delattre* sc. 1782. En rouge et en rond. in-fol.
9. La Beauté dirigée par la Raison. *Id. pinx.* Pendant.
10. Ariadne abandonnée. *Id. pinx.* gravée par *Delattre*, 1785, in-fol.
11. La Mort de Marc-Antoine. *Id. pinx. J. M. Delattre.* 1785. en rond, 10 p. 1. de diamètre.
12. Lear et Cordelia. *Stothard del.* in-fol. en rond.
13. Indiscretion. *Wheatly pinx.* Ovale en t.

MARTIN DE MOUCHY, graveur au burin, né à Paris en 1746. Elève d'Aug. de St. Aubin, il a gravé l'histoire de Télémaque en seize pièces petit in 4to. d'après *Monnet* et *Cochin*. Il a aussi travaillé d'après d'autres artistes.

1. Première et seconde Vue des environs de Triel; d'après *Ph. Hackert.* in-4to. en t.
2. Vue de Marienberg près de Stockholm; d'après *le même*. p. in-fol. en t.
3. Vue en Suède, nommée *Suedie-Land*; d'après *le même*. Pendant.
4. Les Nymphes de Calypso assemblées autour de Mentor prenant plaisir à le questionner; d'après *Charles Monnet*. p. in-fol. en t.
5. Les Nymphes de Calipso présentent à Télémaque des vêtemens qui lui sont destinés; d'après *le même*, de même.

N. PONCE P. CH. INGOUF

NICOLAS PONCE, dessinateur et graveur au burin, né à Paris en 1746. Elève de *Delaunay*, il a gravé d'après plusieurs maîtres françois et d'après ses propres dessins, entr'autres :

1. Précis de cette Guerre (de la Guerre d'Amérique) et précis du Traité de paix. 1782. *N. Ponce inv.* et sc. 2 pièces. in-4to. en t.
2. La Toilette ; d'après *Baudouin*. gr. in-fol.
3. Annette et Lubin ; d'après *le même*. gr. in-fol.
4. Les Cerises ; d'après *le même*. gr. in-fol.
5. L'Enlevement nocturne ; d'après *le même*. gr. in-fol.
6. Marton la jolie Bouquetière ; d'après *le même*. gr. in-fol.
7. L'Innocence sous la garde de la Fidélité, un enfant endormi, gardé par un grand chien ; d'après *Bounieu*. in-fol. en t.
8. Le Verre d'eau, d'après *Fragonard*. in-fol. en t.
9. Le Pot-au-lait ; d'après *le même*. Pendant.

Ponce a gravé avec beaucoup de succès différens ornemens de livres, les vignettes pour l'Arioste, d'après *Cochin*, et divers sujets pour les Oeuvres de S. Gessner, d'après *le Barbier*.

PIERRE-CHARLES INGOUF, graveur au burin, né à Paris en 1746. Eleve de *Flipart*, il a gravé d'après plusieurs maîtres françois.

1. Jean-George Wille, d'après le dessin de son fils. in-4to.
2. Quatre Tétes de différens caractères ; d'après *Greuze*. in-4to.

Fr. R. Ingouf.

3. La Paix du ménage, d'après *Greuze*, gravé à l'eau forte par *Moreau* et terminé au burin par *P. Ch. Ingouf.* in-fol.
4. La bonne Education; d'après *le méme*. par *les mémes*. Pendant.
5. Jeune fille assise caressant un jeune chien ; d'après *le méme*, petit. in-fol.
6. Les Sevreuses, d'après *Greuze*, gravées par *Tillard* et par *Ingouf* en 1769. gr. in-fol. en t.
7. Tom Jones. Acte I. Scène III. D'après *P. A. Wille*. gr. in-fol.
8. La Mère contente, d'après *le méme*. gr. in-fol.
9. La Mère mécontente, d'après *le méme*. Pendant.

FRANÇOIS-ROBERT INGOUF, frere cadet du précédent, graveur au burin, né à Paris en 1747. Eleve de *Flipart* comme son aîné, il s'est distingué parmi les graveurs françois modernes. Il a gravé le portrait et l'histoire.

1. Portrait en Médaillon de Flipart. in-4to.
2. Portrait de Simon, Imprimeur in-4to.
3. Buste de Jean-Jacques Roufseau, petit. in-fol.
4. Gerard Douw jouant du violon à son oiseau, peint par *lui méme*. gr. in-fol.
5. Messire Armand-Jérome Bignon, maître de cérémonie; d'après *Drouais*. gr. in-4to.
6. Le Sentiment contraire à la Pensée, petit garçon qui présente un oiseau à un chat; d'après *van der Werff*. gr. in-4to.
7. La Soirée d'hiver; d'après *Freudenberg*. gr. in-fol.
8. Le Soldat en seméstre, d'après *le méme*. gr. in-fol. en t.

9. Le Négociant ambulant, d'après *le même*. gr. in-fol. en t.
10. Le Retour du Laboureur, d'après *C. Benazech*. gr. in-fol. en t.
11. Les deux Canadiens pleurant sur la tombe d'un de leurs enfans, d'après *le Barbier*. Sujet intéressant et d'une belle exécution de la part du graveur 1786. tr. gr. in-fol.

BENOIT - LOUIS PREVOST, graveur au burin et à la pointe, né à Paris vers 1747. Elève de *Jean Ouvrier*, il surpassa bientôt son maître dans l'art de mettre de l'accord dans ses travaux sans donner dans le noir. On a de lui plusieurs vignettes ingénieuses d'après *Cochin*, dont il a saisi parfaitement le goût et la manière.

1. Ludovicus XV. en ovale avec des ornemens; d'après *Cochin*. in-4to.
2. A. T. Hue, sculpteur, d'après *le même*. in-4to.
3. Allégorie à l'honneur de Louis-Auguste, Dauphin de France, où se voit la Mort qui a déchiré le voile qui déroboit un nombreux cortége de Vertus désignées par leurs attributs; d'après *Cochin*, avec ce vers de Diderot: La mort a révélé le secret de sa vie.
4. Le beau frontispice pour l'Encyclopédie, morceau allégorique où se voit en haut la Vérité entre la Raison et l'Imagination. Au-dessous une foule de Philosophes spéculatifs; plus bas la troupe des Artistes; d'après *le même*. in-fol.
5. Douze Estampes allégoriques relatives aux événemens les plus marquées de l'Histoire de France sous

les règnes des Rois, pour l'édition in-4to. de *l'Abrégé chronologique du Président Henault.*

ETIENNE-CLAUDE VOISARD, graveur à la pointe et au burin, né à Paris en 1746, et un des élèves de B. Baron. Il a gravé divers sujets d'après différens maîtres. On a de lui une bonne copie en petit du combat de la Hogue, d'après la grande estampe de *Woollett.*

L'Allaitement maternel encouragé, d'après *Morel.* in-fol. en t.

MICHEL PICQUENOT, graveur à la pointe et au burin, né à Rouen en 1747. Bien qu'il ait commencé un peu tard à exercer la gravure, il n'a pas laissé que d'y réussir, sur-tout dans le paysage.

1. Vue du Prieuré des deux Amans près de Rouen, d'après *Lantara.*
2. La Nappe d'eau, beau paysage, d'après *le même.*
3. Les Chasses-Marées, d'après *le même.*
4. Vue de Montbard, d'après le dessin de *Signy.*
5. Vue du château de Montbard, d'après *le même.*
6. Vue du château de Robert, dit le Diable, Duc de Normandie, d'après *Carpentier.*
7. Vue du château d'Argues, près de Dieppe, d'après *le même.*
8. Vue du tombeau d'Abailard et d'Héloïse, d'après le dessin de *Bruandet.*
9. Vue de l'Abbaye du Paraclet, d'après *le même.*

10. Vue de la Maison qu'a occupée Calvin au hameau d'Enfer, d'après *le même.*
11. Quatre pièces de l'histoire de Raoul de Coucy et de Gabrielle de Vergy, d'après *B. Cauvet*, gravées par *M. Picquenot.*

JEAN-BAPTISTE BRADEL, dessinateur et graveur à la pointe et au burin, né à Paris vers 1750, a gravé divers portraits et autres sujets, tant d'après son dessin, que d'après différens artistes.

1. Le Pape Benoît XIV, portrait en petit.
2. Le Pape Clément XIV. De même.
3. Madame Louise de France, d'après un dessin de *Monnet.*
4. Louis-François-Gabriel de la Motte, Évêque d'Amiens, en médaillon.
5. Charles Frey de Neuville, Prédicateur du Roi.
6. Portrait du Général Paoli.
7. Portrait du Prosper-Jean de Crébillon, d'après *Doyen.*
8. Jean Bart, Chef d'Escadre des armées navales, d'après un tableau communiqué par la famille.
9. Charlotte-Geneviève-Louise-Auguste-Andrée-Thimothée d'Eon de Beaumont, Chevalier de l'ordre royal militaire de St. Louis, Capitaine de dragons etc. dessinée et gravée par *J. B. Bradel.* 1779. in-fol.
10. Pièce allégorique sous le titre: *Trinus et unus*, d'après un maître italien. in-fol.
11. Jeune Garçon qui joue du galoubet avec le tambour de Basque. in-fol.

CHARLES-EUGENE DUPONCHEL, graveur au burin, né à Abbeville en 1748. Il est élève de *Jacques-Nicolas Tardieu.* Il a gravé diverses

pièces d'après différens maîtres, soit portraits, soit sujets historiques.
1. Le Général des Mathurins, gravé en 1786.
2. Le Grand-Seigneur, au milieu de ses femmes dans les jardins du Serail, donne le mouchoir à l'une d'elles, d'après *Tonnet*, pièce commencée par *Macret* et terminée par *Duponchel*. in-fol. en t.

JEAN-BAPTISTE LUCIEN, graveur dans la manière du crayon, né à Paris vers 1748. Outre plusieurs copies d'estampes angloises, il a gravé un assez grand nombre de grosses Têtes et de Figures académiques d'après quelques maîtres françois, utiles aux jeunes gens qui apprennent à dessiner.

1. François-Xavier Geminiani, célèbre Musicien italien, d'après *Bouchardon*. gr. in-fol.
2. Deux Têtes, celle d'un Juif et celle d'un jeune Homme, d'après *le même*. gr. in-fol.
3. Deux Têtes, celle d'une Femme et celle d'un Ange pleurant, d'après *le même*.
4. Deux Têtes, celle d'une Vierge de douleur et celle d'un Christ mort, d'après *le même*. gr. in-fol.
5. Tête de St. Pierre, d'après *M. A. Slotz*. tr. gr. in-fol.
6. Tête d'Apollon, d'après *C. Vanloo*.
7. Tête de St. Jérôme, d'après *C. Vanloo*. tr. gr. in-fol.
8. Deux Figures académiques, l'une à genoux, l'autre couchée, d'après *le même*. tr. gr. in-fol. en t.
9. Deux Figures académiques, l'une debout, l'autre assise, d'après *le même*. tr. gr. in-fol.

10. Deux Têtes de femmes, d'après *J. B. M. Pierre*. gr. in-fol.
11. Le Lever de l'Aurore, d'après *le même*. in-fol. en t.
12. L'Enlèvement de Céphale, d'après *P. de Cortone*. in-fol. en t.
13. Les jeunes Italiennes, d'après *le Guerchin*. gr. in-fol.
14. La Vendange, avec des enfans au pressoir, d'après *le même*. in-fol. en t.
15. Danse d'Enfans, d'après *le même*. Pendant.
16. La belle Persanne, d'après *Cipriani*. gr. in-fol.
17. Sainte Cécile, d'après *le même*. gr. in-fol.
18. Jeux des Silvains et des Amours, d'après *Cipriani* et *Franceschini*. in-fol.
19. Andromaque pleurant sur les cendres d'Hector, d'après *Angel. Kauffman*. in-fol. La même pièce gravée par Ryland.
20. Bas-relief placé sur l'arc de triomphe, élevé au champ de Mars à la Fédération générale en 1790, chef-d'œuvre de composition et de gravure en forme de longue frise, d'après *Moitte* le Sculpteur.

JEAN-BAPTISTE MICHEL, dessinateur, graveur à la pointe et au burin, ainsi qu'au pointillé, né à Paris en 1748, et florissant à Londres en 1782. On a dit qu'il avoit appris la gravure de *P. Chenu*; si cela est, le disciple a bien surpassé le maître. A Paris il a gravé divers sujets au burin, d'après quelques maîtres françois; mais c'est à Londres qu'il s'est principalement distingué dans l'une et l'autre manière de graver.

J.-B. MICHEL. 299

Portraits.

1. Pierre-Louis Dubus de Preville, célèbre Comique françois. *J. B. Michel fecit.* in-fol.
2. Angélique Drouin, femme de Preville, actrice comique françoise. *Colson pinx.* Pendant.
3. Mademoiselle de ***, en habit d'été, d'après *Boucher*.
4. La Joconde, femme d'un marchand de fer, et maîtresse de François I; tableau de *L. da Vinci*, du cabinet du Comte d'Orford à Houghton. in-4to.
5. François Hals, peint par *lui même*, du même cabinet. in-4to.
6. La Femme de Rubens, peinte par *ce maître*. Ibid. in-4to.
7. Le Chevalier Thomas Gresham, Fondateur du collège de ce nom.

Divers sujets, d'après différens maîtres.

1. Vénus entrant au bain, d'après *Fr. Boucher*. in-fol.
2. Vénus sortant du bain, d'après *le même*. Pendant.
3. La Mort de Didon, d'après *M. A. Challes*. in-fol.
4. La Mort d'Hercule, d'après *le même*. in-fol.
5. La Ferme flamande, d'après *le Nain*. gr. in-fol. en t. *Boydell exc.*
6. Paysans qui jouent aux cartes, d'après *Teniers*. in-fol. *A. Houghton.*
7. Les Cuisines de Teniers. *Teniers pinx. J. B. Michel sc.* 1777. gr. in-fol. en t.
8. Une Nymphe et un Berger, d'après *Ch. Cignani*. in-fol. en t. *Ibid.*
9. Abraham, Sara et Agar, d'après *Pietre de Cortone*. gr. in-fol. en t. *Ibid.*
10. L'Enfant prodigue, d'après *Salvator Rosa*. p. in-fol. *Ibid.*
11. Capitaine de bandits, d'après *le même*. in-4to. *Ibid.*

12. Hercule et Omphale, d'après *Romanelli*. in-fol. en t. *Ibid.*

13. Vénus et Cupidon, d'après *Carle Maratte*. Pendant. *Ibid.*

14. Apollon, d'après *la Rosa Alba*. in-4to. *Ibid.*

15. La Mort de St. Joseph, d'après *Velasquez*. in-4to. *Ibid.*

16. Les trois Graces, nommées ordinairement les trois Femmes de Rubens, d'après *Rubens*, gravure pointillée. gr. in-fol.

17. La Foi, l'Espérance et la Charité, d'après *Rubens*, pièce gravée en 1780. gr. in-fol. en rond.

18. La Méditation, jeune personne assise sur une natte au pied d'un rocher occupée à lire, d'après *Aug. Kauffman*, gravure pointillée. ovale in-fol. en t. 1784.

19. La Nativité, d'après *C. Cignani*, dans le goût du crayon. petit in-fol.

20. La Sainte Famille, d'après *Rottenhamer*, dans le goût du crayon. in-fol.

21. L'Adoration des Bergers. *Guido Rheni pinx. J. Reynolds del. J. B. Michel sc.* 1783, gravure pointillée. gr. in-fol. en octogone. Pièce déjà gravée par Fr. Poilly.

22. Alexandre cédant Campaspe sa maitresse à Apelles, d'après *Miller*, gravure pointillée. gr. in-fol. en t.

23. Paysans avec des fruits et des fleurs, d'après *Wil. Peters*, ovale in-fol. en t.

24. Clytie abandonnée, d'après *Ann. Carrache*, gravée en points rouges, en rond, de neuf pouces de diamètre.

25. Cupidon piqué par une abeille, se plaint à sa mère qui le caresse, d'après *B. West*, en rond in-4to.

26. Alfred III, Roi de Mercie, en visite chez Guillaume d'Albanac qui lui présente ses trois filles nues, d'après *B. West*. tr. gr. in-fol. en t.

27. Alfred le grand, partageant son dernier pain avec un pélerin, d'après *le même*. Pendant. Estampes capitales de *Michel*.

ROBERT MENAGEOT, peintre et graveur dans la manière pointillée, né à Paris vers 1748. Elève de *Boucher*, selon quelques-uns, il passa jeune à Londres, où il peignit différens sujets et grava diverses estampes dans la manière angloise.

1. L'Innocence. *Ménageot fecit*, en rond, 7 pouces de diamètre. *Boydell exc.*
2. L'Amitié, d'après *le Correge*. Pendant. *Id. exc.*
3. La Vierge, l'Enfant Jésus et Ste. Elisabeth, d'après *le Guide*. ovale in-fol. en t. *Id. exc.*
4. Dame africaine, d'après *Loutherbourg*. gr. in-fol.

SIMON-CHARLES MIGER, graveur au burin, né à Paris vers 1748. Elève de *Cochin*, il a gravé le portrait et l'histoire. Reçu membre de l'Académie de peinture, il s'est distingué dans l'un et l'autre genre.

Portraits.

1. Hans de Stanley, d'après *Cochin*. in-4to.
2. David Hume, d'après *le même*, 1764. in-4to.
3. J. J. Dorton de Mairan, d'après *le même*. in-4to.
4. Le Comte Maurice de Bruhl, d'après *le même*. in-4to.
5. Laurent Cars, d'après *Perenneau*. gr. in-4to.
6. Christophe Gluck, d'après *Duplessis*. in-fol.
7. Jean-Jacques Rousseau. *Vitam impendere vero*; dessiné et gravé par *Miger*. d'après le modèle de le Moyne. in-4to.

8. Joseph Caillot, Comédien, d'après *Voirot.* gr. in-4to.
9. François van Mieris, peint par *lui même.* in-fol.

Divers sujets, d'après différens maîtres.

1. Hercule étouffant Antée, d'après *Voiriot*, gravé par *Miger* pour sa réception à l'Académie 1777. gr. in-fol. en t.
2. Apollon faisant écorcher Marsyas, d'après le tableau de *C. Vanloo*, fait pour sa réception à l'Académie en 1777. gr. in-fol. en t.
3. St. Grégoire élu Pape reçoit l'adoration des Cardinaux, d'après *le même.* in-fol.
4. Hercule filant auprès d'Omphale, d'après le tableau de réception de *Dumont le Romain.* gr. in-fol. en t.
5. La Nymphe Jo, changée en vache, d'après *Hallé.* gr. in-fol. en t.
6. L'Enlèvement d'Europe, d'après *le même.* gr. in-fol. en t.
7. Côtes près de Civita Vecchia, d'après *Vernet.* gr. in-fol. en t.
8. L'Hermite sans souci, dédié à *Cochin*, d'après le tableau de *Vien*, peint à Rome. in-fol.
9. L'Amour en Sentinelle, d'après *Fragonard.* gr. in-fol. ovale.
10. Tête de Jason, d'après *de Troy*, gravée par *Miger*, dans le goût du crayon rouge. gr. in-fol.
11. Le Charlatan et le Conducteur d'ours, d'après *Touzet*, 2 pièces in-fol. en t.

FRANÇOIS GODFROY, dessinateur et graveur au burin, né à Rouen en 1748. Un des meilleurs élèves de *le Bas*, il s'est distingué parmi les graveurs modernes de son pays. Parmi ses ouvrages assez nombreux dans différens genres, on trouve des morceaux d'après ses compositions et de celles d'autres maîtres. Nous avons de lui des vignettes, des allégories et sur-tout de très-beaux paysages; enfin plusieurs estampes historiques sur les événemens de la guerre en Amérique en 1782, dont *Ponce* a gravé une partie, ce qui forme un petit volume in-4to. très-amusant.

1. Le Frère Côme, Religieux Feuillant, célèbre Chirurgien Lithomiste, d'après *Notté*. petit in-fol.
2. Les Poules aux Guinées, emblême sur la guerre d'Amérique. *Godfroy del. et sc.* 1776. petit in-fol.
3. Monument d'allégresse pour les Amériquains, *Id. del. et sc.* p. in-fol.
4. Allégorie pour servir de Frontispice au Compte, rendu au Roi par M. Necker, *Id. del. et sc.* p. in-fol.
5. Deux beaux Paysages faisant pendans: Le Temple des Amours, et la Tour de deux Amans, d'après *Lantara*. in-fol. en t.
6. Deux Paysages avec une éclipse de lune et une éclipse de soleil, d'après *Lantara*. in-4to. en t.
7. Vue du village de Moûtiers-Travers, d'après *Chatelet*. in-fol. en t.
8. Amusement du Brabant, paysage d'après *Teniers*. petit in-fol. en t.
9. L'Orphée rustique, paysage avec bergeries, d'après *Casanova*. p. in-fol. en t.
10. Les Géorgiennes au bain, beau paysage, d'après *L. de la Hyre*. gr. in-fol. en t.

11. Les Nappes d'eau, beau paysage avec une chûte d'eau, d'après *le Prince.* gr. in-fol. en t.
12. Le Retour au hameau, beau paysage, d'après *Pillement.* gr. in-fol.
13. Le Retour des champs, beau paysage, d'apres *Cl. Lorrain.* gr. in-fol. en t.
14. *Aux Mânes de Rousseau.* Vue du Tombeau de J. J. Rousseau dans l'île des Peupliers à Ermenoville, dessiné d'après nature par *Gaudat*, et gravé en 1781 par *Godefroy.* gr. in-fol.
15. Deux jolies pieces intitulées : Annette à l'âge de quinze ans, et Annette à l'âge de vingt ans, d'après *Fragonard*, sur des fonds de paysages. in-fol.

ANTOINE ROMANET, graveur au burin, né à Paris en 1748. Elève de *J. G. Wille*, il a travaillé quelque tems à Bâle sous la direction de *Chrétien de Mechel.* Il a gravé divers sujets d'après différens maîtres.

1. Charles-Théodore, Electeur de Bavière, d'apres *P. Battoni.* petit in-fol.
2. Louis-François de Bourbon, Prince de Conti, d'apres *le Tellier.* in-fol.
3. Jean Grimoux, peintre de Fribourg en Suisse, peint par *lui même.* in-fol.
4. L'Ami de Rembrandt, le tableau à Bâle chez Rudolphe Frey, gravé en 1765. petit in-fol.
5. Antoine Court de Gebelin, auteur du Monde primitif, d'apres *Mlle. Linot*, 1776 sur un piédestal. p. in-fol.
6. La Mort d'Adonis, d'après *Kupetzky.* gr. in-fol.
7. Le Marchand d'images de village, d'après *Seekatz.* in-fol.

8. Le Chanteur en Foire, d'après *le même.* in-fol.
9. Une Dame ayant sur ses genoux un enfant qui tend les bras à sa Bonne, d'après *le même.* in-fol.

Romanet a gravé plusieurs pièces de la galerie du Duc d'Orléans et du cabinet de le Brun.

MARIE-LOUISE-ADELAIDE BOIZOT, dessinatrice et graveuse, née à Paris en 1748. Elève d'*Antoine Boizot* peintre, pour le dessin, et de *J. Jac. Flipart* pour la gravure, elle a gravé avec succès des portraits et divers autres sujets.

1. Jean-Joseph-Guillaume Bruté, Docteur en Sorbonne. *M. L. A. Boizot del. et sc.* petit in-fol.
2. L'Empereur Joseph, gravé par *la même.* p. in-fol.
3. Louis XVI, Roi de France. *Id. fec.* p. in-fol.
4. Marie-Antoinette d'Autriche, Reine de France. *De même.*
5. Louis Stanislas, Comte de Provence. *Id. del.* petit in-fol.
6. Marie-Josephine-Louise, Comtesse de Provence. *De même.*
7. Charles-Philippe, Comte d'Artois. *De même.*
8. Marie-Elisabeth, sœur du Roi. *De même.*
9. La France de la main de l'Autriche, le premier fruit de son alliance. *M. L. A. Boizot del.* in-fol.
10. Sainte Catherine, d'après *Louis Carrache.* p. in-fol.
11. Le Déjeuné de la Hollandoise, d'après *Gab. Metzu.* in-fol.
12. Le jeune Garçon avec une cage d'oiseaux, d'après *Netscher.* in-fol.
13. Un jeune Turc, d'après *le même.* Pendant.
14. La Liseuse, d'après *Greuze.* in-fol.

VIII.   U

J. MATTHIEU. JAC. CH. BAR.

JEAN MATTHIEU, graveur au burin, né en 1749. Elève de *Longueil*, il a gravé avec succès divers paysages ornés de figures et d'accessoirs d'après différens maîtres. Sur-tout il a gravé quantité de pièces dans le Voyage de la Grece du Comte de Choiseuil, et dans celui des royaumes de Naples et de Siciles de l'Abbé de St. Non.

1. L'Esclave heureux, paysage d'après *Hilaire*. gr. in-fol.
2. L'Anthropophage, paysage, d'après *le méme*. Pendant.
3. Le Serment d'amour, d'après *Fragonard*. gr. in-fol. en t.
4. Le Tems orageux, d'après *le méme*. Pendant.
5. Le Rappel des Chasseurs, d'après *K. du Jardin*. in-fol. en t.
6. Le Berger Sicilien, d'après *Mayer*. gr. in-fol. en t.
7. Paysage, dit le Hameau Saxon, d'après *J. G. Wagner*. gr. in-4to. en t.
8. Paysage avec des Ruines, d'après *le méme*. Pendant.
9. Le Pont chancelant, d'après *Wouwermans*. in-fol.
10. Paysage avec un Moulin, d'après *Ruysdael*. in-fol. en t.
11. Paysage avec un Hameau sur la Meuse, d'après *Michau*. petit in-fol. en t.
12. Vue d'une partie du lac de Trasimene, d'après *Gaspar Poussin*. gr. in-fol. en t.

JACQUES-CHARLES BAR, peintre et graveur dans le goût du lavis, né vers 1740. Cet artiste a commencé en 1778 à publier un Recueil des costumes des ordres religieux et militaires, avec un précis historique et chronologique, dont il a déjà donné plus de 40 cahiers, de 12 feuilles chacun. Cet ouvrage est fait avec beaucoup de soin et de vérité. Il a gravé en outre

Le Bain de village, dans la même manière, conjointement avec *Chatelet.*

JEAN-GABRIEL CAQUET, dessinateur, graveur à la pointe et au burin, né à Paris en 1749. Il a gravé plusieurs sujets d'après ses dessins, ainsi que d'après d'autres artistes. Il a gravé de même avec beaucoup de goût et d'intelligence les ornemens de livres et l'architecture.

1. La Soirée du Palais royal, de sa composition. in-fol.
2. L'Innocence en danger; d'après *N. Lavreince.* gr. in-fol.
3. Scène intéressante de la Partie de chasse de Henri IV; d'après *Moreau le jeune.*

EMANUEL DE GHENDT, graveur au burin, né à Gand en 1749, et établi à Paris. Il est élève de Jac. Aliamet, et il a gravé avec goût d'après plusieurs maîtres. On a de sa main quantité de vignettes et nombre de planches pour le Voyage d'Italie de l'Abbé de Saint Non.

1. L'Amour asiatique; d'après *Ch. Eisen. Basan exc.* in-fol.

2. Les Moissonneurs dans les champs, d'après *le même*. p. in-fol.
3. La pleine Moisson, paysage orné de quantité de figures, d'après *Isaac Moucheron*. gr. in-fol. en t.
4. Vue de la Fontaine d'Aréthuse à Syracuse, d'après *Chatelet*. petit in-fol.
5. Les quatre Parties du Jour, par des figures de mode : le Matin; le Midi; le Soir; la Nuit; d'après *Baudouin*. in-fol.
6. Vingt-quatre sujets pastoraux pour les Idylles de Berquin; d'après *Marillier*. in-12.

JEAN-BAPTISTE LIENARD, graveur au burin, né à Lille en Flandres, vers 1750, un des bons élèves de *le Bas*, excellant sur-tout dans la gravure du paysage. Il s'est aussi distingué parmi les graveurs qui ont travaillé pour la suite du *Voyage des royaumes de Naples et de Sicile de l'Abbé de St. Non* Outre cela nous avons de lui les deux belles pièces suivantes :

1. Les Délices de l'Eté; d'après *J. B. le Prince*. gr. in-fol. en t.
2. Vue des principaux monumens de Rome; d'après *Robert*. tr. gr. in-fol. en t.

CLAUDE-DOMINIQUE VINSAC, dessinateur, graveur à la pointe et dans la manière pointillée, né à Toulouse en 1749. Arrivé jeune à Paris, il travailla longtems chez *Auguste*, orfèvre du Roi, artiste habile. Depuis quelques années il s'est mis à graver dans le pointillé divers petits portraits, ainsi que plusieurs suites de vases et autres pièces pour l'orfèvrerie, de sa composition, exécutées avec beaucoup de goût et de précision.

1. Portrait de P. Camper, célèbre Médecin, dessiné d'après *Pujos*.
2. Portrait de Fréderic-Henri-Louis de Prusse, dessiné et grapé par *Vinsac*. Au bas ces vers du chevalier de Boufflers :
    Dans cette image auguste et chère
    Tout héros verra son rival;
    Tout sage verra son égal.
    Et tout homme verra son frère.

POULLEAU, graveur à la pointe et au burin, né à Paris en 1749. Il s'est distingué à graver des ruines et des morceaux d'architecture.

1. Ruines d'un temple, d'après *de Machy*. gr. in-fol.
2. Vue intérieure de la nouvelle église de la Madeleine de la Ville-l'Evêque, d'après *Contau d'Ivry*.

JEAN-FRANÇOIS ROUSSEAU, graveur au burin, né à Paris vers 1750. Il a gravé un grand nombre de vignettes pour différens ouvrages, d'après Gravelot, Cochin et autres.

1. Scene de la vie de Gabrielle d'Etrées; d'après *Eisen*. in-8.
2. St. Jérôme; d'après *Mola*. in-fol.

3. La Vierge et l'enfant Jésus; d'après *van de Werf*. gr. in-4to. Cabinet Choiseuil.

NICOLAS COLIBERT, dessinateur, graveur à la pointe et dans la manière pointillée, né à Paris vers 1750. En 1786 il a gravé à Londres dans la manière angloise et de sa composition deux sujets d'Evelina. En outre il a gravé au lavis les pièces suivantes:

1. Deux feuilles de Jeux d'Enfans, en brun, *Colibert inv. et fecit*, ovales. in-4to. en t.
2. Campagne d'Allemagne, joli paysage, d'après *F. Kobell*. in-fol. en t.
3. Hameau près de Coblence, joli paysage; d'après *J. G. Wagner*. in-fol. en t.
4. Village près de la Haye, joli paysage; d'après *van Goyen*. in-fol. en t.
5. Le Retour de la chasse; d'après *François Casanova*. in-fol. en t.
6. Le Depouillement d'un cavalier; d'après *le même*. Pendant.

PIERRE SAVART, graveur au burin, né à Paris vers 1750. Emule de *Ficquet*, il a gravé en petit plusieurs portraits de différens grands hommes de la France, avec des accessoires de fort bon goût. Son style de gravure dénôte de la fermeté et de l'aménité. Tous ces portraits, de format grands et petits in-8. sont ac-

J. B. RACINE.

compagnés de très-beaux accesoires analogues aux personnages.

1. Louis le grand, Roi de France et de Navarre, *peint par Rigaud*, gravé par *Savart*. 1771.
2. Louis de Bourbon, Prince de Condé, ou le grand Condé. *Le Juste pinx. Savart sc.* 1776.
3. Jean-Baptiste Colbert, *P. Savart sc.*
4. Nicolas de Catinat, *P. Savart sc.* 1775.
5. Marc-René, Marquis de Montalembert. *Savart sc.*
6. De la Mothe Fenelon. *Vivien pinx. Savart sc.* 1771.
7. George-Louis le Clerc, Comte de Buffon, *Drouais pinx. Savart sc.* 1776.
8. François-Jochim de Pierre de Bernis, Cardinal-Archevêque d'Alby. *Collet pinx. Savart sc.*
9. Jean-Baptiste la Bruyere. *De St. Jean pinx. Savart sc.* 1778.
10. Pierre Bayle. *Savart sc.* 1774.
11. Jean Racine. *J. B. Santerre pinx. Savart sc.* 1772.
12. Nicolas Boileau Despréaux. *Rigaud pinx. Savart sc.* 1769.

JEAN-BAPTISTE RACINE, graveur à la pointe et au burin, né à Paris vers 1750. Il est éleve d'Aliamet, et à l'exemple de son maître il a gravé des vignettes d'après *Cochin*, et des paysages d'après différens artistes, ainsi que différens sujets de la galerie du Palais royal.

1. Deux paysages d'après *Pillement :* Première et deuxième Vues des environs de Gaillon.

312 C. F. LE TELLIER. P. L. DEBUCOURT.

2. Les Bergeres, d'après le tableau *de B. Bréemberg* de la galerie du Palais royal.
3. Agar et Ismael, d'après le tableau de *P. F. Mola*, de la même galerie.

CHARLES - FRANÇOIS LE TELLIER, ou LE-TELLIER, graveur à la pointe au burin, né à Paris vers 1750. et florissant en cette ville en 1786.

1. Deux sujets faisant pendans : Le Studieux et la Fainéante, peints par *Dumenisl* le jeune, et gravés à l'eau forte par *Ch. Letellier*. in-fol.
2. La Fille grondée ; d'après *Greuze*, par *Letellier*. in-4to. le pendant est : La petite Jeannette *du même*, gravée par *Guerin*.
3. Deux pièces faisant pendans : La Nymphe au bain, et la Nymphe sortant du bain, peintes par *Bounieu*, et gravées par *Letellier*.
4. Allégorie au sujet de l'élévation de M. d'Ormesson à la dignité de premier President, dessinée par *Brion de la Tour*, gravée par *Letellier*.

PHILIBERT-LOUIS DEBUCOURT, peintre du feu Roi de France, dessinateur et graveur en couleurs, né à Paris vers 1750. et florissant dans la même ville en 1786. Il a peint et gravé en couleurs plusieurs sujets champêtres et scènes domestiques, et d'autres artistes ont gravé d'après ses compositions.

Pièces en couleurs de sa composition.

1. Louis XVI. dédié à la nation. gr. in-fol.

A. F. HEMERY.

2. Portrait en pied de Louis XVI, au lavis noir. gr. in-fol.
3. Portrait en pied du Marquis de la Fayette. gr. in-fol. au lavis noir.
4. La Noce du château; d'après le tableau de *Debucourt*. in-fol.
5. Le Menuet de la Mariée, pièce peinte et gravée par *Debucourt*. in-fol.
6. Heur et Malheur, ou la cruche cassée, pièce peinte et gravée par *Debucourt*. in-fol.
7. Le Compliment du jour de l'an, peint et gravé par *Debucourt*, peintre du Roi. 1787. in-fol.
8. La Promenade du Palais royal. in-fol.
9. Les deux Baisers, d'après un tableau d'exposition au Salon. in-fol.
10. Allégorie à la mémoire de feu M. de Vergennes, Ministre d'Etat, inventée et gravée par *Debucourt*, grande composition.

Angelique Moette, le Veau, Glairion, Guyot et d'autres ont travaillé d'après lui.

ANTOINE-FRANÇOIS HEMERY, ou EMERY, graveur au burin, né à Paris en 1751. Il a gravé avec approbation divers sujets d'après différens maîtres. L'estampe suivante est une des belles pièces des graveurs modernes françois.

1. La Création d'Eve. *Camille Procaccini pinx.* A. F. Hemery sc. 1782. gr. in-fol.
2. L'Inauguration de la Statue de Louis XV, d'après de *Machy*. gr. in-fol. en t.

3. La Mélodie; d'après *Lagrenée*. gr. in-fol.
4. La Promesse approuvée; d'après *N. C. Lepicié*. gr. in-fol.
5. La joyeuse Orgie, sujet de Satyres et de Faunes, d'après une peinture à gouache de *Carême*. in-fol. en t.
6. La Marchande d'Oeufs, et la Marchande de Noisettes, deux pièces dessinées par *J. Touzé*. in-fol.

Hemery a deux sœurs toutes deux artistes. MARGUERITE HEMERY, née en 1745. femme *Ponce*, et graveuse au burin, a travaillé d'après *Mariller*.

THERESE-ELEONORE HEMERY, née en 1753. et femme Lingée, à gravé supérieurement dans la manière du crayon, d'après plusieurs maîtres françois.

1. Charles-Pierre Colardeau, de l'academie française, d'après le dessin de *Tronquesse*. gr. in4to.
2. J. Ch. P. Lenoir, Lieutenant de Police, dessiné par *Pajos*. en 1780. in-fol.
3. L'Enlevement des Sabines; d'après *Cochin*. in-fol en t.
4. La Famille de bonnes gens. *Id.* inv. in-fol. en t.

J. C. MAILLET, graveur au burin, né en 1751. Il est éleve de *Denis Née*, et a gravé différens sujets d'après quelques maîtres françois, ainsi que plusieurs paysages pour le Cabinet de Choiseul.

1. La Fille à Simonette; d'après *Colibert*. gr. in-fol.
2. L'heureuse Jeannette; d'après *le même*. Pendant.
3. Le bon Berger; d'après *Boucher*. p. in-fol.

4. Le mauvais Joueur d'après *le même*. Pendant.
5. Paysage montagneux ; d'après *Ad. Elsheimer*. gr. in-4to. en t.
6. Paysage qui offre une pleine campagne, au milieu un Château fort, et plusieurs voitures dispersées d'après *Rembrandt*. in-4to.

LOUIS-JOSEPH MASQUELIER, graveur à la pointe et au burin, né à Lille en Flandres, en 1751. Éleve de *le Bas*, il est un des artistes qui fait le plus d'honneur à son maître. Il a touché le paysage d'une manière très spirituelle.

1. Arrivée de Voltaire aux champs Elysées ; d'après *le Barbier*. in-8.
2. Un Vieillard à genoux près d'une tête de mort dans un désert, pièce intitulée *Diogène*, d'après *G. Doun*. in-fol.
3. VIIe. Vue de Flandres ; d'après *Teniers*, gravée à l'eau forte par *Masquelier*, et terminée par *le Bas*, petit. in-fol. en t.
4. Paysage avec des bestiaux ; d'après *P. Potter*. in-4to.
5. Paysage, avec un ancien édifice au bord de l'eau, d'après *Ruysdael*, gravé par *Masquelier* et *le Bas*. in-fol. en t.
6. Paysage avec des arbres et des eaux, d'après *le même*, par *les mêmes*. in-fol. en t.
7. Le Pont du Diable, d'après *Chatelet*, avec plusieurs autres pièces pour le Voyage pittoresque de la Suisse.
8. VIe. Vue d'Italie, d'après *Vernet*. *le Bas direx*. *Masquelier sc*. gr. in-fol.
9. Les Débris du naufrage ; d'après *le même*. gr. in-fol. en t.

10. Première Vue d'Ostende du côté de terre, d'après *le May*. gr. in-fol. en t.
11. Seconde Vue d'Ostende, du côté de la mer, d'après *le même*. 1787. Pendant.
12. Première Vue de Bechin en Bohème, avec un point qui traverse un torrent, d'après *Dietrich*, gravé en 1771. in-fol. en t.
13. Seconde Vue de Bohème. Pendant peint par *Robert*, et gravé par *le Veau*.
14. Une des seize grandes Batailles, faites pour l'Empereur de la Chine.

Masquelier a encore gravé de très-belles Vues pour le Voyage d'Italie de Saint-Non.

CHARLES-LOUIS LINGEE, graveur à la pointe et au burin, né à Paris en 1751. Il a gravé plusieurs morceaux du cabinet de M. le Brun.

1. Portrait de l'actrice Raucourt, dans le rôle de Monime, de la tragédie de Mithridate, lors qu'elle dit : *Donnez !* La figure de *Freudenberg*, les accessoires de *Monnet le jeune*. in-fol.

GEORGE MICHAULT, dessinateur, graveur à la pointe et au burin, né à Abbeville en 1752. Eleve *d'Aliament*, il fait honneur, par son goût de gravure, à son maître et compatriote. *Michault* a gravé une grande partie des pièces du jardin de Monceau, terre près de Paris, appartenant à la Maison d'Orléans, d'après les dessins de *Carmontel*.

P. BELJAMBE.

1. Acis et Galathée; d'après *la Fosse*. in-fol.
2. Un Christ mort, d'après *And. Schiavone*, Galerie du palais royal.

PIERRE BELJAMBE, dessinateur, graveur à la pointe et au burin, né à Rouen en 1752 et résidant à Paris. Il a gravé d'un style soigné plusieurs morceaux de genre d'après des artistes françois. La galerie du Palais royal offre plusieurs morceaux de notre graveur.

1. Pilatre de Rosier, avec quatre vers françois, à Paris chez Beljambe. in-4to.
2. Vieillard qui lorgne une jeune Fille, et qui semble lui dire: *Ah. si je te tenois*; d'après *Dauloux*.
3. La jeune Fille répond d'un air moqueur au vieux Galant: *je t'en ratisse!* Pièce *du même* et le pendant de la première.
4. L'Amour s'endormant sur le sein de Psyché, d'après *J. B. Renaud de Rome*. gr. in-fol. en t.
5. Deux pièces faisant pendans, d'après *B. Cauvet*: L'Heroïsme de l'amour, et les Victimes de l'amour gravées par *Beljambe* et *Alix*.
6. Coucou. D'après *le Roi.* pièce in-fol. en ovale. L'idée en est ingénieuse.
7. La petite Jeanette, dans un cadre orné; d'après *J. B. Greuze*. ɔ. in-fol. jolie pièce.
8. La Circoncision, d'après *Jean Bellin*, de la Galerie du Palais royal.
9. L'Adoration des Rois; d'après *Carlo Caliari*. Ibid.
10. La Sainte Famille; d'après *Michel-Ange*. Ibid.

Fr. Janinet.

François Janinet, dessinateur et graveur, en couleur, né à Paris en 1752. Il a gravé avec beaucoup de succès une grande quantité de morceaux en couleurs, par le procédé de plusieurs planches, dont chacune imprime une des couleurs qui se trouve sur l'estampe. Les estampes de *Janinet*, s'entend les bonnes épreuves, sont d'un effet très-piquant et très-agréable. Dans l'exécution l'artiste rencontre beaucoup de difficultés; car il faut qu'il ait des connoissances relatives au coloris, il faut aussi qu'il soit aidé par un imprimeur intelligent et homme de goût.

1. Les Portraits d'Henri IV. et du Duc de Sully; d'après *Porbus*, deux belles pièces de forme ovale. in-fol.
2. Deux pièces: Les *Comédiens comiques*, et le Rendez-vous comique; d'après *Watteau*. p. in-fol.
3. L'Amour rendant hommage à sa mere; d'après *Boucher*, en ovale. in-fol.
4. La Toilette de Vénus; d'après *le même*. 1783. gr. in-fol.
5. Première Vue de Paris, prise du Pont royal, d'après de Machy. gr. in-fol. en t.
6. Seconde Vue de Paris du Port de St. Paul, prise au bas parapet; d'après *le même*. Pendant.
7. Le Repas des Moissonneurs, d'après *Wille le fils*. 1775. gr. in-fol. en t.
8. La Noce de village; d'après *le même*. Pendant.
9. Les Ruines de la Villa Sachetti; d'après *H. Robert*. 1778. gr. in-fol. en t.

NOEL PRUNEAU.

10. Les Ruines de la Ville Madama; d'après *le même*. 1778. Pendant.
11. Vue du jardin de Médicis, ornée de fabriques et de figures; d'après *le même*. in-fol.
12. Vue d'Italie, ornée de ruines et de figures; d'après *Clerisseau*. in-fol.
13. Deux jolies Vues de la Grece, ornées de ruines et de figurines; d'après *Pernet*. in-8. en rond.
14. Foire hollandoise; d'après *Ostade*. in-fol. en t.
15. La Barraque rustique; d'après *le même*. in-fol.
16. La Tabagie hollandoise; d'après *le même*, de même.
17. La Chaumière flamande; d'après *le même*, de même.
18. Grande et belle Tête de femme; d'après *Juive*, imprimée sur papier à trois crayons. gr. in-fol.

Il a cherché à imiter *Ploos van Amstel*, dans une couple de morceaux d'après *Ostade*.

NOEL PRUNEAU, dessinateur, graveur à la pointe et au burin, né à Paris en 1751. Il est élève d'*Aug. de St. Aubin*, et a gravé plusieurs portraits en médaillon, ainsi que divers sujets d'après différens artistes.

1. Rosalie le Vasseur, dessinée et gravée par *N. Pruneau*, en médaillon in-4to.
2. Herman Boerhave, dessiné et gravé par *N. Pruneau*, médaillon in-4to.
3. Albert de Haller, dessiné et gravé par *Pruneau*, en médaillon in-4to.
4. Gerard, Baron van Switen. *A. de St. Aubin del. Id. sc.* en médaillon in-4to.
5. Jean-Joseph Sue. *A. Pujos del. Id. sc.* médaillon in-4to.

6. François de la Peyronie, premier Chirurgien de Louis XV. *Pruneau fec.* en médaillon in-4to.
7. Deux sujets, faisant pendans, d'après *Julien de Toulouse*: Sentimens religieux, et Refléxions bacchiques. in-fol.

CHARLES-FRANÇOIS-ADRIEN MACRET, graveur au burin, né à Abbeville en 1752. et mort à Paris en 1783. Elève de Dupuis, il fit en peu d'années des progrès étonnans dans son art. Le peu de morceaux qu'il a gravés, fait regrettter qu'il n'ait pas fourni une plus longue carrière.

1. Vue de l'explosion du Magazin à poudre d'Abbeville en 1773. *Chaquet, del. Macret sc.* gr. in-fol. en t.
2. Réception de Voltaire aux champs Elysées; d'après *Fauvel.* gr. in-fol. en t.
3. Arrivée de J. J. Rousseau aux Champs Elysées; d'après *Moreau le Jeune.* gr. in-fol. en t.
4. Offrande à l'Amour; d'après *Greuze.* gr. in-fol.
5. Les Prémices de l'amour propre; d'après *Gonzalez.* gr. in-fol.
6. Le Sauveur et la Samaritaine auprès du puits, d'après *van der Werff.* petit in-fol. en t.

NICOLAS RANSONNETTE, peintre et graveur au burin, né à Paris en 1753. Il a gravé divers sujets de la Fable d'après *Gabriel de Saint Aubin* et d'autres maîtres.

1. Le Palais de Justice, nouvellement rebâti.
2. La Vue du nouveau Palais royal.

3. Le

3. Le Rival séducteur, dessiné et gravé par *Ransonnette*.
4. L'Amant vengé, par *le méme*.
5. L'Amour et Psyché, d'après un tableau de *Raphael*, gravé par *Ransonnette*.
6. Les Amusemens italiens, d'après *Watteau*. gr. in-fol. en t.

CHARLES-MELCHIOR DESCOURTIS, graveur en couleurs, né à Paris en 1753. Il est élève de *Janinet*, et il a gravé avec succès dans la manière de son maître plusieurs Vues d'Italie et de la Suisse.

1. Foire de village, d'après *Launay*. gr. in-fol.
2. Vue de la Porte St. Bernard, prise venant de l'hôpital, d'après *de Machy*. gr. in-fol. en t.
3. Deux Vues des environs de Rome, d'après *le méme*. in-4to. en rond.
4. Deux Vues des Tuileries, l'une du côté du château, l'autre du côté du pont-tournant, d'après *le méme*. in-4to. en rond.

ANTOINE DURNISSEAU, graveur en couleurs et dans le goût du crayon, né à Paris en 1754. C'est un des artistes qui s'est le plus distingué dans la gravure colorée. En crayon nous avons de lui d'après *Parizeau*:

Divers cahiers de principes du dessin.

Et en couleurs nous avons de sa main:

Divers cahiers de principes d'architecture, d'après *de la Fosse*.

VIII.   X

J. L. ANSELIN. L. RENOU. M BLOT.

JEAN-LOUIS ANSELIN, graveur au burin, né à Paris en 1754. Elève d'*Augustin de St. Aubin*, il a gravé avec goût divers sujets d'après différens maîtres.

1. Madame de Pompadour en Jardinière, d'après *Boucher*. in-4to.
2. La Parure naturelle, d'après *Netscher*. in-fol.
3. Le Satyre impatient, bacchanale d'après *Caréme*, gravé sous la direction de *St. Aubin*. gr. in-fol. en t.
4. La Faute est faite, permettez qu'il la répare, d'après *Borel*. in-fol.
5. Vous avez la clef, mais il a trouvé la serrure, d'après *Borel*. in-fol.
6. Le Siège de Calais. A l'assemblée nationale 1789. *Barthelemi pinx. Anselin sc.* tr. gr. pièce en t. Riche composition et belle gravure.

LOUISE RENOU, graveuse, née à Paris en 1754, a gravé divers sujets, entr'autres :

La Maladie d'Alexandre, d'après *Colin de Vermont*. gr. in-fol. en t.

MAURICE BLOT, dessinateur et graveur au burin, né à Paris en 1754. Elève d'*Aug. Saint Aubin*, il a gravé d'après differens maîtres et d'un bon style.

1. Jean-Ange Braschi, connu sous le nom de Pie VI, élu Pape en 1776, portrait qui sert de frontispice à sa vie, 1799. in-8.

P. VIEHL. J. L. DELIGNON.

2. Guillaume de Gery, Chanoine régulier de congrégation de Sainte Geneviève. *M. Blot fecit.* in-fol.
3. Le Dauphin et Madame royale, enfans de Louis XVI; d'après *Me. le Brun*, gravé en 1786. in-fol.
4. Le Verrou, d'après *Fragonard*. in-fol. en t.
5. La Promesse de mariage, d'après *le même*. Pendant.
6. Jeune Garçon qui fait des bulles de savon, d'après *Fr. de Mieris*. gr. in-4to.
7. L'Occupation du ménage, d'après *Et. Aubry*. gr. in-fol.
8. La Bonté maternelle, d'après *le même*. in-fol. en t.

PIERRE VIEHL, graveur à la pointe et au burin, né à Paris en 1755. Elève de Prévost, il a gravé d'un bon goût et dans une manière grignotée plusieurs sujets pour les cabinets de Choiseuil, de le Brun, et autres.

1. Le Jugement de Paris, d'après *Rottenhamer*, du cab. de le Brun.
2. Diane au bain, d'après *Mettai*. gr. in-fol.
3. Joli Paysage, où se voit sur le plan du milieu une fabrique bizarre, d'après *Ruysdael*, du cab. de Choiseuil. gr. in-4to. en t.
4. Joli Paysage, orné d'un bois et de figurines, d'après *le même*. Pendant.

JEAN-LOUIS DELIGNON, graveur à la pointe et au burin, né à Paris en 1755. *Delignon* est élève de *Delaunay* l'aîné, et a gravé plusieurs pièces pour le cabinet de M. Poulain, ainsi que pour la galerie du palais royal. Il a encore gravé pour le Voyage pittoresque de la Grece, et pour la Description générale et particulière de la France, sans compter nombre de vignettes d'après *Moreau*, *Marillier* et autres.

1. La galante Surprise; d'après *Lavreince*. in-fol.
2. Renaud et Armide; d'après *Ludov. Leoni*, de la galerie du Palais royal.
3. La Nourriture d'Hercule; d'après *Jules Romain*. *Ibid*.
4. La Gaieté bachique; d'après *J. B. Weeninx*. *Ibid*.

JEROME DANZEL, graveur au burin, né à Abbeville en 1755. Elève de *Flipart*, il a gravé un grand nombre d'estampes d'un burin ferme et agréable. Il est d'ailleurs du nombre des graveurs françois de ces derniers tems qui s'est distingué par le choix et l'importance des sujets. Il a été reçu membre de l'Académie de peinture. Les tems de trouble qui regnent en France depuis une dixaine d'années, sont causes sans doute de ce qu'on voit paroître si rarement des morceaux d'un intérêt général.

1. Vieillard à mi-corps, d'après *Rembrandt*. petit in-fol.
2. Le Roi boit, ou Collation flammande, d'après *Tilborgh*. gr. in-fol. en t.
3. Vénus et Adonis, d'après *J. Bethon*, dont le tableau se trouvoit autrefois à Dresde chez un particulier, et non à la galerie comme il est marqué sur l'estampe. gr. in-fol.

J. J. AVRIL.

4. Vénus et Enée, d'après *Ant. Boizot*, faisant pendant avec la pièce précédente.
5. Triomphe de la Peinture, Alexandre donnant Campaspe à Apelles, d'après *Lagrenée*. gr. in-fol.
6. La Laveuse, d'après *Greuze*. gr. in-fol.
7. Socrate prononçant son discours sur l'immortalité de l'ame à ses amis, après avoir bu la ciguë, d'après *Sané*. gr. in-fol. en t.
8. La Charité romaine, d'après *N. N. Coypel*. gr. in-fol.
9. Neptune et Amimone, d'après *Boucher*. gr. in-fol.
10. Vulcain présentant des armes à Vénus pour Enée, d'après *le même*. gr. in-fol. Les tableaux ont été peints pour la manufacture des Gobelins.
11. Creuse brûlée par la robe qu'elle a reçue de Médée, d'après le tableau peint par *de Troy* pour la manufacture des tapisseries de la couronne. gr. pièce en t.
12. Corésus, Grand-Prêtre de Bacchus, désespéré des refus de Calirhoé — s'immole à sa place, d'après le tableau peint par *Fragonard*, pour la manufacture des tapisseries des Gobelins. gr. pièce en t. et capitale.
13. Lyncus voulant assassiner Triptolème, est arrêté par Cérès qui le change en loup, d'après *Dumont le Romain*. gr. in-fol. en t.
14. L'Enlèvement de Proserpine par Pluton, d'après *Vien*. gr. in-fol.

JEAN-JACQUES AVRIL, graveur au burin, né à Paris en 1756. Elève de J. G. Wille, il est, parmi les artistes françois modernes, un de ceux qui mérite le plus d'attention, ayant ramené la gravure au burin à ses vrais principes, tant par le choix des sujets que par l'intelligence de l'exécution.

J. J. AVRIL.

1. Mars va à la guerre, d'après *Rubens*. gr. in-fol. en t.
2. Mars de retour de la guerre, d'après *le même*. Pendant.
3. Un Berger qui tient une Bergere dans ses bras, ou le Croc-en-jambe, d'après *le même*. gr. in-fol. en t.
4. Apollon fait danser les Saisons, d'après *le Poussin*. gr. in-fol. en t.
5. Diane change Actéon en cerf, d'après *l'Albane*, gravé en 1780. gr. in-fol. presque carré.
6. Les Baigneuses surprises, d'après *le même*, gravé en 1781. Pendant.
7. Vénus se venge de Psyché, d'après *de Troy*. gr. in-fol. en t.
8. Pigmalion et Galatée qui s'anime, d'après *Marillier*. gr. in-fol.
9. Sainte Geneviève, patrone de Paris, d'après *Carle Vanloo*. gr. in-fol.
10. Le Retour de la Pêche, au soleil couchant, d'après *Vernet*. gr. in-fol. en t.
11. Les Voyageurs effrayés par un coup de tonnere, par le même. gr. in-fol. en t.
12. Le Naufrage, peint par *Vernet* en 1758, et gravé par *Avril* en 1775. tr. gr. in-fol. en t.
13. La double Récompense du mérite, d'après *P. A. Wille*, gravée par *Avril* en 1784. gr. in-fol.
14. Le Patriotisme françois, d'après *le même*, gravé par *Avril* 1788. Pendant de la piece précédente.
15. La Prise de Courtray, Juillet 1667, d'après *van der Meulen*, gravé par *Avril* 1782. in-fol.
16. Le Passage du Rhin, d'après *Berghem*. gr. in-fol. en t.
17. Catherine II. voyageant dans ses Etats en 1787, grande composition, d'après *Ferd. de Meys*, gravée par J. J. *Avril* en 1790. tr. gr. pièce en t.
18. Pénélope et Ulysse, ou la Pudeur, d'après *le Barbier*. tr. gr. pièce en t.

CH. CL. BERVIC.

19. Combat des Horaces et des Curiaces, ou le Dévouement pour la patrie, peint par *le Barbier* 1786, gravé par *Avril* 1787. Ces deux estampes sont capitales et font époque dans l'art renouvellé en France.

CHARLES-CLÉMENT BERVIC, dessinateur et graveur au burin, né à Paris en 1756, et reçu à l'Académie en 1784. Il est un des nombreux élèves de *J. J. Wille*, et sous la direction de ce maître il est devenu un des plus habiles burinistes de notre tems. Ce sont deux des disciples de *Wille*, Bervic et Muller de Stuttgart, qui ont si supérieurement gravé le portrait en pied de Louis XVI. Ici les connoisseurs laissent la question indécise pour savoir à laquelle de ces deux belles gravures on doit donner la préférence? Voici le titre sous lequel la pièce de Bervic a paru :

1. Louis XVI, Roi des François, Restaurateur de la liberté, présenté au Roi et à l'Assemblée nationale, peint par *Callet*, et gravé par *Bervic* 1790. tr. gr. in-fol.
2. Jean Sénac de Meilhan, célèbre Médecin, d'après *Duplessis*. gr. in-fol.
3. Charles de Linnée, célèbre Botaniste, d'après *Roslin*. in-4to.
4. Le Repos, d'après *Lépicié*. in-fol.
5. La Demande acceptée, d'après *le même*. gr. in-fol. en t.
6. L'Education d'Achille, gravé par *Bervic* d'après le tableau peint par *J. B. Regnault*, membre de l'institut

national des Sciences et Arts. gr. in-fol. Vrai chef-d'œuvre de gravure au burin.

FRANÇOIS SERGENT, dessinateur, graveur en couleur, à la pointe et au burin, né à Chartre en 1756. Il est élève d'*Augustin de Saint Aubin*, et a gravé nombre de sujets, tant de sa composition que d'après différens artistes.

1. Portrait de M. Necker, avec une allégorie, d'après l'original de *Duplessis*, gravé en couleur, sous la direction de *St. Aubin*, par *Sergent*. in-4to.
2. Portrait de Monsieur, frère du Roi; d'après *le même*, de même exécution.
3. Portrait de M. Hauy, interprète du Roi, d'après l'original de *Favart*, gravé en couleur par *Sergent*. in-4to.
4. Il est trop tard, estampe exécutée en couleur par *F. Sergent*. gr. in-fol.
5. La Foire des Barricades, à Chartres, gravée par *Sergent* d'après sa composition.
6. Sujet satyrique sur le Magnétisme de Mesmer, de même.
7. L'Enlèvement de mon oncle, sujet satyrique sur l'enthousiasme des ballons; de même.

LAURENT GUYOT, graveur au burin et en couleur, né à Paris en 1756, élève de le *Grand* et de *Tilliard*. Il a gravé en 1787, selon Basan, divers sujets dans la manière colorée, la plupart en ovale en travers.

Jos. Ig. Huber. J. Papavoine.

1. Quatre jolies Vues d'Athènes; d'après *Pernay*.
2. Vues de tous les monumens et hôtels de Paris, d'après les dessins de *Sergent*.
3. Cris et Costumes de Paris, d'après les dessins de *Watteau*, suite donnée par livraison.
4. L'Oeil du génie, ou les armes de Necker; d'après *Croisier*.
5. Clémence de Henri IV; d'après *N. Delarive* de Lille, avec huit vers de Voltaire, gravée en 1787. in-fol. en ?.
6. Humanité et Bienfaisance du Roi; d'après *Debucourt*.

JOSEPH-IGNACE HUBER, graveur au burin, né en 1759. Il est un des élèves de *J. G. Wille*, et il a gravé avec succès divers sujets, sur tout plusieurs pièces pour la galerie du Duc d'Orléans.

1. Une petite Fille qui boude; d'après *Tischbein*, ovale in-4to.
2. La Tante de Gerard Douw, peinte par le neveu, petit in-fol.
3. La Musique; d'après *le Valentin*, de la galerie d'Orléans. petit in-fol.

JULIE PAPAVOINE, graveuse à la pointe, au lavis en couleur et au burin, née à Paris en 1759. Elle a gravé nombre de morceaux de genre d'après des artistes françois.

1. Sapho; d'après *Fragonard*.
2. Nécessité n'a point de loi; d'après *de Lorme*.
3. La Hollandoise; d'après *Bega*.
4. Ce n'est pas cela; d'après *Aubert*.
5. La prendra-t-elle, d'après *Ernest Dietrich*.

6. Le Bilboquet et le passe-tems; d'après *Imbert*.
7. Le Nid d'Amour; d'après *le Barbier*.

JEAN COUCHE', dessinateur, graveur à la pointe et au burin, né à Paris en 1759. Cet artiste est élève d'Aliamet. Il se distingue parmi les graveurs de sa nation et par le choix des sujets et par le mérite de l'exécution. En 1786 il a entrepris avec succès, de graver et de faire graver par différens artistes, sur les dessins de *Borel*, faits d'après les originaux, la fameuse galerie du Duc d'Orléans. Voici le titre sous lequel cet ouvrage parut: *Galerie du Palais royal, gravée d'après les tableaux des différentes Ecoles qui la composent, avec un abrégé de la vie des Peintres et une description historique de chaque tableau, par M. l'abbé de Fontenai, dédié au Duc d'Orléans par J. Couché, graveur de son cabinet.* Première livraison, contenant six estampes, gravées par différens artistes, dont la sainte famille d'après *Annibal Carrache*, par *J. Couché*.

On a de cet artiste, sans autre nom que le sien, les pièces suivantes:

1. Deux pièces, gravées en 1778: 1) l'Amour volage. 2) l'Amour quêteur.
2. Quatre pièces: 1) Le chemin de Castel en Flandres.

2) Vieux château près d'Ypres. 3) La Nourrice. 4) Les Baigneuses, sujets gravés à l'eau-forte par *J. Couché*, et terminés au burin par *Dequevauviller*.

JEAN MASSARD, dessinateur et graveur au burin, né à Paris vers 1760. C'est déjà un préjugé favorable pour les talens de cet artiste en disant qu'il est élève de *Jean-George Wille*. A l'exemple de son maître, il gouverne son outil avec la plus grande intelligence. Il a gravé dans le grand et dans le petit, et dans l'un et l'autre on admire la pureté de son exécution.

1. Louis-Auguste, Dauphin de France. *J. Massard del. et sc.* Le portrait en profil n'a que 7 lignes de haut, dans une bordure. in-18.
2. Marie-Antoinette, Archiduchesse d'Autriche, Dauphine de France. Pendant.
3. Nicolas de Livri, Evêque de Callinique; d'après *L. Toqué*. in-fol.
4. La Famille de Charles I. Roi d'Angleterre; d'après *van Dyck*. tr. gr. in-fol.
5. La Vierge donnant le sein à l'enfant Jésus: *La plus belle des mères*; d'après *le même*. gr. in-fol.
6. Agar reçu par Abraham; d'après *le même*. gr. in-fol.
7. Eve présente à Adam le fruit de l'arbre défendu; d'après *Ch. Cignani*. tr. gr. in-fol.
8. Le Lever de la Mariée; d'après *Baudouin*, gravé en 1771. gr. in-fol. faisant pendant avec le Coucher, gravé par *Moreau* et *Simonet*.
9. La Cruche cassée; d'après *Greuze*, dédiée à Mlle. Arnould, gravée en 1773. gr. in-fol.

10. La Dame bienfaisante, d'après *le même*, gravée en 1778. tr. gr. in-fol. en t.
11. La Mère bien-aimée, d'après *le même*, gravée en 1775. tr. gr. in-fol. en t.
12. La Vertu chancelante, d'après *le même*. gr. in-fol. en t.

MARIE-ROSALIE BERTAUD, graveuse au burin, née à Paris vers 1760. Elle est élève de *Saint Aubin* et de *Choffard*, et elle se distingue parmi les femmes-artistes de Paris. Les estampes les plus connues de sa main sont d'après *Vernet* et portent ce titre :

1. Orage impétueux. ovale gr. in-fol. en t.
2. Les Pêcheurs à la ligne. gr. in-fol. en t.
3. Le Rocher percé. gr. in-fol.
4. La Barque mise à flot. gr. in-fol. en ovale.
5. La Pêche au clair de la lune. petit in-fol.
6. Les Pêcheurs italiens. Pendant.

PIERRE-CHARLES BAQUOY, graveur au burin, né à Paris en 1760, actuellement vivant dans le lieu de sa naissance, s'occupant à graver particulièrement des vignettes pour les ouvrages du jour. On compte trois graveurs de ce nom, le père, le fils et le petit-fils. Le père, *Maurice Baquoy*, a gravé à l'eau-forte, au commencement de ce siècle, une suite de paysages et un combat naval, d'après *P. D. Martin*, une des quatre grandes batailles, exécutées à Paris pour le Czar Pierre. Il a aussi gravé une suite de vignettes pour l'Histoire de France du P. Daniel, d'après les dessins de *Boucher*. Le fils, *Jean Baquoy*, a gravé au burin nombre de jolies vignettes pour plusieurs ouvrages, entr'autres quelques sujets pour les Métamorphoses d'Ovide in-4to. publiées par Basan. Le petit-fils, Pierre-Charles Baquoy, outre les vignettes, qu'il grave supérieurement, a travaillé à divers sujets d'après différens maîtres. L'article des *Baquoy* étant fort embrouillé, je peux m'être trompé sur l'attribution des pièces. Les suivantes sont de sa composition:

1. Un Frontispice pour une satyre. in-8.
2. Une Vignette représentant le lit de justice, tenu au sujet du connétable de Bourbon en 1577.
3. Portrait de Charles Gravier, Comte de Vergennes, Ministre d'Etat, marqué chez *Baquoy*.
4. Deux Paysages, d'après *J. B. Benard*, portant pour titre: 1) Pensez-y bien! 2) Repos du lendemain. in-fol. en t.
5. Deux Paysages, d'après *le même*, intitulés: 1) Les Plaisirs champêtres. 2) Les Plaisirs variés. in-fol.
6. La Ruse d'Amour, d'après *Ant. Borel*, avec quatre vers françois. in-fol. en t.
7. La Ruine, tableau de *Watteau*, du cabinet de M. de Jullienne. in-fol. en t.
8. La Famille en goguete, avec quatre vers françois, d'après *Frendenberg*. in-fol.

Il a aussi gravé plusieurs planches, d'après *le Prince*, pour le voyage en Sibérie de l'Abbé Chappe de Hauteroche, gr. in-4to.

En fait de Vignettes on estime sur-tout celles qu'il a gravées d'après *Cochin* et *Monnet*.

PINAULT, graveur à la pointe et au burin, né à Paris vers 1760, et élève de *Macret*. Il est mort en 1785, année où il avoit gravé les deux pièces suivantes :

1. Disgrace de Gabrielle d'Estrées ; d'après *Chevaux*.
2. Retour de Henri IV. vers Gabrielle d'Estrées ; d'après *le même*.

JEAN-BAPTISTE CHAPUY, dessinateur et graveur en couleur, né à Paris vers 1760, artiste qui marche avec succès sur les traces de *Janinet*.

1. Première et seconde Vue de Ruines romaines ; d'après *Perney*, pièces en rond. petit in-4to.
2. Les trois sœurs au parc de St. Cloud, d'après *Nic. Lavreince*. p. in-fol. en t.
3. Les Graces Parisiennes au bois de Vincennes ; d'après *le même*. Pendant.
4. Mars et Vénus, d'apres *Rottenhamer*. gr. in-fol. en t.
5. Le Revenant, d'apres *le même*. Pendant.
6. Le Moraliste, de sa propre composition. in-fol.
7. Vue perspective du champ de Mars, jour du serment civique, prononcé par la nation françoise, assemblée à Paris le 14 Juillet 1790. gr. in-fol.

Monogrammes des artistes François,
contenus dans le VII. Volume.

B).   Dominique Bariere.

R. B.   B.   René Boivin.

(PB)   Pierre Brebiette.

JC.   Jean Couvay.

P).   Pierre Daret.

H D F.   DF.   HF   Jérôme David.

I. D.   D I   Jean Duvet ou Davet.

noe ȣ.   Noel Garnier.

GL.   Léonard Galter ou Gaultier.

ML.   Michel Lasne.

S. P.   S.P.F.   SP.   Etienne du Perac.

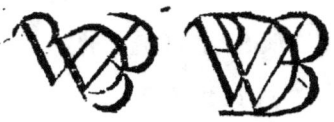 Pierre Voeriot ou Woeiriot.

V. Sébastien Vouillemont.

ÉCOLE FRANÇOISE.
Vol. VII. et VIII.

Aiguillies, de. V. Boyer.
Aliamet, François. VIII. 207.
— — — Jacques, l'ainé. VIII. 205.
Allet, Jean-Charles. VII. 354.
André, Saint. V. Renard.
Andriot ou *Handriot*, François. VII. 352.
Anselin, Jean-Louis. VIII. 322.
Armessin, Nicolas de, père. VII. 310.
— — — — — — fils. VII. 312.
Asne, Michel l'. VII. 92.
Aubert, Michel. VIII. 94.
Aubin, Auguste de Saint. VIII. 174.
— — Charles-Germain de Saint. VIII. 178.
— — Gabriel-Jacques de Saint. VIII. 179.
Audran, Benoît. VII. 247.
— — — Charles. VII. 90.
— — — Gerard. VII. 239.
— — — Germain. VII. 238.
— — — Jean. VII. 250.
— — — Louis. VII. 255.

VIII.   Y

Aveline, Antoine. VII. 359.
— — François-Antoine. VIII. 137.
— — Pierre. VIII. 135.
Avril, Jean-Jacques. VIII. 325.

Bacheley, Jacques. VIII. 142.
Balechou, Jean-Jacques. VIII. 149.
Banc, Pierre van der. VII. 358.
Baquoy, Jean, père. VIII. 332.
— — Maurice, fils. VIII. 332.
— — Pierre-Charles. VIII. 332.
Bar, Jean-Charles. VIII. 306.
Baron, Bernard. VIII. 91.
— — Jean, dit le Tolosan. VII. 255.
Barras, Sébastien. VII. 357.
Barriere, Dominique. VII. 190.
Bas, Jacques-Philippe le. VIII. 124.
Basan, Pierre-François. VIII. 189.
Basseporte, Françoise-Madeleine. VIII. 98.
Baudet, Etienne. VII. 100.
Bazin, Nicolas. VII. 227.
Beau, Pierre-Adrien le. VIII. 273.
Beaumont, Pierre-François. VIII. 173.
Beauvais, Charles-Nicolas-Dauphin. VIII. 52.
— — — Nicolas-Dauphin, père. VIII. 51.
Beauvarlet, C. née Riolat. VIII. 239.
— — — Jacques-Firmin. VIII. 236.
Beljambe, Pierre. VIII. 317.
Bellange, Jacques. VII. 137.

Benoist ou *Benoît*, Guillaume-Philippe. VIII. 197.
Berain, Jean. VII. 286.
Bernard, le petit. V. Salomon.
— — Samuel. VII. 162.
Bertaud, Marie-Rosalie. VIII. 332.
Bervic, Charles-Clément. VIII. 327.
Binet, Louis. VIII. 285.
Blanchard, Jacques. VII. 108.
Blondeau ou *Blondel*, Jacques. VII. 303.
Blot, Maurice. VIII. 340.
Boissiere, Simon de la. VII. 287.
Boissieux, Jean-Jacques. VIII. 223.
Boivin, Renat. VII. 58.
Boizot, Marie-Louise-Adelaide. VIII. 305.
Bonnart, Robert et Nicolas. VII. 328.
Bonnet, Louis. VIII. 251.
Borel, Antoine. VIII. 279.
Bosse, Abraham. VII. 144.
Boucher, François. VIII. 112.
Bouis ou *Bouys*, André. VIII. 27.
Boulanger, Jean. VII. 154.
Boulongne, Bon. VII. 141.
— — — Louis. VII. 140.
— — — Louis de. VII. 143.
Bounieu, Nicolas. VIII. 284.
Bourdon, Sébastien. VII. 165.
Bouys. S. Bouis.
Boyer, Jean-Baptiste, Marquis d'Aiguillies. VII. 356.
Bradel, Jean-Baptiste. VIII. 296.

Brebiette, Pierre. VII. 96.
Brun, Charles le. VII. 177.
— — Gabriel le. VII. 179.
Bousink, Louis. VII. 66.

Callot, Jacques. VII. 73.
Campion, Charles, et Campion de Tersan, frères. VIII. 234.
Caquet, Jean-Gabriel. VIII. 307.
Cars, Laurent. VIII. 105.
Cathelin, Louis-Jacques. VIII. 253.
Caylus, A. C. Philippe, Comte de. VIII. 66.
Chaperon, Nicolas. VII. 94.
Chapuis, Jean-Baptiste. VIII. 334.
Charpentier, Pierre-François. VIII. 212.
Chateau ou Chasteau, Nicolas. VII. 272.
— — Guillaume. VII. 269.
Chatillon, Louis. VII. 302.
Chauveau, François. VII. 172.
Chedel, Quentin-Pierre. VIII. 117.
Chenu, Pierre. VIII. 216.
Chereau, François. VIII. 31.
— — Jacques. VIII. 33.
Cheron, Elisabeth-Sophie. VII. 333.
— — Louis. VII. 334.
Choffard, Pierre-Philippe. VIII. 227.
Clerc, Sébastien le. VII. 289.
Cochin, Charles-Nicolas, père. VIII. 58.
— — — — — — — fils. VIII. 60.

Cochin, Nicolas. VII. 175.
Colibert, Nicolas. VIII. 310.
Colignon, François. VII. 189.
Comte, Marguerite le. VIII. 169.
Corneille, Jean-Baptiste, le cadet. VII. 124.
— — — Michel, père. VII. 120.
— — — — — l'ainé. VII. 121.
Cossin, Louis. VII. 268.
Couché, Jean. VIII. 330.
Coulet, Anne-Philibert. VIII. 258.
Courbes, Jean de. VII. 71.
Courtois, Guillaume. VII. 182.
— — — Jacques. VII. 180.
Cousinet. V. Empereur.
Couvay, Jean. VII. 195.
Coypel, Antoine. VII. 215.
— — Charles-Antoine. VII. 219.
— — Noël. VII. 214.
— — Noël-Nicolas. VII. 218.
Crepy ou *Crespy*, Jean et Louis. VII. 340.
Cuviller, François, père. VIII. 79.
— — — — — — fils. VII. 79.

*D*agoty. V. Gautier.
Danet ou *Duvet*, Jean. VII. 51.
Danzel, Jérôme. VIII. 324.
Daret, Pierre. VII. 138.
Dassonville, Jacques. VIII. 170.
Daudet, Jean-Baptiste. VIII. 259.

David, Charles. VII. 104.
— — François-Anne. VIII. 271.
— — Jérôme. VII. 105.
Daullé, Jean. VIII. 108.
Debucourt, Philibert-Louis. VIII. 312.
Delatre, Jean-Marie. VIII. 209.
Delaunay, V. Mangejus.
— — — Nicolas, l'ainé. VIII. 260.
— — — Robert, le cadet. VIII. 262.
Delignon, Jean-Louis. VIII. 323.
Demarteau, Gilles. VIII. 186.
— — — Gilles-Antoine, le jeune. VIII. 188.
Dennel, Louis. VIII. 271.
Denon, Dominic-Vivant. VIII. 268.
Dequevauviller, François. VIII. 287.
Dervet, Claude. VII. 145.
Descourtis, Charles-Melchior. VIII. 321.
Desplaces, Louis. VIII. 36.
Dolivar, Jean. VII. 318.
Dorigny, Louis. VII. 341.
— — — Michel. VII. 133.
— — — Nicolas. VII. 342.
Dossier, Michel. VIII. 43.
Drevet, Claude. VIII. 9.
— — Pierre, père. VIII. 3.
— — — — fils. VIII. 5.
Dubos, Marie-Jeanne-Renard. VIII. 97.
Duchange, Gaspar. VII. 360.
Duclos, Antoine-Jean. VIII. 277.

Duflos, Claude. VIII. 23.
Duponchel, Charles-Eugène. VIII. 296.
Dupuis, Charles, l'aîné. VIII. 44.
— — Nicolas-Gabriel. VIII. 46.
Durnisseau, Antoine. VIII. 321.
Duvet. V. Danet.

Emery. V. Hemery, Lingée et Ponce.
Empereur, Catherine-Elisabeth l'., née Cousinet. VIII. 200.
— — — Jean-Baptiste-Denis l'. VIII. 133.
— — — Jean-Louis l'. VIII. 132.
— — — Louis-Simon l'. VIII. 198.
Enfant, Jean l'. VII. 163.
Epicier, Bernard l'. VIII. 82.
Evesque, Pierre-Charles l'. VIII. 202.

Fage, Raymond de la. VII. 348.
Farjat, Benoît. VII. 327.
Ferdinand, Louis et Pierre. VII. 226.
Fessard, Etienne. VIII. 145.
Ficquet, Etienne. VIII. 232.
Flipart, Jean-Charles, père. VIII. 98.
— — Jean-Jacques, fils. VIII. 99.
Fosse, Jean-Baptiste-Joseph de. VIII. 179.
Frago. V. Fragonard.
Fragonard, Honoré. VIII. 240.
François, Jean-Charles. VIII. 153.

Fratrel, Joseph. VIII. 210.
Frosne, Jean. VII. 230.

G*agnieres*. V. Ganieres.
Gaillard, Robert. VIII. 180.
Galimard, Claude. VIII. 209.
Galter. V. Gaultier.
Ganieres ou *Gagnieres*, Jean. VII. 107.
Gantrel, Etienne. VII. 212.
Garnier, Augustin. VII. 70.
— — Noël. VII. 55.
Gaucher, Charles. VIII. 267.
Gaultier, Léonard. VII. 59.
Gautier-Dagoty, Eduard. VIII. 229.
— — — — Jean-Fabien. VIII. 228.
Gelée, Claude, dit le Lorrain. VII. 110.
Germain, Louis. VIII. 246.
Ghendt, Emanuel de. VIII. 307.
Giffart, Pierre. VII. 330.
Gillot, Claude. VIII. 16.
Godfroy, François. VIII. 302.
Gouaz, Yves le. VIII. 276.
Goupy, Joseph. VIII. 208.
Goyraud, Claude. VII. 273.
Grenée, Louis-Jean-François de la. VIII. 204.
Grignon, Charles. VII. 316.
— — — Jacques. VII. 315.
Guillain, Simon. VII. 103.
Guyot, Laurent. VIII. 328.

*H*abert, Nicolas. VII. 339.
Halbou, Jean-Louis. VIII. 213.
Handriot. V. Andriot.
Haussart ou *Haussard*, Jean. VIII. 88.
Haye, Charles de la. VII. 317.
Helman, Isidor-Stanislas. VIII. 278.
Hemery ou *Emery*. Antoine-François. VIII. 313.
— — V. Lingée et Ponce.
Henriet, Israel. VII. 129.
Henriquez, Blaise-Louis. VIII. 235.
Hire, Laurent de la. VII. 127.
Hortemels, Fréderic. VIII. 56.
— — — Marie-Madeleine. VIII. 57.
Huel, Jean. VIII. 248.
Huber, Joseph-Ignace. VIII. 329.
Hubert, Fr. VIII. 265.
Huquier, Gabriel, fils. VIII. 77.
— — — Jean-Gabriel, père. VIII. 74.
Huret, Grégoire. VII. 135.
Hutin, Charles. VIII. 147.

*J*acob, Louis. VIII. 138.
Janinet, François. VIII. 318.
Jardinier, Claude-Donat. VIII. 201.
Jeaurat, Edme. VIII. 13.
Ingouf, François-Robert. VIII. 293.
— — Pierre-Charles. VIII. 292.
Joullain, François. VIII. 93.

Lagrenée. V. Grenée.
Landry, Pierre. VII. 229.
Langlois, Jean. VII. 336.
Larmessin. V. Armessin.
Lasne. V. Asne.
Laulne, Etienne de. VII. 53.
Launay. V. Delaunay et Mangejus.
Laurent, Pierre. VIII. 286.
Lempereur. V. Empereur.
Lenfant. V. Enfant.
Lepicier. V. Epicier.
Leu, Thomas de. VII. 65.
Levesque. V. Evesque.
Lienard, Jean-Baptiste. VIII. 308.
Lingée, Charles-Louis. VIII. 316.
— — Thérese-Eléonore, née Hemery. VIII. 314.
Linsac, Claude-Domenic. VIII. 308.
Littret, Claude-Antoine. VIII. 249.
Live, Ange-Laurent de la, de Jully. VIII. 197.
Lochon, René. VII. 285.
Loir, Alexis. VII. 210.
— — Nicolas. VII. 208.
Lombart, Pierre. VII. 148.
Longueil, Joseph de. VIII. 255.
Lorme, Marguerite-Louise-Amelie, du Ronseray. VIII. 217.
Lorrain, Louis-Joseph le. VIII. 133.
— — — V. Gelée.
Lorraine, Jean-Baptiste de. VIII. 258.

Lubin, Jacques. VII. 288.
Lucien, Jean-Baptiste. VIII. 297.

Macé ou *Macée*, Charles. VII. 256.
Machy, Pierre-Antoine de. VIII. 185.
Macret, Charles-François-Adrien. VIII. 320.
Maillet, J. C. VIII. 314.
Maleuvre, Pierre. VIII. 262.
Mangejus, Marguerite-Thérèse, née Delaunay. VIII. 262.
Marcenay de Ghuy, Antoine. VIII. 191.
Mariette, Jean. VII. 349.
— — — Pierre-Jean. VII. 349.
Marillier, Clément-Pierre. VIII. 281.
Marlie, René-Elisabeth. VIII. 85.
Marot, Daniel. VIII. 103.
— — Jean, père. VIII. 102.
Masquelier, Louis-Joseph. VIII. 315.
Massard, Jean. VIII. 331.
Massé, Jean-Baptiste. VIII. 39.
Masson, Antoine. VII. 278.
— — — Madeleine. VII. 284.
Matthieu, Jean. VIII. 306.
Maucourt, Charles. VIII. 281.
Mauperche, Henri. VII. 126.
Melan, Claude. VII. 111.
Mellan. V. Melan.
Menageot, Robert. VIII. 301.
Michault, George. VIII. 316.

Michel, Jean-Baptiste. VIII. 298.
Miger, Simon-Charles. VIII. 301.
Mignard, Nicolas. VII. 130.
— — — Pierre. VII. 132.
Mire, Noel le. VIII. 188.
Moitte, F. A. VIII. 184.
— — Pierre-Etienne. VIII. 182.
Monnoyer, Jean-Baptiste. VII. 279.
Moreau, Jean-Michel, le jeune. VIII. 269.
— — — Louis. VIII. 143.
Morin, Jean. VII. 151.
Mouchy, Martin de. VIII. 291.
Moyreau, J. VIII. 139.

*N*anteuil, Robert. VII. 230.
Natoire, Charles. VIII. 90.
Naugis. V. Regnault.
Née, Denis. VIII. 230.
Nolin ou *Nollin*, Jean-Baptiste. VII. 353.
Non, Richard, Abbé Saint. VIII. 218.

*O*udry, Jean-Baptiste. VIII. 48.
Ouvrier, Jean. VIII. 196.
Ozanne, Jeanne-Francisque. VIII. 191.
— — — Nicolas et Pierre. VIII. 194.
— — — Marie-Jeanne. VIII. 194.

*P*apavoine, Julie. VIII. 329.
Papillon, Jean, père. VII. 358.

Papillon, Jean-Baptiste, fils. VII. 358.
Paris, Jérôme. VIII. 285.
Pariset, D. P. VIII. 263.
Parizeau, Philippe. VIII. 264.
Parrocel, Charles. VII. 331.
— — — Etienne. VII. 332.
— — — Joseph. VII. 331.
Pasquier, Jean-Jacques. VIII. 257.
Patas, Jean-Baptiste. VIII. 283.
Patour, J. A. VIII. 256.
Pautre, Jean le. VII. 169.
— — Pierre le. VII. 171.
Pelletier, Jean. VIII. 256.
Perac, Etienne de. VII. 61.
Perelles, les. VII. 192.
Perignon, Nicolas. VIII. 231.
Perisin, *Perrisin* ou *Persinus*, Jacques. VII. 57.
Perrier, François. VII. 68.
Perrisin. V. Perisin.
Perroneau, Jean-Baptiste. VIII. 231.
Persinus. V. Perisin.
Pesne, Jean. VII. 197.
Petit, Gilles-Edme. VIII. 78.
Petit-Radel, Louis-François. VIII. 263.
Picart, Bernard. VII. 261.
— — Etienne. VII. 258.
Picault, Pierre. VIII. 28.
Picot, Victoire-Marie. VIII. 280.
Picquenot, Michel. VIII. 295.

Pigné, Nicolas. VIII. 87.
Pinault. VIII. 334.
Pitau, Nicolas. VII. 265.
Poilly, François. VII. 200.
— — Jean-Baptiste de. VII. 206.
— — Nicolas. VII. 204.
Poisson. V. Pompadour.
Pompadour, Jeanne-Antoinette Marquise de, née Poisson. VIII. 195.
Ponce, Nicolas. VIII. 292.
— — Marguerite, née Hemery. VIII. 314.
Poulleau. VIII. 309.
Prevost, Benoît-Louis. VIII. 294.
Prince, Jean-Baptiste le. VIII. 241.
Prou, Jacques. VII. 189.
Pruneau, Noël. VIII. 319.

Queverdo, François-Marie-Isidor. VIII. 270.
Quillart, Pierre-Antoine. VIII. 134.

Racine, Jean-Baptiste. VIII. 311.
Radel. V. Petit.
Radigues, Antoine. VIII. 171.
Ragot, François. VII. 318.
Ransonette, Nicolas. VIII. 320.
Ravenet, Simon, fils. VIII. 123.
— — — Simon-François. VIII. 120.
Raymond, Jean. VIII. 89.
Reboul, Marie-Thérese. VIII. 132.

Regnault, Geneviève, née Naugis. VIII. 289.
— — — Nicolas-François. VIII. 289.
Regnesson, Nicolas. VII. 211.
Renard, Simon de St. André. VII. 158.
Renou, Louis. VIII. 322.
Rigaud, Jean. VIII. 96.
Riolat. V. Beauvarlet.
Rivalz, Antoine. VIII. 11.
— — Barthol. VIII. 12.
Robert, Hubert. VIII. 269.
— — Nicolas. VII. 134.
— — Paul-Ponce-Antoine de Sery. VIII. 29.
Roettieres, François. VIII. 108.
Romanet, Antoine. VIII. 304.
Ronseray, du, V. Lorme, de.
Roullet, Jean-Louis. VII. 324.
Rousseau, Jacques. VII. 224.
— — — Jean-François. VIII. 309.
Rousselet, Gilles. VII. 159.

Salomon, Bernard, ou le petit Bernard. VII. 52.
Saly, Jacques-François. VIII. 172.
Sarrabat, Jean. VIII. 27.
Savart, Pierre. VIII. 310.
Scotin, Gerard. VII. 319.
— — Louis-Gerard. VII. 320.
Sergeant, François. VIII. 328.
Sery, de. V. Robert.
Simon, Pierre. VII. 275.

Simonet, Jean-Baptiste. VIII. 275.
Simonneau, Charles. VII. 305.
— — — Louis. VII. 309.
— — — Philippe. VII. 308.
Sornique, Dominique. VIII. 185.
Soubleyras, Pierre. VIII. 81.
Spierre, François. VII. 321.
Stella, Antoine Boussonet. VII. 221.
— — Antoinette-Boussonet. VII. 224.
— — Claudine-Boussonet. VII. 222.
— — Jacques. VII. 98.
Stephanus. V. Laulne.
Soubeyran, Pierre. VIII. 143.
Sueur, Eustache. VII. 171.
— — Nicolas le. VIII. 53.
Surrugue, Louis, père. VIII. 70.
— — — Pierre-Louis, fils. VIII. 72.
Sylvestre, Israel. VII. 183.

Tardieu, Jacques-Nicolas. VIII. 21.
— — — Nicolas-Henri. VIII. 17.
— — — Pierre-Alexandre. VIII. 23.
— — — Pierre-François. VIII. 22.
Tavernier, Melchior. VII. 62.
Tellier ou *Letellier*, Charles-François. VIII. 312.
Testelin, Louis. VII. 164.
Thiboust, Benoît. VII. 353.
Thomassin, Henri-Simon. VII. 300.
— — — Philippe. VII. 63.

Thomassin,

Thomassin, Simon. VII. 298.
Tillard, Jean-Baptiste. VII. 266.
Tolosano. V. Baron.
Tortebat, François. VII. 107.
Tourniere, M. G. VII. 313.
Tremolliere, Pierre-Charles. VIII. 112.
Trouvain, Antoine. VIII. 10.

Vallée ou *Valée*, Simon. VIII. 85.
Vallet, Guillaume. VII. 276.
Varin, Charles-Nicolas. VIII. 288.
Vasseur, Jean-Charles, le. VIII. 246.
Veau, Jean-Charles, le. VIII. 250.
Vernet, Joseph. VIII. 140.
Vidal, Gerold. VIII. 276.
Viehl, Pierre. VIII. 323.
Vien, Joseph-Marie. VIII. 131.
Vignon, Claude. VII. 72.
Vispré. VIII. 232.
Vivier, Jean de ou du. VIII. 49.
Voeiriot ou *Woeiriot*, Pierre. VII. 56.
Voisard, Etienne-Claude. VIII. 295.
Vouillemont, Sébastien. VII. 196.
Voyez, Nicolas-Joseph, l'aîné. VIII. 274.
Vuibert ou *Wibert*, Remy. VII. 130.

Watelet, Claude-Henri. VIII. 155.
Watteau, Antoine. VIII. 45.
Wibert. V. Vuibert.
Woeiriot. V. Voeiriot.

Monogrammes des artistes de Pays-Bas,

contenus dans le V. Volume.

 Jean Walther van Assen.

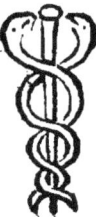 François ou Francis Babylone.

HB. Henri Bary.

HBol. Hans ou Jean Bol.

HB. Henri van der Borcht, le fils.

PB. Pierre van der Borcht.

C*B. CB. [CB]. G.B.
Cornelius Bos ou van den Bosch ou Bus.

A bosche Jérôme ou Hieronymus Bos ou Bosche.

j. b. b. B·B. Jacques Bosius, surnommé Belga.

BD ᵇᵈ BD   Bartholomé Dolendo.

ZD   Zacharie Dolendo.

P.G.   Philippe Galle.

IG.   Jacques de Ghein ou Gheyn, le vieux.

IH. Hh.   Henri Hondt ou Hondius, le vieux et le jeune.

GH.   Guillaume ou Guilielmus Hondius.

WL.   Willem ou Guillaume de Leeuw.

L L   Lucas van Leyden.

XL. AW.   Assuerus Londerseel.

MF.   Cornelie Matsis, Mat ou Matensis.

M.   Paul Moreelse ou Moreelsen.

C. M.   Chrétien Louis Moyart.

MA MW   Madeleine de Passe.

B. Bartholomé Breembergh.

P. B. Pierre Breughel, nommé le vieux ou

ME. Pierre Breughel.

VB. VB. VB. Crispin van der Broeck.

VB. Jean van der Bruggen.

AdB. ADB. Abraham de Bruyn ou Brun.

ADB. NB. Nicolas de Bruyn, le fils.

WB. Guillaume de Buytenweg ou van Buytenwech.

HCM. Henri van Cleef.

H. C. F. HCF. Jérôme Cock.

AC. Adrien Collaert, le père.

HCF. H. C. F. Hans ou Jean Collaert, le fils.

DC. DC. Dick ou Théodor Coornhaert ou Cuerenhert.

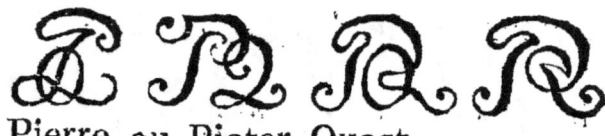 Pierre ou Pieter Quast.

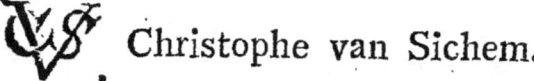 Christophe van Sichem.

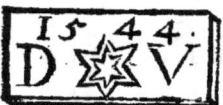 Dietrich ou Théodor van Staren ou van Stern.

L. S. Lambert Sutermann ou Suavius.

DT David Teniers, le vieux.

C. V. Nicolas Jean Visscher ou Claus Vischer.

L. Lucas Vorstermann, le vieux.

M Martin van Veen, nommé van Hemskerk.

CATALOGUE

des Livres de fonds qui se trouvent
chez *Orell, Fussli et Compagnie,*
libraires à Zuric.

(Les prix sont en argent de France.)

Collection nouvelle de Costumes Suisses, d'après les dessins de F. N. König, avec fig. color. in-12. II. cahiers. 12 L.
— — choisie des plantes et arbustes. Ouvrage dédié aux amateurs et propre à éclairer leur goût dans ce genre; 1 vol. avec des figures peintes très-soigneusement. Sur pap. velin. gr. in-4. 42 L.
Entomologie helvétique, ou Catalogue des Insectes de la Suisse, rangé d'après une nouvelle méthode, avec fig. color. Vol. 1. gr. in-8. Sur pap. velin lissé. 15 L.
— le même, sur papier d'Hollande. 10 L.
Flora helvetica, exhibens plantas helvetiæ indigenas Hallerianas, et omnes quæ nuper detectæ sunt; ordine Linnæano, curavit J. R. Suter. 2 Vol. 12. 9 L. 12 S.
Genres des mouches diptères, représentées en 42 planches, coloriées, projettées, et dessinées par Mr. J. R. Schellenberg, et expliquées par deux amateurs de l'Entomologie. gr. 8. pap. velin. 21 L. 12 S.
— — le même — — pap. fin. 16 L. 4 S.
Gessneri, Jo., Tabulæ phytographicæ, analysin generum plantarum exhibentes, cum comment. Ed. Ch. S. Schinz. Fasc. 1 à 12. cum tab. pictis. Sur pap. velin. 444 L.
— le même — — cum tab. nigris. 72 L.
Gouan, Ant., Illustrationes et observationes botanicæ etc. cum iconibus, ex naturæ typo et magnitudine naturali ab auctore delineatis. in-fol. 12 L.
Halleri, Alb. a, Bibliotheca botanica, qua scripta ad rem herbariam facientia a rerum initiis recensentur. 2 Tom. gr. in-4. 24 L.
Ejusdem Bibliotheca anatomica etc. 2 Tom. gr. in-4. 30 L.
Eloisa to Abelard by Alex Pope, avec la traduction libre de Mr. Colardeau, avec fig. gr. in-4. Sur pap. velin lissé. 27 L.
Manuel de l'étranger qui voyage en Suisse. 8. 4 L. 4 S.
— — des curieux et des amateurs de l'art, contenant une notice abrégée des principaux graveurs et un catalogue raisonné de leurs meilleurs ouvrages, depuis le commencement de la gravure jusqu'à nos jours. Par Mr. Huber, Rost et C. Th. Martini. Tom. 1 à 8. cont. les écoles allemandes, italiennes et de Pays-Bas. 31 L.

Schellenberg, J. R., Cimicum in helvetiæ aquis et terris degentium genus in familias redactum observ. et icon. ad naturam delin. illustr. gr. in-8. pap. velin. 12 L.
— — le même — — pap. fin. 9 L.
Scheuchzeri, J., Agrostographia, sive graminum, juncorum, cyperorum iisque affinium historia accesserunt et A. a Haller append. IV. Ed. nova cum fig. 4. 6 L.
Souvenirs de mes voyages en Angleterre par M. Meister. 2 Vol. 12. 4 L.
— — de mon dernier voyage à Paris par le même. 12. 3 L.
Sur la Suisse, à la fin du XVIII. siècle. 12. 1 L. 10 S.

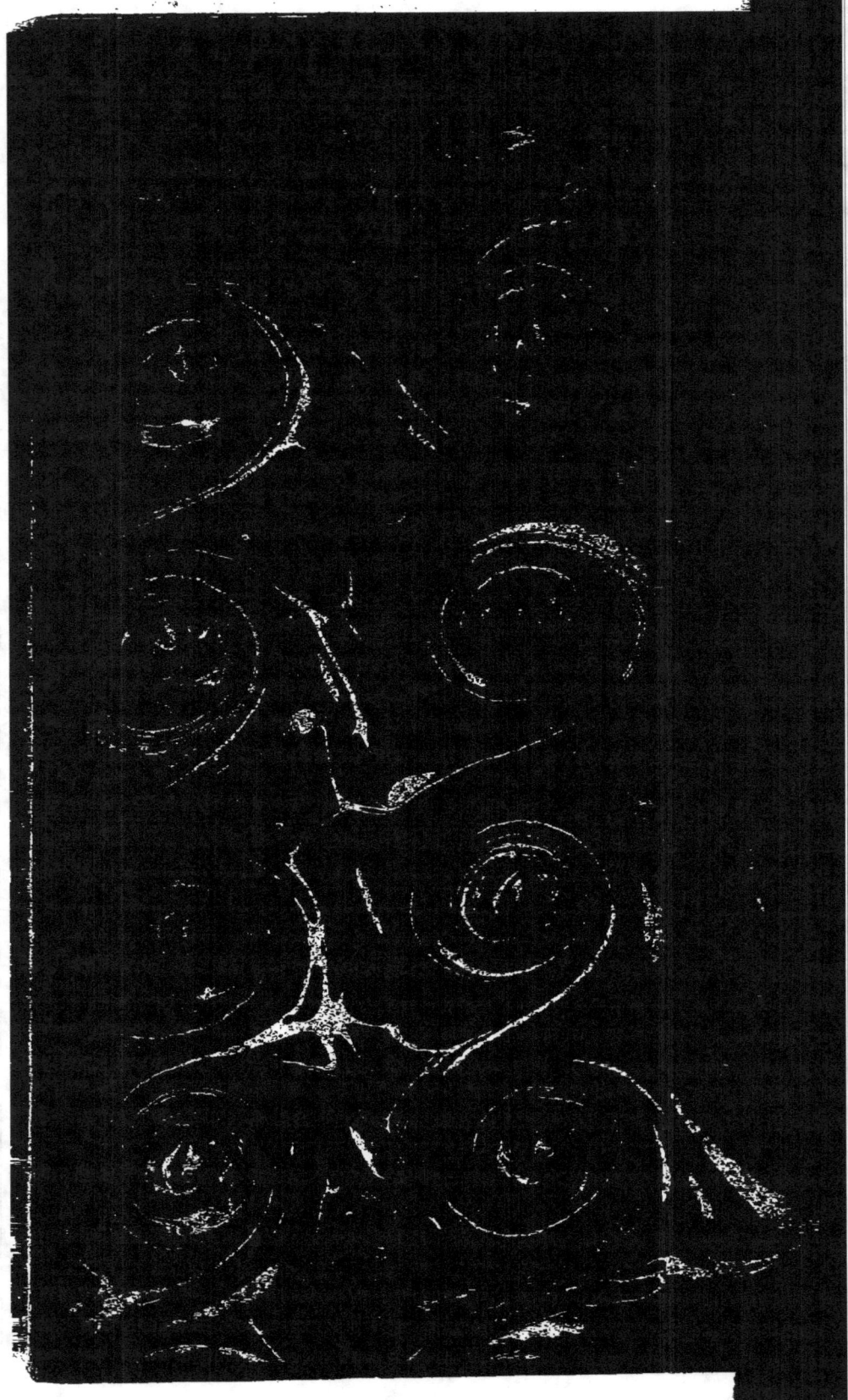

www.ingramcontent.com/pod-product-compliance
Lightning Source LLC
Chambersburg PA
CBHW071156240526
45470CB00016BA/85